ZHONG GUO DIAN JI YU WEN HUA

中国典籍与文化

◎◎ 国家图书馆古籍馆
◎《中国典籍与文化》编辑部 编

讲座丛书
第二编

第十五辑

國家圖書館出版社

图书在版编目（CIP）数据

中国典籍与文化. 第十五辑/国家图书馆古籍馆,《中国典籍与文化》编辑部编. —北京:国家图书馆出版社,2024.7

（讲座丛书. 第二编）

ISBN 978 - 7 - 5013 - 7643 - 8

Ⅰ.①中… Ⅱ.①国… ②中… Ⅲ.①古籍—中国—文集②中华文化—文集 Ⅳ.①K203 - 53

中国版本图书馆 CIP 数据核字（2022）第 219859 号

书　　名	中国典籍与文化(第十五辑)
著　　者	国家图书馆古籍馆　《中国典籍与文化》编辑部　编
责任编辑	王　雷　王佳妍
封面设计	程言工作室

出版发行	国家图书馆出版社（北京市西城区文津街 7 号 100034） （原书目文献出版社　北京图书馆出版社） 010 - 66114536　63802249　nlcpress@ nlc. cn（邮购）
网　　址	http://www.nlcpress.com
排　　版	北京金书堂文化发展有限公司
印　　装	北京武英文博科技有限公司
版次印次	2024 年 7 月第 1 版　2024 年 7 月第 1 次印刷

开　　本	787×1092　1/16
印　　张	24
字　　数	338 千字
书　　号	ISBN 978 - 7 - 5013 - 7643 - 8
定　　价	96.00 元

目　录

孙伯君

中国民族古文字的文字学意义

孙伯君，先后于兰州大学中文系、北京师范大学古籍所、中国社会科学院研究生院获得学士、硕士、博士学位，2005—2007 年在北京大学中文系从事博士后研究。2003 年至今在中国社会科学院民族学与人类学研究所工作，现为民族文字文献研究室主任，二级研究员，学术委员会和职称委员会委员。2020 年 10 月获评为中国社会科学院"长城学者"，2022年 1 月获评为该院"领军人才"。中国社会科学院大学教授，博士生导师。2021 年 12 月获评为国家"万人计划"哲学社会科学领军人才，社科基金"冷门绝学"团队项目首席专家。兼任中国民族古文字研究会副会长兼秘书长，《中国语文》《民族语文》《西夏研究》等杂志编委。中央民族大学、北方民族大学兼职教授，云南民族大学客座教授。2010 年至今任国际 ISO/IEC JTC1/SC2/WG2"编码字符集分技术委员会"专家。已出版《金代女真语》《契丹语研究》《西夏文献丛考》等专著 9 部 (包括合著 5 部)，在《中国语文》《民族研究》《民族语文》等国内外期刊上发表学术论文 150 余篇。

今天给大家带来的讲座题目是"中国民族古文字的文字学意义"。首先，我介绍一下中国民族古文字。大家都学过汉字，也认识汉字，如果我问大家一个问题：您认识中国字吗？似乎大家觉得这个不成问题。但是如果拿出 100 元人民币，大家可能不能全部认识上面的文字。人民币上除了汉字，还有藏文、蒙古文、壮文、维吾尔文四种文字。中国是世界上文字种类最丰富的国家，从远古到 20 世纪初，中华大地上曾经出现过近 40 种少数民族文字，它们和汉字一起组成了中国文字的百花园。

中国民族文字的古和今以辛亥革命（1911）为限，辛亥革命以前中国境内创制或借用的各种记录汉语之外的民族语的文字均可称作民族古文字。民族古文字的产生和使用，年代最早可以追溯到公元 2—3 世纪。如大约于公元 2 世纪传入于阗（今新疆和田）、鄯善（今新疆若羌）一带的佉卢文，而创制于 16 世纪的清代通用文字满文则一直沿用至近现代。有一种文字的创制时间要晚于辛亥革命，就是傈僳音节文字，它是由汪忍波（哇忍波）创制于 1923—1927 年前后。按照创建的时间，傈僳音节文字不属于民族古文字，但因其文字形态比较原始，一直以来也被归入民族古文字的范畴。这些民族古文字的创制和书写，有的曾经直接或间接地受到汉字的广泛影响，有的还曾作为少数民族建立王朝的通用文字，如契丹大字、契丹小字、女真文、西夏文、八思巴文、满文等等。这些文字在历史上，曾经为汉族和少数民族共同使用。在清朝的时候，汉族人也用满文来书写，并为后世留下了大量的历史、宗教典籍以及日常的应用文书。

中国少数民族古文字有多种不同的分类，我们首先按照文字的发生学关系，把在中国境内出现和使用的民族古文字作以下分类：

1. 阿拉美字母系文字

大概可以分成四类：第一类是佉卢文。第二类是婆罗米字母文字，如焉耆—龟兹文、于阗文，这是一个系统；藏文、八思巴字，这是一个系统；西双版纳老傣文、西双版纳新傣文、德宏傣文、傣绷文、金平傣文，这属于一个系统。第三类是突厥文。第四类是粟特系文字，如粟特文、回鹘文、蒙古文、托忒式蒙古文、满文、锡伯文等。

2. 汉字系文字

根据对汉字的借用或者是改造的程度，可以分成两类：第一类是仿汉字系文字，包括方块壮字、方块白文、方块苗文、方块瑶文、方块布依文、方块侗文等，也就是南方的少数民族在汉字的基础上创制的文字。第二类是变汉字系文字，即在汉字的基础上，对其加以改造、变形等创制出来的文字，如契丹大字、契丹小字、女真文、西夏文等。

3. 阿拉伯系文字

阿拉伯系文字包括察合台文、维吾尔文、哈萨克文、柯尔克孜文、乌孜别克文、塔塔尔文等。

4. 拉丁字母系文字

拉丁字母系文字包括老傈僳文、滇东北老苗文、波拉字母傈僳文、撒拉佤文等。这些文字大部分都是传教士在中国的南方根据拉丁字母创制的，比如在大写拉丁字母的基础上，采用反写或者倒写，加一些区别性符号创制的文字。

5. 自源文字

自源文字主要是在中国的南方，它跟上述四种系统不一样。上述系统多数是把已有的文字借用过来经过一些改造记录本民族语言的文字，而自源文字都是本民族自己创制的文字，如云贵川的老彝文，纳西东巴文、哥巴文、水书，还有尔苏沙巴文、傈僳音节文字等等。

一、几种古老的民族文字

我们先看看几种形态比较古老的自源文字，它们对于认识文字的定义以及文字和语言的关系具有重要意义。

（一）纳西东巴文和纳西哥巴文

纳西东巴文和哥巴文发现于云南丽江和四川盐源等地。据估计大概有 2000 个字符，现在有些新发现，大概整理出 4000多个不同的字符。存世的文献有原始宗教著作 1500 多种，2 万多件，许多国家都有收藏。丽江东巴文化研究院是研究纳西东巴文及文化的专门机构，他们曾组织整理和出版各地收藏的东巴文献，2000 年出版 100 册《纳西东巴古籍译注全集》。纳西哥巴文是从东巴文衍生和发展起来的一种音节文字，"哥巴"一词在纳西语里是"弟子"的意思，可能预示着这种文字是由东巴的后世弟子所创制，时间晚于东巴文。哥巴文的特点是一个字代表一个音节，而且笔画比较简单。

纳西东巴文是表意的，哥巴文是表音的。这张图是一叶东巴文的经书，大家可以看看这种文字的性质（图 1）。

图 1　东巴文经典

前边是个虎头，看到虎头东巴可以念出一句话来：a^{33} la^{33} ma^{33} $\eta \partial r^{25}$ ni^{33}，意思是"远古的时候"，可以说这样一个图形代表了一句话。纳西东巴经书《东巴什罗的来历》，卷首也有这样一个虎头，也表示"远古的时候"，此后的内容就开始讲东巴什罗的来历了（图 2）。东巴经在图画的基础上，有的时候也加一些颜色，这些颜色也会有一些含义。

图 2　《东巴什罗的来历》

（二）尔苏沙巴文

尔苏沙巴文是 20 世纪 70 年代在四川省的甘洛县发现的，

大约有 200 个字符。尔苏沙巴文的内容大多是用于占卜的，且数量很少。尔苏沙巴文的研究始于孙宏开先生于 1982 年发表的《尔苏沙巴图画文字》(《民族语文》1982 年第 6 期)。我们附的图版是尔苏沙巴文的历书《虐曼史达》,《虐曼史达》的意思就是"看日子的书",用于占卜。这是《虐曼史达》其中的一页,看起来好像是图画性质的,但沙巴可以读出一段话来（图 3)。

图 3 《虐曼史答》

（三）彝文

彝文流行于现在的云南、贵州、四川等地区,是记录彝族语言的文字,汉文史籍称之为"爨文""韪书"或者"倮倮文"等。关于彝文的起源时间,比较有影响的观点是创制于汉代。彝文在初创时期是表意文字,随着时间的推移,彝族的先民大量采用同音假借的手段,使传统的彝文逐渐成为具有一定的表意符号,又有大量的表音节符号的文字。这些音节文字在 1949 年以前没有进行过系统的整理和规范,云南、贵州、四川等彝族地区的毕摩使用的彝文各自不同,各成体系。1949 年以后,四川、云南、贵州三省的有关部门先后都对传统彝文（老彝文）进行了规范和整理,形成了传统彝文基础上的规范彝文,即云南规范彝文、贵州规范彝文、凉山规范彝文（也称四川新彝文）,其中云南规范彝文大概有 2508 个字符，凉山规范彝文大概有 819 个字符。

从规范程度来说，凉山的规范彝文最规范，已经是一种比较纯粹的音节文字。我们附的图版是云南省禄劝彝族那苏支系祭祖大典仪式中念诵的经书，叫《禳解罪孽经》（图 4）。彝文的系统很复杂，不同地方使用的差别很大，吉木家支的骨刻彝文，是比较原始的象形文字，它的符号化程度比较低（图 5）。

图 4 《禳解罪孽经》

图 5 吉木家支骨刻彝文

（四）坡芽歌书

坡芽歌书2006年发现于云南省富宁县，只有一块布，上面写有81个符号，记录了81首壮族情歌。全部内容已经编入《中国富宁壮族坡芽歌书》一书，于2009年出版。坡芽歌书几乎就是纯粹的象形图画，有月亮、稻谷的形状，还有一些花花草草和手的形状，似乎跟文字联系不起来。但是，看到这些图画，歌书的主人就会唱出一首歌来，这些歌大多是情歌，内容有长有短。经过学者整理，用国际音标标音，可以与图形对应的山歌内容记录下来，而且整首歌的内容比较固定。此外，据歌书主人介绍，歌书是长辈传下来的（图6）。

图6　坡芽歌书

二、纳西东巴文与系统的“助记符号”

刚才讲到纳西东巴文，我截取了东巴经书《东巴什罗的来历》的一个小段落，可以看到纳西东巴文是怎么记录语言的，或者说是怎么跟语言产生关系的。卷首虎头的图形，读出来表示“远古的时候”，里面还有符号表示死者和生者，这一组图形读下来的意思是“远古的时候，当这位死者未去世活着的时候”。东巴经里的符号，有的符号就代表着一句话，有的符号代

表一个词，组合起来代表着一个语段。刚才讲到尔苏沙巴文历书——《虐曼史达》，它比纳西东巴文更原始一些。这是《虐曼史达》的第九幅图，中间是狗，涂成红色，表示今天是火日。左下角是雾，表示今天早晨有雾。中间是带把儿的陶罐，表示有酒喝，是个好日子。左上角有三颗星，有两颗不发光。右上角是太阳，打×，表示戴了枷锁，天气不是很好。中间是法器，右下角是宝刀，表示镇妖，一天不会出现太大的意外事件（图7）。意思是说，尽管今天太阳不太好，天气不太好，还有两颗星不发光，不是特别好的日子，但是因为有法器来镇妖，所以今天一天不会出现太大的意外事件。尔苏沙巴文是用这些图画形的符号来表示一个语段。

图7 《虐曼史达》第九幅图

我们再看坡芽歌书的第一首，右上角是一个月亮的形状，看到这个月亮，可以唱出一首山歌来，用拼音标下来大概是这么一个段落："haemhnix runghhai saw, runghhai saw baenz jiengq.siqbwengq saw baenz yuz, guz lwg fowx baenz cienh.cienh baenz raemx cemhfai, cienh baenz vaiz cienhlungh.vaiz cienhlungh gwn fweng, hunz leuh bwengz gwn'hiq.gwn'hiq daej fitfit, jip gwn haeux ndij gaeq.gaeq gwn ned haeuxsan, gu gwn fauz haeuxgoeg.og rog baenzmaz hunz, gukhunz mizlumj fomx." 它的一个符号所记录的语言段落比尔苏沙巴文、纳西东巴文内容更多一些。

传统上，文字的定义是"文字是记录语言的书写符号系统"。

这一定义我们在中学的时候就学过。但是这个定义实际上只是成熟文字的定义，并不包括不成熟文字。德范克（De Francis）在《可视言语：文字体系的多样同一性》一书中把文字分为成熟文字与不成熟文字。不成熟文字包括用于提示已存在信息的助记符号和用于传递某些未知的新信息的图画符号，并认为一切成熟的文字体系都是记录语言的。"文字是记录语言的书写符号系统"这一定义都是针对成熟文字的。对于不成熟文字的两种符号，一个是助记符号，一个是图画符号，传统的文字学不太讲。以上讲的这些自源文字，尔苏沙巴文和纳西东巴文实际上都属于助记语言的符号系统，从根本上说，它是一种系统的"助记符号"。纳西族的东巴、傈僳族的尼帕、尔苏人的沙巴实际上是这个民族文化和生产经验的传承者，没有文字的时候完全凭借口耳相传。我们以傈僳族的尼帕来举例，为了传承生产经验和占卜等宗教仪式，他们会选择一个非常善于记诵的小孩，老尼帕把他脑子里记诵的东西，包括有关祭祀、农业、天文等方面的口传知识，让他每天学习记诵。在传承过程中，小尼帕会随手在板子上画一些提示性符号帮助记忆，做法事时还会拿着这块提示牌。久而久之，这些图画越积越多，固定下来就成了系统的助记符号。纳西族的东巴也是这样，早期都是口耳相传，后来创制了一些助记符号帮助记忆，所传承的经书实际上就是系统的助记符号。

助记符号跟语言的关系不是记录语言，而是提示语言，有时提示语言中的一个词，有时提示一句话，有时也可能提示一个段落。从这个角度来说，从坡芽歌书到尔苏沙巴文再到纳西东巴文，可以说提示性符号越来越多，信息量越来越大。周有光先生在为《中国富宁壮族坡芽歌书》这本书扉页题词中曾经称坡芽歌书是"文字之芽"。如果说从助记符号的角度去理解这几种文字的话，坡芽歌书是最原始的助记符号，它还没有发展成像纳西东巴文那样非常系统的助记符号。

另外，德范克提到的另外一种比较原始的、不成熟的文字，就是用于传递某些未知的新信息的图画符号，最典型的就是加拿大印第安人"欧吉蓓（Ojbwa）"少女幽会信。这幅图画左上角是一头熊，代表着女方的部落图腾。左下角这个狗是男方的部落图腾。上方的三个十字架表示信仰的是基督教，右边两个小房子，左边有人，表示女方在那里等，欢迎男方去。右方的三个湖泊，有三条道路，这三条道路有一条是通往这个小屋的，是指男方可以顺着这条道路去这个小屋子里边（图8）。这是一个传递新信息的图画，也是属于原始的、不成熟的文字。

图 8 欧吉蓓少女幽会信

如果把不成熟的纳西东巴文、尔苏沙巴文这些助记符号和"欧吉蓓"少女幽会信等不成熟文字考虑进去，我们认为文字的定义可以修正为"文字是助记、传递或记录语言的书写符号系统"。当然，成熟文字必然是记录语言的书写符号系统。实际上纳西东巴文已经是非常系统的助记符号，离成熟文字只差一步。如果这些图形符号与语言中的最小单位——词或音节建立了直接关联，就会成为记录语言的符号系统，成为成熟文字。

以上我们所说的民族古文字的意义之一，是帮助我们认识文字的不同形态，认识文字初创时期的功能，从而丰富文字的定义和特征，甚至修正文字的定义。

三、彝文、傈僳音节文字与成熟文字

下面我们谈谈彝文、傈僳音节文字成为成熟文字的途径。刚才讲彝文起源于汉代或更早一些时候，彝文在初创时期也应该是助记符号。彝族毕摩的经书过去都通过口耳相传，在口传过程中为了提示记忆，画一些图画来帮助记忆。随着时间的推移，这些图画的表意性越来越弱，提示性功能也会越来越弱，毕摩在使用中逐渐利用同音假借的手段以这些图画为语言中的同音字记音，使之进一步符号化，向音节文字过渡。这个过程我们在傈僳音节文字中看得比较清楚。傈僳音节文字的创制者实际上就是当地的祭司"尼帕"汪忍波，他从小因善于记诵被选作尼帕，脑子里记诵了很多民间的经书。后来他参考周边的彝文，归纳了傈僳语音节，创制了傈僳音节文字。傈僳音节文字从一开始就是一种成熟文字。我们可以先看看傈僳音节文字，它和图画或者是象形文字很像，但它确实是表音文字，不是表意的。据汉刚等研究，去掉重复符号，傈僳音节文字有900个左右（图9）。

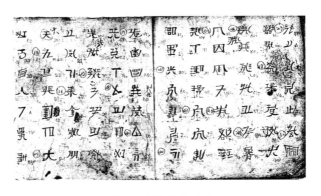

图 9　傈僳音节文字

傈僳音节文字的创制和彝文的演化启发我们思考这样几个问题：第一，判断一种文字是否成熟的主要标准并不是这种文字的符号化的程度，而应该是文字能否按照语词的次序记录语言中的最小单位——词或音节，即周有光先生所说的"'成熟'是能够完备地按照语词的次序记录语言"。如果这种文字能够完备地按照语词的次序记录语言，即使其符号化很差，看起来是一种图画性的符号，但也属于成熟文字，就像傈僳音节文字这样。第二，系统的"助记符号"发展为成熟文字一般要通过同音假借。由"助记符号"演变为成熟文字的过程中，彝文经过同音假借，并对字形本身加以"符号化"。这一演化往往来自应用者的自觉，当助记符号细化到提示语言中的词的时候，其本身的繁琐就会促使应用者求变，合并、减省助记符号，质变到"记录"语言的成熟文字。同时，合并、减省的过程中，也必然伴随着"符号化"的过程，因为一旦助记符号向纯音节文字演化，其图画形态就成了记忆的障碍。第三，一种文字的成熟与否与文字创制年代的早晚实际上没有必然的联系。文字创制的年代可称作历史学年代，在文字发展史上所处的地位可称作文字学年代。对于文字，人们应该更加重视其文字学年代，因为只有完美地记录语言的成熟文字才能代表使用这种文字的人对其母语的了解程度，从这个意义上说，汪忍波既是文字学家，又是对其母语音节进行归纳的出色的语言学家。

纳西东巴文目前存世的文献大多数都是明代以后的，之前的很少。有人就说因为形态比较原始，这种文字产生的时代一定比较早。其实未必如此，那些没有文字的民族随着记诵经典的需要，随时可能创制自己的助记符号。

四、坡芽歌书与原始文字的助记功能

坡芽歌书给我们的启示就是原始文字的助记功能。刚才我们也提到坡芽歌书有 81 个图形符号，有人说其可能产生得也比较早，但是我们也看不到它很早的形态。如果单纯从图形上看，这 81 个符号跟图画没有区别，为月亮、人、稻谷、鸭子、鱼等自然形态的象形。不过，它们既然能够帮助人们想起一首歌，而一首歌可以认为是语言中的篇章，无疑具有了助记的功能，可以认为是 81 个助记符号。也就是说，它们跟语言发生了关系。

在坡芽歌书发现之前，人们一直以为尔苏沙巴文可能是最古老的文字样本。尔苏沙巴文与语言中的音节不是一对一的关系，往往是一个图形读两个音节或三个音节，有的时候一个图形代表着一段话。如果把坡芽歌书、尔苏沙巴文、纳西东巴文作为一个演化序列来看，可以看到助记符号与语言单位关联的进展，由提示语言中的篇章，发展到提示语言中的段落，再发展成为提示语言中的句子、词组。按照德范克等学者的分类，助记符号是不成熟文字，那么"坡芽歌书"就属于文字的范畴。

如果确信它是文字，那就意味着我们见到了迄今为止形态最古老的、还没有从图画脱胎出来的文字样品。近年来学者发表的意见基本也都是肯定"坡芽歌书"上的图画是文字，认为它符合形、音、义俱全的传统文字定义，周有光在《中国富宁壮族坡芽歌书》一书扉页题有"坡芽歌书，文字之芽"，也持肯定意见。

如果把像"坡芽歌书"这样的助记符号也算作文字，恐怕会颠覆此前学界对原始文字性质的认知：第一，语言文字是交流的工具，著名的加拿大印第安人"欧吉蓓"少女幽会信，使我们认识到原始的文字画是用来表情达意的，我们很难想象一种文字甚至不是用来交流，只是帮助记忆的图画。而坡芽歌书并不是用于交流的，它只是帮助记忆的图画，所以原始的助记符号，没有交流的功能。第二，作为记录语言的书写符号系统，文字中必有一些可以拆分出来另行组合或反复使用的"单体符号"，就像彝文、汉字的偏旁、纳西东巴文中的符号那样，可是我们在坡芽歌书里找不到此类独立成分的有效例证。第三，文

字具有约定俗成性，我们判断纳西东巴文是文字，是因为不同的东巴在助记同一句话时，所用的符号基本是一样的。盐源和丽江离得那么远，东巴看到这个符号，助记起来的内容基本都是一样的。但是坡芽歌书显然还不具备这种属性，它是从上一辈传下来的，离开使用的人，谁也不知道它表达的是什么意思，没有约定俗成性。所以从这个角度来说，很多人觉得坡芽歌书不应该是文字。但是从助记符号的角度来说，它已经具备了文字的雏形，而且有形、有音、有义，具备了文字的这三个要素。尽管助记的是一首歌，是一个大的段落。所以从这个角度来说，坡芽歌书是文字最初的一个形态。

坡芽歌书还提示我们思考，此前界定文字时，往往比较注重文字形态的变化，即符号化程度，却忽略了原始文字与成熟文字最根本的区别是文字与语言关联方式的不同。图画只有跟固定的语言相关联才叫文字，所以我们给文字命名时，一般语言叫什么，就把这种文字命名为什么。比方说纳西东巴文，就是跟纳西语相关联，因为是东巴使用的，我们就叫它纳西东巴文。尔苏沙巴文也是这样，它是跟尔苏语相关联，所以我们叫它尔苏沙巴文。西夏文是记录西夏语的，所以我们叫它西夏文。

文字的定义都是用语言来命名，所以说我们认识一个文字的时候，不要只关注其字形是否原始，或者跟图画是不是一样，应该重视这个图画或者是原始的符号是否跟语言发生了关联，如果说跟语言发生了关联，哪怕是一个大的段落，也应该叫它为文字。所谓"助记符号"，即人们大脑中已经存储了大量的口传文献，文字只是帮助记诵这些文献的符号。纳西东巴文、尔苏莎巴文、彝文、水书、傈僳音节文字等均产生于"助记"的需要，东巴、毕摩、尼帕等除了作禳灾、超度、祭祀等法事外，还承担着本民族宗教、历史、历法、农耕经验等传承任务，大脑中记诵有大量的口传文献，需要一些助记符号帮助记忆。

坡芽歌书的文字学意义在于，它首先启发我们思考文字产生的最初功能之一是"助记"语言，而不是记录语言。同时它还促使我们进一步思考认定一种图画是否是原始文字的标准，与区分原始文字和成熟文字一样，不应过多考虑其图形是否接近图画，或是其是否具有交际功能，而应该更多地衡量这种文字是否与固定的语言单位发生了关联。如果某种图画的功能是对语言进行"助记"，不论助记的是语篇、段落、句子还是短语，都应该认定其为文字。

五、民族古文字对"六书"的继承与发展

（一）西夏文对"会意"造字法的继承与发展

民族古文字有一类是仿汉字和变汉字而创制的。历史上汉字对周边国家和少数民族影响非常大，而这些民族古文字在借用汉字和仿造汉字创制的过程中，或多或少地都借用了"六书"造字法。如西夏文创制过程中有大量的会意字。许慎在《说文解字》的序言里对会意的解释是："会意者，比类合谊，以见指㧑，武信是也。"是指用两个或两个以上的汉字，根据各自的意义关联组合成新字。如用"止戈为武、人言为信"来构造会意字。西夏文大量采用会意造字法创造文字，并对其理论加以发展。汉字会意字多表示动词，而由于西夏字里没有相对原始的象形字，大量的名词、动词、形容词都用会意的形式加以表现，且构字的部件更多，至少由两个组成。如《文海》36.121："㸱

kjir²"（腰）和"敁 tśji¹"（围）组成"㴘 nji¹"（裙），围在腰上的就是裙子；《文海》7.112："頏 ŋwer²"（膝）、"㥃 la̱¹"（手）、"飝 dźji⁰"（行）组成"阫 bia²"（爬），意思是用膝盖和手触地前行。

（二）西夏文对"转注"造字法的继承与发展

汉字六书里面有转注，西夏文创制过程中也用转注造字法来造字。许慎在《说文解字》的序言里解释转注是："转注者，建类一首，同意相受，考老是也。"所谓"建类一首"，是把同类的字归入一个部首里；而"同意相受"是用意义相同或相关的两个字互相解释。段玉裁在《说文解字注》中说："转注犹言互训也。"如考、老这两个字的读音是有关联的，意义几乎相同，可以互相训释"考者老也，老者考也"。它们的字形也是有关联的，下半部分一个是朝左，一个是朝右，是一个变形的形式。西夏文中有许多同义词和近义词都是借用转注造字法创制的，用左右易形的形式来构造。例如：图10用这种"易位"方式造出的字在西夏字典里一般都可以"互训"，或者组合成双音词。这种形式和《说文解字》里最经典的示例"考，老也；老，考也"如出一辙。所以，最早西田龙雄用"转注"这个术语指称这种左右易形的造字法。

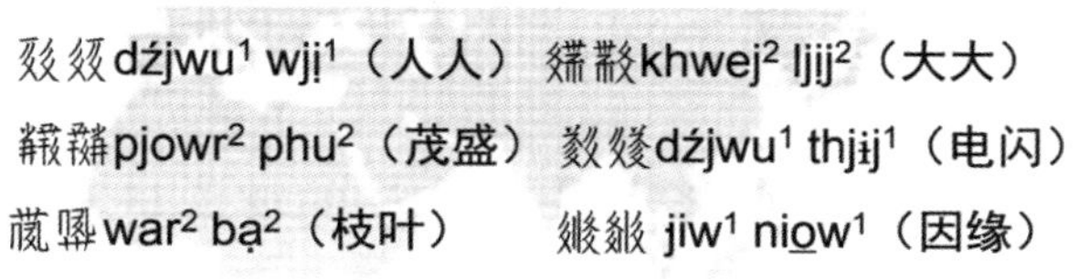

燚级 dźjwu¹ wji¹（人人）　猵骹 khwej² ljij²（大大）

羰鞴 pjowr² phu²（茂盛）　敪燹 dźjwu¹ thjii̱¹（电闪）

蒝骤 war² ba̱²（枝叶）　纞纞 jiw¹ nio̱w¹（因缘）

图10　西夏文转注造字

（三）西夏文对形声造字法的继承与发展

许慎在《说文解字》的序言里对形声的解释是："形声者，以事为名，取譬相成，江河是也。"西夏文里有大量字是利用形声造字法创制的，如："䜒"gju¹是招供的意思，它右边是声旁从"䚟"gju²。"薹"xu²是树名，是从"鼗"xu¹声。同时，除了纯形声字之外，西夏字还仿汉字有大量省形和省声的情况，如："鼕"bu¹表示"仪式"，从草名的"綝"bu²省声，把声旁字的左边形旁省略了，取右边部分。西夏字还有会意兼形声的亦声

16

字，比如"豺"śjwi¹，是狼的意思，是从"齜"（śjwi¹，齿）+"狋"（njijr¹，兽），"齜"śjwi¹亦声。

（四）民族古文字用指事造字法借用汉字

许慎在《说文解字》的序言里对指事的解释是："指事者，视而可识，察而见意，上下是也。"女真文和方块壮字都会借用汉字整字，为了区别于汉字，有时会在原汉字基础上加区别性的符号，如女真文"旵inengi"，义为"日"，在汉字"日"上加"、"；女真文"月biya"，义为"月"，在汉字"月"上加"、"；方块壮字"門tou"，义为"门"，在汉字"門"上加"、"；方块壮字"圡to"，义为"土"，在汉字"土"上加"、"。借用汉字的形式像六书中的指事法造字。

（五）民族古文字用假借造字法借用汉字

许慎在《说文解字》的序言里对假借的解释是："假借者，本无其字，依声托事，令长是也。"方块壮字和方块白文借用汉字整字，按照汉字的这种假借形式，并按汉字"音读"记录本族语，如白文的"波"，音读为po⁵⁵，意义是"他的"；壮字的"斗"，音读为daeuj，意义是"来"。这种造字法可以说是用假借的形式借用汉字表示民族语。

（六）民族古文字用"切身"造字法借用汉字

"切身"造字法即古人所说的"自反"，即用两个当用汉字合成一个新字，其读音是自身的反切，前半表声，后半表韵。这种造字法最初用于为佛经真言中"此方无"音节注音，如：梵文 tadyathā，菩提流志《不空罥索神变真言经》卷十译作"怛馳他"，"馳"注音为"宁也反"，译 dya。

方块壮字和方块白文等往往把汉字作为构件组合成"切身"字。与传统的"切身"造字法稍有不同，这些"切身"字表示的不仅是读音，还表示意义。一般有两种形式：一是表意义的意符＋音读汉字，如方块壮字"栁"，义为"秧苗"，音读 gyaj；"㧳"，义为"削"，音读 dat；二是表意义的意符＋训读汉字，如壮字"㩧"，义为"种"，训读为 ndaem，与壮语"黑"同音。

六、契丹小字和女真小字与
文字对语言的适用性

　　契丹小字和女真小字提示我们思考文字对语言的适用性。辽朝建立以后，先后创制了两种文字，一种是契丹大字，一种是契丹小字。契丹大字创制于辽神册五年（920），是太祖阿保机命突吕不和鲁不古仿照汉字创制的。契丹大字是依照汉字创制的表意文字，对笔画繁复的汉字加以减笔，对笔画简单的汉字采用加笔的形式。契丹大字的字形比汉字要简单一些，所以我们说契丹大字是简化汉字，而西夏文是繁化汉字。契丹小字是在契丹大字创制后，耶律迭剌受回鹘文启发，把一些契丹大字固定为音符而制成的音节文字。这些音符被学界习称为"原字"，共有 500 个。

　　金代也曾创制过两种文字，据史料记载有女真大字和女真小字。女真大字是金太祖命完颜希尹、叶鲁等创制的，于天辅三年（1119）颁行；女真小字由金熙宗创制，于天眷元年（1138）颁行，并与大字一起行用。女真大字跟契丹大字一样，是表意字，女真小字和契丹小字一样，是表音字。

　　为什么会创制两种文字？这跟契丹语和女真语的特点有关系，契丹语、女真语同属阿尔泰语系，契丹语属于蒙古语族，女真语属于满—通古斯语族。阿尔泰语系语言的特点为黏着语，在动词后或在句尾有很多黏着形式，这些形式还会随着其后所接的形式发生变化，用表意字无法准确表达。就像日语わ和です这种黏着形式用表音的假名表达比较准确一样。最早用契丹大字记录契丹语很是不便，后来耶律迭剌受回鹘文的启发创制了契丹小字，他觉得这种表音文字更适合记录契丹语。金熙宗在已有女真大字的基础上，进一步创制了表音的女真小字也与此类似。尽管女真小字也被称作"小字"，但女真小字与契丹小字有很大的区别。契丹小字是仿照回鹘文而改进的音节文字，字形仿汉字，但文字性质仿回鹘文为表音文字。虽然囿于字形，契丹小字并没有改进为像回鹘文一样的辅音音素文字。金熙宗所制女真小字，只有表音的词缀和语法附加成分，还不能将其作为一套完备的文字体系来看待。换句话说，金熙宗对女真大字的改革，并没有像耶律迭剌改造契丹大字那样彻底，只是创制了一些表示词缀和语法形式的表音字补充到完颜希尹所创制的大字中一起使用。女真文是用两套文字系统记录女真语的，就像日文用汉字与假名两套系统记录日语一样。

所以，这里有一个很有意思的情况，存世的女真文文献最重要的就是《女真译语》。《女真译语》是明代编的，其他的一些金代碑刻和《女真译语》在用字上还是有一点不同的。《女真译语》里边有大量的表意女真字已经作为表音的文字来记录女真语了。大量的表意文字通过同音假借变成了纯音节文字。所以我们有个设想，如果说女真人一直使用女真文，后来到建立清朝的满族也一直使用女真文记录满语，它可能会发展成很典型的音节文字。但因为后来满族人跟蒙古人接触比较多，已经使用蒙古文记录他们的语言了，所以清朝的满文是在蒙古文的基础上加了一些圈点，改造成了满文。但是从女真文的发展线索来看，后来经过同音假借已经变成了近似于表音的音节文字了。

综上，尽管文字是记录语言的符号系统，但是一个民族在创制自己的文字时，采用哪种文字记录本族语，并不见得选用最适合的文字。如阿尔泰语属于黏着语，它用表音文字系统来记录比较适合，但是女真文因为受中原文化的影响，却创制了汉字式的表意字记录自己的语言。后来发现有很多不太适合的地方，又进一步改造成表音字去适应自己的语言。这种情况给我们的启示在于：尽管文字有其自身的发展规律，一个民族选用什么文字记录其语言，往往受宗教、文化等因素的影响，语言并非决定性因素。但是文字毕竟是记录语言的书写符号系统，在使用过程当中，文字一定会更好地适应所记录语言的特点，文字对语言有适用性。从这个角度来说，契丹小字是耶律迭剌受回鹘文的启发创制的，但是契丹小字的形态还是汉字式的，它并没有完全放弃这种汉字式文字形态，体现了汉文化的强烈影响，但契丹小字毕竟是基于契丹语的特点创制的表音文字，体现了文字对语言的适用性。

七、八思巴字的创制与文字的社会属性

八思巴字，又称"蒙古新字"，是忽必烈命国师八思巴罗古罗思监藏依照藏文创制的，于至元六年（1269）颁行。忽必烈认为元朝作为地域很广的多民族大一统的国家，必须有一个统一的文字进行交流，所以当时在创制八思巴字的时候，颁行的圣旨说明这种文字创制的目的是"译写一切文字"的国字。为了体现这种国字的特点，八思巴在创制文字的时候，对藏文的字形和书写形式做了一些改造。通过这些改造可以看出，八思巴字最大限度地体现了"译写一切文字"的特点。第一，字母形状仿汉字加以方块化。第二，字符组合仿照回鹘式蒙古文上下叠加。藏文是从左到右的结构方式，八思巴字则仿回鹘式蒙古文上下叠加。第三，增加了几个表示梵文的字母。第四，书写形式仿照回鹘式蒙古文从左到右竖写。

忽必烈命八思巴根据藏文创制一种新文字的动机，有其深厚的社会政治背景：首先，创制文字与改正朔、易服饰一样，一直以来被当作是统一、独立国家的符号，体现了文字的政治属性或者是文化属性。西夏人当时在汉族地区居住了那么多年，他们的汉语非常好，掌握了汉字。女真人在辽朝的时候被契丹人统治，除了掌握汉字之外，还掌握了契丹文。元代记录蒙古语已经有了回鹘式蒙古文，按理说没必要再创制一种新文字。那为什么建国初，这些民族都要创制自己的文字呢？文字不是一个单纯的记录语言的符号系统，它有文化和政治的属性。

契丹文、女真文、西夏文的创制均有作为统一国家、完备制度的大背景。《辽史》卷一百三《萧韩家奴列传》记载："昔我太祖代遥辇即位，乃制文字，修礼法，建天皇帝名号，制宫室以示威服，兴利除害，混一海内。"西夏开国皇帝元昊于1036年创制了西夏文，在向宋朝递交的表文中，他把创制文字与"张礼乐""备器用"相提并论："臣偶以狂斐，制小蕃文字，改大汉衣冠。衣冠既就，文字既行，礼乐既张，器用既备，吐蕃、塔塔、张掖、交河，莫不从伏。称王则不喜，朝帝则是从，辐辏屡期，山呼齐举，伏愿一埃之土地，建为万乘之邦家。"可见，他们把创制文字作为建国必备的行为或者标志。近代蒙古国选用西里尔字母记录蒙古语无疑也有政治方面的考虑。

其次，决定借用哪种文字来记录本族语占首位的是宗教、文化等因素，而不是语言因素。为什么忽必烈命八思巴根据藏文创制八思巴文呢？因为受到了藏传佛教的影响。当时蒙古把藏传佛教作为国教，把八思巴作为帝师来尊奉。八思巴字借用藏文与改造藏文字母的方式，其文字学意义在于，尽管文字是记录语言的符号系统，但语言有时并不是决定借用哪种系统的文字记录本族语的主要因素，文字具有社会性，宗教信仰、政治背景、文化认同等是影响一个民族选用哪种文字记录本族语的主因。

辽、夏、金三个王朝都推行了仿照汉字设计的全新文字，包括契丹小字最终没有改用回鹘文字符，均是受唐宋时期中原儒学在周边民族地区广泛传播的影响。《辽史》卷七十二《义宗倍列传》："时太祖问侍臣曰：'受命之君，当事天敬神。有大功德者，朕欲祀之，何先？'皆以佛对。太祖曰：'佛非中国教。'倍曰：'孔子大圣，万世所尊，宜先。'太祖大悦，即建孔子庙，诏皇太子春秋释奠。"尽管佛教在当时的北方也很流行，但是辽太祖并没有把佛教作为首选宗教来信仰，而是选了孔子作为大圣来祭祀，建孔子庙春秋祭奠。

结语

从科学的意义上来说，语言与文字有着各自不同的发生学系统，语言学和文字学在研究目标、研究对象和研究方法诸方面都存在着本质的差异。尽管文字是记录语言的，但是文字学有独立的发生学系统。文字虽然是记录语言的符号系统，因语言而命名，但却不能按照语言来分类。文字因"助记"语言与表情达意的需要而产生，最终趋于成熟，按照语词的次序逐词记录语言。中国民族古文字千差万别，我们首先可以按照"语言的助记符号"和"记录语言的符号"分成两类，前者有纳西东巴文、尔苏沙巴文等；后者可看作是成熟文字，按照记录语言的成分和系统，可以将其分为以下几类：

音素文字：有佉卢文、焉耆—龟兹文、于阗文、傣文、藏文、八思巴字、突厥文、粟特文、回鹘文、回鹘式蒙古文、托忒式蒙古文、满文、察合台文、维吾尔文、哈萨克文、柯尔克孜文、老傈僳文、滇东北老苗文等；

音节文字：彝文、契丹小字、纳西哥巴文、傈僳音节文字等；

意字和音字的混合系统：女真文等；

表意文字：契丹大字、西夏文等。

中国民族古文字的文字学意义在于：第一，坡芽歌书、尔苏沙巴文、纳西东巴文等均为"助记符号"。"助记符号"是不成熟文字，是文字的"活化石"。纳西东巴文之所以被称为活化石，就是因为它还处于"助记符号"这样一个不成熟文字的阶段，尽管它已是非常系统的"助记符号"，但是还没有成为记录语言的符号系统。"助记符号"演变为成熟的音节文字，必然要经过同音假借。第二，判断一种古文字成熟与否的标准，不是这种文字字形符号化的程度，而是能否完备地按照语词的次序记录语言的最小单位——词或音节。第三，判断一种象形符号是否是文字，不应过多地考虑其形态，或其是否具有交际功能，而应该更多地衡量它们是否与固定的语言单位发生了关联。第四，民族古文字灵活借用汉字"六书"中会意、形声、转注、指事、假借等造字法来创制文字，极大地丰富了汉字"六书"的理论。第五，文字是一个民族的标志性符号，尽管文字是助记、传递或记录语言的符号系统，但决定一个民族选用哪种文字记录本族语的主因并非语言因素，而是宗教信仰、政治背景和文化认同等。

聂鸿音

少数民族文字文物的辨伪

聂鸿音，曾任中国社会科学院民族学与人类学研究所研究员、古文献研究室主任。现任四川大学特聘教授、中国民族古文字研究会副会长、俄罗斯科学院东方文献研究所所刊编委。研究领域为中国古代少数民族文献和语言，以及古代汉语音韵，特别关注西夏语言文字和文献。

各位好！非常高兴有机会在国家图书馆和大家就"少数民族文字文物的辨伪"做一次交流。首先我要感谢国家图书馆古籍馆给了我这样一个机会。

今天谈少数民族文字文物的辨伪，应该说不是针对某一件具体的文物。辨伪的方法是什么？我们也很难用一两句话来说清。现在我们的文物市场上赝品非常多，我们有没有办法去鉴别一下？结论预先告诉大家，并没有一个放之四海而皆准的办法。如果没有办法的话，我们有没有一套可行的标准？也就是说，我们的鉴定能不能遵守大家共同承认的一套规则？

今天讲座题目的缘起，是因为 2011 年 5 月 19 日在《中国社会科学报》（第 189 期第 5 版）上关于文物的真伪有过一次争论。争论的对象是这两件东西。这是两件文物的拓片，一个是《萧敌鲁墓志铭》（图 1），另一个是《耶律廉宁墓志铭》（图 2）。这两件拓片上的文字是契丹文。大家都知道契丹人使用过两种文字，一种是契丹大字，是一种像汉字似的表意文字，还有一种是契丹小字，是一种拼音文字。这两个墓志都是契丹小字，是 2007 年内蒙古大学从民间征集的，征集到四五件，这是其中两件的拓片。这两个墓志的问题在于来历不明。

图 1　萧敌鲁墓志铭

图 2　耶律廉宁墓志铭

　　这件事情报道出来以后，很快就有专家说是赝品。最终在2011 年的《中国社会科学报》上出现了一场争论。我们叫作正方的是内蒙古大学，我们叫作反方的是中国社会科学院。当然事先说一下，"赝品"这个词好像有点用词不当，因为真正讲起来，赝品和伪品是两种不同的东西。赝品可以说是仿制品，它是利用一个现成的东西，照着原有的样子再做一个。伪品就是这个东西在历史上从来没有存在过，是靠臆造，做出来的一件东西。后边我们会看到纯粹凭臆造做出来的东西是什么样子。

　　争论大概持续了半年，当然肯定是没有结果。如果说有结果的话，那就形不成争论了。为什么没有结果？因为争论没有围绕一套大家共同遵守的规则展开。根据经验来讲，要研究一套带有普遍意义的科学规则，其实是非常困难的。现在的鉴定绝大多数都是凭着专家的经验。经验是看不见摸不着的，我们怎么才能把经验变成一套规则，甚至变成一套数据来告诉大家，那是很难的。

　　2010 年，内蒙古大学和芬兰赫尔辛基大学合作，想提出一套规则。这套规则当然不能用来鉴定所有的少数民族的文物，主要就是用来鉴定具体的这几件契丹石刻的真伪。研究人员提出了五个因素，我觉得这五个因素是不是还可以扩展到其他的文物上去，这也是今天希望能够跟大家共同思考的一个问题。

第一个因素是所用石料的类型。大多数墓志使用的是质地不同的中等硬度的石料，包括页岩、石灰岩、砂岩，颜色由浅到深不等。根据目前看到的情况，是深颜色多见，而且研究人员认为大多数的石料就是本地生产的。他们同时也承认，石料类型的标准可以帮助我们把高质量的材料排除在外。也就是说，做墓志的石料，立在外边的石碑有好的，但是放在墓里的墓志，不会是高级的石头。另外我们还见到，有的书是金箔的，这个也不太可能，至少是说用高级原料制作的东西会让人起疑。特别是花岗岩的石料，花岗岩用来刻墓志就太硬了。所以说这条所用石料的类型，其实也不光是石料，其他的原料，应该说特别高级的东西，也应该引起我们怀疑。这是第一条要求考虑的因素。

第二个因素是石料加工的早晚。他们是这样表述的：新近切割的石料难以做旧，所以作伪者常使用旧石料来镌刻新铭文，这使得石料加工的早晚并不总能表明铭文的早晚。作伪的时候，即使用的是旧石料，也一定会对旧石料的表面做一些加工，打磨一下。这样的话，我们是可以观察出来新近打磨的痕迹的。典籍与文化 15

有的人就提出疑问，我们能不能用现代科技手段来测定呢？答案是不能。因为现代科技手段的岩石测定，只能知道岩石形成的年代，不可能知道它后来加工的年代。所以这里要用到大家常说的目验，就是用眼睛来看。而根据我的经验，假的东西如果是经过现代加工的，一眼就可以看出来。大家知道青铜器是很值钱的东西，青铜器里如果有铭文的话，价值就不知道要翻多少倍了。所以说从很早的时候开始，也许是二三百年前就开始了，就有人用没有铭文的真正的青铜器，自己加刻铭文，这样的话价值就提高了，所谓的真器伪铭。这怎么判断呢？有一个办法可以绝对地判断。铭文有两种情况，一种刻的笔画是直角，还有一种是锐角。锐角的是真的，直角的是假的，绝对没有问题。这是为什么呢？青铜器的铭文是在两三千年前刻的，一旦刻完了以后，铜器自己会收缩，刚刻上去都是直角的，但是收缩了以后就变成了锐角。锐角目前是没有办法刻的。所以说第二条要考虑的因素——石料加工的早晚，我们好像还是能够用目验看出来。

第三个因素是镌刻质量。研究人员说，当今的一些伪品，即使是在旧的石料表面刻字，用的是机器，刻出的字就不像古代的字带有笔锋。从我们自己感觉来说的话，这条镌刻质量的标准好像有点缺乏实用意义。因为传统的刻碑技术现在还有，我们不能够假定现代作伪的人一定不用手刻，一定会用机器。镌刻质量这条因素，好像不能解决太多问题。

第四个因素是书写的风格。实际上包括两个方面，一个是刻字的刻工，还有一个是指书写的字是否漂亮。因为刻碑的过程基本都是有人先在碑上用红颜色书写，写完了以后刻工再照这个刻下去。刻的字形特别不好看的，应该是假的。另外不管刻工多好，如果是假的话，其中一定会有笔误。契丹字比较像汉字，因为它是仿照汉字创制的。它里边字形虽然有一点点是从汉字演变的，但是大多数字形毕竟跟汉字不一样。现代的这些作伪者不太容易注意到，就有可能会出现一些错误。在这儿给大家举一个例子。这枚铜钱是伪品，它上面四个字是西夏文，意思是"番国宝钱"，字写得非常差（图3）。另外我们断它假还有一个证据，西夏人称自己的国家可以叫番国，但是西夏人的钱就像当时的中国所有地方的铜钱一样，一定是年号钱，不可能是国名。这个是伪品，世界上不存在这种东西。

图 3　伪品"番国宝钱"

这是一个西夏时代的铜印，是从印的背面拓下来的（图4）。这个字我觉得比刚才铜钱上写得还差。契丹的《耶律延宁墓志》，一半是契丹字，一半是汉字（图5）。耶律延宁是辽朝的一个地位很高的官员，但是他的墓志上的字写得很难看，不太熟练。由此我们看出，字写得好看不好看，好像不能够证明文物的真伪。这条因素也有一些问题。

图 4　西夏铜印

图 5　契丹耶律延宁墓志

他们提出的第五条因素叫语言学和历史学分析。他们说最可信的辨伪方法，就是看铭文是否合乎已有的契丹语言知识。除去真迹的复制品之外，这一标准肯定会带来正确的结论。因为作伪者没人能够精通大量契丹文献中的词汇和语法，也没人能够精通在那前后的辽代史实。

可是，告诉大家一些我的想法，我自己觉得鉴定契丹文的墓志跟鉴定汉文的墓志不一样。语言学的分析在这儿恐怕不是最可信的，反而是最靠不住的。因为我们现在对契丹的语言了解得太少，所有的契丹碑文不但说没有一件能够彻底地解读，甚至我们也不能够完全地把一句契丹话讲清楚。也就是说这是一个未解读的死文字。大家也不要听谁说这个墓志我全文都能解读，那是他自己说的，别人看到以后不一定承认他的结论。因为古文字的解读是一个实证的科学。和契丹文基本同时代的女真文、西夏文，可以说百分之八十以上都得到了解读，契丹文现在几乎很难说有什么进展。这并不是因为研究西夏文、女真文的专家水平比研究契丹文的专家水平要高。道理非常简单，西夏文当年在内蒙古出土过一本字典，这本字典是西夏文和汉字对照的，一看就明白了。女真文传世也有字典，也是和汉文对照的。契丹文就从来没有出过这样一部字典。我们不知道契丹人编没编过字典，契丹文目前的资料都来自墓葬，不大可能陪葬字典。

刚才我们说的《中国社会科学报》上那样一场争论，我们把语言学作为一个标准来看待的话，同样的一句话，你可以认为是符合语法的，我可以认为是不符合语法的。不管争论的结果怎么样，我们只是感觉语法在这儿不能作为标准，至少在目前阶段，我们对契丹文的语法还不清楚的时候，绝对不能作为标准。

刘凤翥先生在《再论〈萧敌鲁墓志铭〉为赝品说》中曾感叹道："首先令人叹为观止的是作伪者的作伪手法之高超和学习研究契丹文字之勤奋。我认为，他可能是目前世界上最勤于学习和研究契丹文字之人。起码使我自愧不如。从蛛丝马迹可以觉察出他学习和研究了 2007 年之前发表的有关契丹文字的所有专著和论文。基本掌握了这些专著和文章的研究成果。不仅如此，他还认真学习了《辽史》。他就是在这些知识的支撑下东抄西凑地虚构了一篇《萧敌鲁墓志铭》。"[①]

这一段论述我很不赞成。文物作伪的目的是渔利，为了要挣钱，作伪者文化水平都不高，我们一会儿还会给大家详细举

---

① 刘凤翥：《再论〈萧敌鲁墓志铭〉为赝品说》，《辽金历史与考古》第七辑，辽宁教育出版社，2017 年，第 394 页。

例。这些作伪的人，读中文的古书对他们来说就已经是难题了，还去读外文资料，我觉得不可能做到。再退一步讲，即使这个作伪者就像刘先生所说，他是世界上最勤于学习和研究契丹文字之人，那么这么繁重的学习任务，我觉得不是两三年内能完成的。我不相信有人十载寒窗来钻研契丹历史和契丹文字，最后的目的只是为了要伪造出这么一篇墓志来。这篇墓志据说当年的叫价只有两万块钱，我觉得花费如此多的时间精力钻研，目的只是为了这点利益并不值得。

现在这五个因素，哪一个因素都不是绝对的，也就是说，我们只从一个因素出发的时候，就很难证明这个东西是真的。但是在五个因素里边，如果有一个因素存在严重缺陷的话，我们可以说它是假的。也就是说，单一的因素不足以证明文物的真，但是足以证明文物的假。

关于文物辨伪的问题我们给它做一个小结。正反方都有致命的问题，正方的致命问题是没能提供墓志的出土地点，这是我们文物市场上的普遍问题，也是我们这种研究人员最担心的一个问题。一件文物被发现的时候，不管是盗墓的还是怎么样，当不能够提供它的来历的时候，即便在文物市场上的价格暴涨，但是它的学术研究价值会暴跌。甚至说，文物市场上的一些东西在我们看起来绝大多数没有任何研究价值。因为这个东西的来历到底是什么、怎么来的，说不清楚。正方，也就是内蒙古大学没有办法提供。没有提供出土地点，那真的是没有办法，有一些图书馆、博物馆从民间征集来的文物，即使没有人怀疑是假的，但是作为研究来说，民间征集品就先让研究成果、研究对象的价值降了多一半。这是正方的一个麻烦问题。

反方的问题是虽然提供了一些用字和语法错误，但是它的数量是不够的。如果说整整的一篇碑文，一千多个字挑出十几、二十几个字不通，甚至上百个字不通，我觉得不足以证其假。我们用情理设想一下，上大学的时候学习英语，过了英语专业八级，用英语写一篇文章依然会有错误。所以如果是文盲有意作伪的话，错误会非常多，绝对不会需要我们这么去细心地研读，琢磨好几天才研究出几处错误来。

双方都存在缺点。我自己倾向于说这个墓志是真的。如果是做假的话，这个人太有学问了，他的学问甚至超过了我们现在的契丹文字专家。

我们把这五个因素放一起看，现在还是没有一套科学标准。不但没有一套科学的标准，甚至我们也没有一套完全可以用于实践的一个鉴别的手段。但是我觉得可以在经验中总结出几条情理来。

这几条情理里有一个最基本的出发点，我们都应该承认作伪者的文化水平一定是非常低的，尽管他有经验。专家如果参与作伪的话，那么专家的职业道德就太有问题了。而且目前，我们的专家们还没有人愿意，甚至说没有人敢涉足这个领域。因为一旦帮助作伪，这件事一传出去，以后将无法立足学术圈了。要珍惜自己的名誉，甚至是一辈子的名誉。那么作伪者的文化水平很低，他就会在常识上犯错误，这个常识不是学术的常识，而是生活的常识。如果说要经过研究才能看出来的话，那作伪者应该是一个什么样的学术水平，我们就很难估计。大家看这方西夏印，这四个字是"永平皇帝"。它的质地是玉，这是拓片拓出来的图片（图6）。如果是拓片的话，印上这个字居然是正的，这样盖出来的就会是反的。作伪水平很差，违背了生活常识。当然我们还可以找其他的辅助证据，当时的印文没有用楷书的，印文一定是篆书。类似的伪品很有意思。有人给我看一个契丹铜镜，一眼就可以看出是假的。铜镜正面有契丹字，花纹应该在背面，两面都有字就没法使用了。

图6　西夏印伪品拓片

现在的问题在于一些带少数民族文字的假文物，关键是少数民族的古文字，特别是一些死文字的研究者非常少，即使是研究生也没有本事用这些文字造出一段文章来。不过收藏者也不认这些字，所以它们就很有市场了。

从情理上看，作伪的手段大概有三种。第一种手段是真正的赝品，也就是高级仿制品。当然要尽量利用现有的一个比较珍贵的文物，还不能是特别著名的。比如仿制《清明上河图》是不可能的。仿制一个现有比较珍贵的文物，几乎跟原件一模一样。看这些仿制品需要点知识，得知道这个东西的原物在哪儿。如果说知道这原物在哪儿，那么基本就可以判断手里这件是假的。有些人买了东西也去查资料，查完了以后，他知道比如原件在上海博物馆，他觉得自己的东西和上海博物馆收藏的是同样的，所以肯定值大钱了。他的想法就完全错了，上海博物馆收藏着一件，他那件必是假的。

第二种情况是伪品，也就是说在世界上根本不存在这种东西，凭着瞎想臆造出来的。这种臆造也会因为作伪者不认识字，所以出的问题就很多。这个铜钱上有四个西夏字，分别是"敕""火""马""牌"，应该是顺时针读，或者是上下对读，而横着读就很奇怪了（图7）。而且这是一个骑马的腰牌，把这四个字做到铜钱上就更奇怪了。原件的腰牌在中国国家博物馆，而且这个牌的照片不知道发表过多少次，所以作伪者把牌的照片上四个字做到这钱上了。

图7　伪品西夏铜钱

前几年最常见的作伪方式就是画一个画，上面有佛像，然后旁边抄一段西夏文佛经。因为西夏文佛经现在也有一些照片发表，作伪者照着佛经上的字临摹，但是可能没有怎么练过，书法技术也比较差。关键是佛经篇幅比较长，不可能全部抄上，只能在画的空白处抄几句。问题来了，作伪者因为不认识西夏文，读不懂里面的内容，他想截取几句的时候不知道句子应该断在哪儿。所以这样抄出来的内容，最后一句话是不完整的，懂得一点知识的人是可以看出来的，而且并不困难，不需要经过研究。如果说需要经过研究才能看出来的话，那八成就是真的了。

再有一种最拙劣的办法，就是作伪者胡写几个字。比如这个例子，在帛画上边写几个字，看样子是想写西夏字，但没有一个字是完全对的，如果说一点西夏字都不认识，当成一个珍贵的东西来自己收藏，就上当了（图8）。

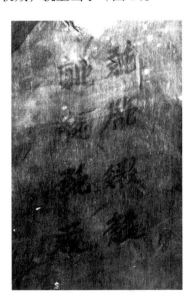

图8　伪品西夏字帛画

如果说通过一定的知识来鉴定少数民族文字的文物的话，无非就这三种情况：高仿品，要知道原始的来历，因为是从现有文物上仿的，知道来历就可以判断；用现有文物上的文字制作的伪品，则需要认一点文字，认识了文字就不难判断；自己造字的伪品，基本上不用解读文字，看字形就不对。

  如果说需要认识少数民族文物的话，大家应该多少认识一些少数民族的文字。对于收藏者来说，我个人认为，要先明白一个道理，不要指望高级别的文物会让自己捡漏，落到自己手里。高仿品可以收藏，但是纯粹的臆造品，也就是伪品，就没有收藏的意义了。我们正确心态应该是只要自己喜欢的，可以买下，当个摆设品就行了。

萨尔吉

藏文文献的搜集、编目与利用

　　萨尔吉，藏族，北京大学外国语学院南亚学系教授，教育部青年长江学者，西藏大学兼职博士生导师。主要研究领域为基于梵、藏、汉对勘的佛教文献学、佛教哲学，印藏文化交流等。出版专著《〈大方等大集经〉研究》（2019，获北京市第十六届哲学社会科学优秀成果奖二等奖），编著《中国国家图书馆藏西域文书：藏文卷》（2020）、《北京大学赛克勒考古与艺术博物馆藏梵文文书》（2020），合作翻译意大利著名东方学家图齐四卷七册一本的 *Indo-Tibetica*（中译本作《梵天佛地》），在国内外学术刊物上发表论文 50 余篇。

感谢国家图书馆邀请我前来就"藏文文献"这一主题谈谈我的看法。接到这一邀请后，我也认真地思考了一下，因为自己从事的专业涉及藏文古籍文献，在这方面还算略有心得，所以打算就藏文古籍文献的搜集做一浮光掠影式的回顾，并就藏文文献的现状和未来提出一些自己的看法，供大家批评指正。

如标题所示，我的讨论主要分为三个方面，即藏文文献的搜集、编目与利用。众所周知，在我国，藏文文献无论从数量，还是从种类而言，都仅次于汉文文献，文献的保有量非常巨大。1949 年以来，我们国家进行了各语种古籍的普查保护工作，取得了丰硕的成果，但是相较于庞大的藏文文献数量，这方面可做的工作还有许多。

首先我们来看藏文文献的界定。参照对文献的一般定义，藏文文献可以说是使用藏语文记录知识和信息的一切载体。若从传统意义上的古籍而言，这种载体主要是物质的，以下的讨论也限定在这一范围内进行。具体到藏文古籍而言，可以包括金石、简牍、纸张、桦树皮、帛书、动物皮、骨等。金石主要指的是石刻碑文和铜钟铭文，以及摩崖石刻。简牍主要发现于新疆地区，书写在小木片上，也称之为木牍。帛书主要书写在丝织品上。从另一角度而言，藏文古籍可分为传世文献和出土文献。出土文献主要指在敦煌藏经洞和新疆地区发现的文献，以及近些年在西藏本土从田间、佛塔等处获取的藏文文献。例如，2002 年在西藏聂拉木县出土的藏文文献[①]，2006 年在西藏山南地区措美县蚌巴奇塔（འབུམ་པ་ཆེ།）中出土的文献等[②]。此外，从

---

① 因发现于聂拉木县菩日村（སྤུ་རི།），称为"菩日文献"，2007 年由西藏大学图书馆收藏。文献的精选影印本参见西藏大学藏文古籍研究所，《菩日文献》，2 册，拉萨：西藏藏文古籍出版社，2018 年。

② 扎西达瓦，《西藏首次发掘吐蕃时期苯教文献——访著名藏族学者巴采·巴桑旺堆先生》，《西藏大学学报（社会科学版）》，2008 年第 4 期，第 1—4 页。

版本而言，有木刻本和手抄本。从装帧形式而言，有卷轴装、梵夹装、经折装等。

按照传统的说法，藏文自 7 世纪创立以来，迄今已有 1300 多年的历史。在漫长的历史长河中，所产生的文献浩如烟海。藏文文献的搜集、保存也不局限于藏族地区，而是遍布国内外重要图书馆或相关机构。国内过去收藏、整理的情况我们大致比较清楚，以下着重谈谈国外的搜集情况，以及近些年来国内藏文古籍文献的整理、出版情况。

一、藏文文献的搜集与编目

我们先从我们的邻居日本谈起。日本收藏有丰富的藏文文献，主要是 20 世纪初由河口慧海（1866—1945）、能海宽（1868—1901）、寺本婉雅（1872—1940）、青木文教（1886—1956）、多田等观（1890—1967）等人携带回国，入藏于东洋文库、大谷大学、东北大学、龙谷大学、国立民族学博物馆等机构。在藏文文献的编目方面，日本学者最大的贡献是北京版、德格版《甘珠尔》《丹珠尔》目录的编撰[①]，以及苯教经典目录的编撰[②]。尤其值得一提的是，在铃木学术财团的支持下，1955—1961 年日本影印了 1900 年寺本婉雅在北京获取的、藏于大谷大学的北京版《甘珠尔》《丹珠尔》，并分赠国内外各学术机构。笔者所在的北京大学即收藏有一套。在德格版还未能为学界广泛利用时期，国外藏学界多引用大谷大学的影印北京版。东北大学所编德格版《甘珠尔》《丹珠尔》目录编号至今仍为学界所用。

日本早期搜集的藏文文献除了《甘珠尔》《丹珠尔》外，以格鲁派的高僧文集居多。20 世纪 70 年代，得益于美国国会图书馆购置藏文图书的计划（下详），日本的藏文文献保有量从质

① 西藏大藏经研究会编，《影印北京版西藏大藏经—大谷大学图书馆藏—总目录·索引》，东京：铃木学术财团，1961 年。宇井伯寿、铃木宗忠、金仓圆照、多田等观编，《西藏大藏经总目录》，仙台：东北帝国大学，1934 年（东京：名著出版社，1970 年重印）。

② Dan Martin, Per Kværne, Yasuhiko Nagano, "A Catalogue of the Bon Kanjur", Bon Studies 8, Senri Ethnological Reports 40, Osaka: National Museum of Ethnology, 2003.

量和数量上都有了一个质的飞跃。此后，日本的大学和研究机构对搜集藏文文献仍积极投入财力人力，至今方兴未艾。比如，20世纪90年代中后期，大正大学进行了称之为"西藏所藏佛教文献调查"的大型学术调查项目，在青海塔尔寺、西藏罗布林卡、布达拉宫等地进行了藏文文献调查和编目整理，并且出版了《中国青海省塔尔寺佛教文献目录》等书①。

蒙古国家图书馆收藏有众多藏文文献，就《甘珠尔》而言，该馆与日本数据保护协会（Digital Preservation Society）合作，对馆藏的朱印北京版《甘珠尔》和江孜腾邦玛《甘珠尔》的复写本进行了数据化处理②，并且出版了后者的目录③。

俄罗斯收藏的藏文文献来源不一，既有在卡尔梅克、布里亚特蒙古族地区搜集的文献，也有探险家、僧人、在华东正教会在中国的搜集品，还有清廷、西藏地方政府与沙俄往来赠送的书籍。早在1832年，俄罗斯就获取了一套德格版《甘珠尔》，成为欧洲最早获取此类文献的国家④。

此外，喜马拉雅山南麓的不丹、尼泊尔，以及现在属于印度的锡金等地也保存有许多藏文古籍。其中德国与尼泊尔政府合作，从20世纪70年代开始，进行了一项名为尼泊尔—德国写本保存工程（The Nepal-German Manuscript Preservation Project，1970—2002）的计划，涉及尼泊尔及其周边地区的梵文、藏文写本的数字化，其中藏文写本总数在2万部以上。2002年项目结束后，又启动了尼泊尔—德国写本编目工程（The Nepalese-German Manuscript Cataloguing Project，2002— ），目前项目仍在进行中。奥地利维也纳大学在拉达克地区组织了多学科参与的喜马拉雅西部文化史研究，其中涉及寺院壁画

---

① 大正大學綜合佛教研究所編，《中國青海省塔爾寺仏教文獻目錄》（增補改訂版），東京：2000年。

② 相关信息参见 http://www.tibet-dps.org/，2021年1月15日访问。

③ Jampa Samten，Hiroaki Niisaku，Kelsang Tahuwa，*Catalogue of the Ulan Bator rGyal rtse Them spangs ma Manuscript Kangyur*，Tokyo：Yuishoji Buddhist Cultural Exchange Research Institute，2012.

④ 孟霞，《俄罗斯科学院东方文献研究所藏文典籍收藏考略》，《西南民族大学学报》（人文社科版），2018年第4期，第168–174页。

题记和藏文文献的整理与编目，已经出版贡德拉的藏文文献目录①，以及塔波寺所藏的部分藏文文献的目录②。印度的拉古·维拉（RaghuVira，1902—1963）和罗凯什·钱德拉（Lokesh Chandra，1927—）父子致力于藏文文献的搜集整理，在他们出版的《百藏丛书》（Śatapiṭaka Series）中影印出版了许多藏文文献。

还值得一提的是泰国佛教学者彼得·史基林（Peter Skilling）的藏文文献收藏。史基林是著名的佛教研究学者，出于个人研究兴趣，他的个人图书馆收藏了包括《甘珠尔》《丹珠尔》在内的许多藏文文献。他收藏的藏文文献应该在整个东南亚地区规模最大。

让我们把目光转向欧洲。英国、法国都是收藏藏文文献，尤其是敦煌藏文文献的重镇。此外，两国的《甘珠尔》《丹珠尔》藏品也很丰富，除了国家图书馆以外，一些大学的图书馆也收藏有各种版本的《甘珠尔》《丹珠尔》。例如，法国国家图书馆收藏有清乾隆年间朱印《甘珠尔》，剑桥大学图书馆收藏有德格版和纳塘版《甘珠尔》。1904 年，荣赫鹏（Francis Edward Younghusband，1863—1942）率军入侵西藏期间，在拉萨等地劫掠了 300 头骡子所驮、约 2000 函的藏文文献，带回英国后分藏于剑桥大学图书馆、大英博物馆和印度事务部图书馆③。今英国国家图书馆收藏有一套抄写于 18 世纪初的《甘珠尔》写本，即是从定日地区劫掠所得，1996 年帕格尔和加夫尼出版了该写

---

① Helmut Tauscher, *Catalogue of the Gondhla Proto–Kanjur* (Wiener Studienzur-Tibetologie und Buddhismuskunde, Heft 72), Vienna：ArbeitskreisfürTibetische und BuddhistischeStudien, Universität Wien, 2008.

② Paul Harrison, *Tabo studies III：A Catalogue of the Manuscript Collection of Tabo Monastery*, *Volume I.Sutra Texts*（*Śerphyin*, *Phal chen*, *dKon brtsegs*, *mDo sde*, *Myaṅ' das*）, Serie Orientale Roma, CIII, Rome：IstitutoItaliano per l'Africa e l'Oriente, 2009.

③ Karma Phuntsho, "The Tibetan Collection in Cambridge University Library," Mark Elliott, Hildegard Diemberger & Michela Clemente, *Buddha's Word：The Life of Books in Tibet and Beyond*, Museum of Archaeology and Anthropology, University of Cambridge, 2014, pp.135–136. 这是 2014 年 5 月 28 日至 2015 年 1 月 17 日在剑桥大学举办的同名展览的图录。

本缩微胶片的目录 ①。

匈牙利因乔玛（Alexander Csoma de Kőrös，1784—1842）的存在而成为现代藏学研究的开创地，匈牙利科学院图书馆收藏有乔玛个人的藏文文献 36 部，此外还有李盖提（Louis Ligeti，1902—1987）等人在内蒙古地区和蒙古国搜集的藏文文献，约 500 部木刻本，以及 2000 部写本。2010 年欧罗斯出版了上述藏文文献的目录 ②。

很长一段时间以来，欧洲最大宗的藏文文献庋藏地当属意大利，这得益于著名东方学家图齐（Giuseppe Tucci，1894—1984）的努力（图 1）。图齐的搜集品主要保存在意大利亚非研究院（IsIAO）图书馆，1994 年、2003 年德·罗西·菲利贝克出版了两卷本的目录③，涵盖了各教派高僧文集和其他一些写本，但是不包括《甘珠尔》《丹珠尔》，以及《宁玛十万续部》等大型集成，也不包括图齐在阿里地区搜集的《甘珠尔》《丹珠尔》残存写本。

图 1　图齐

德国的柏林国家图书馆、波恩大学、汉堡大学、慕尼黑大学等机构也收藏有丰富的藏文文献，例如，柏林国家图书馆藏有数套不同版本的《甘珠尔》，其中一套来自雍和宫，是德国驻华公使巴兰德（Max August Scipio von Brandt，1835—1920）于 1889 年获得，写本抄写于 1680 年，1914 年贝克对其进行了编

①　Ulrich Pagel and Séan Gaffney, *Location List to the Texts in the Microfiche Edition of the Śeldkar*（*London*）*Manuscript bKa' 'gyur*（*Or.6724*）, London: The British Library, 1996.

②　Gergely Orosz, *A Catalogue of the Tibetan Manuscripts and Block Prints in the Library of the Hungarian Academy of Sciences*, Budapest: Library of the Hungarian Academy of Sciences, 2010.

③　Elena De Rossi Filibeck, *Catalogue of the Tucci Tibetan Fund in the Library of IsIAO*, Rome: IstitutoItaliano per l'Africa e l'Oriente, vol.1, 1994; vol.2, 2003.

目[①]。德国波恩大学的艾默（Helmut Eimer）长期致力于《甘珠尔》《丹珠尔》的文本研究，取得了许多重要的成果[②]。

捷克藏学家高马士（Josef Kolmaš，1933—）1957 年在北京中央民族学院（现中央民族大学）学习，1958 年从德格购买了大批藏文文献回国，在捷克的东方研究所设立了西藏图书馆。1971 年他出版了《布拉格收藏的德格藏文印本书》[③]。波兰、挪威、瑞典也收藏有较多的藏文文献。

美国的藏学研究虽然起步较晚，但在文献搜集方面则是后来居上，成为世界上除我国以外保有藏文文献最多的国家。20 世纪 60 年代以来，受惠于美国政府第 480 号公共法案，即允许科研机构从印度获取藏文图书资料以减免印度对美国的债务，在美国国会图书馆新德里分部任职的金·史密斯（Ellis Gene Smith，1936—2010）从印度、尼泊尔、不丹等国家搜集了约 4000 种藏文文献，成为美国藏学研究的第一手资料。1999 年，他和哈佛大学范德康（Leonard W.J. van der Kuijp，1952—）教授在美国波士顿创办了藏传佛教资料信息中心（Tibetan Buddhist Resource Center，简称 TBRC）。2007 年，

---

① Hermann Beckh, *Verzeichnis der TibetischenHandschriften der Königlichen-Bibliothekzu Berlin*, Vol.24, Die Handschriften–Verzeichnisse der Königlichen-Bibliothekzu Berlin. Berlin: Behrend& Co., 1914.

② 他编写的一些与《甘珠尔》相关的重要目录包括：*The Xerox Copy of the Lhasa Kanjur*, Tokyo: The Reiyukai Library, 1979; *Location List for the Texts in the Microfiche Edition of the Phug brag Kanjur: Compiled from the Microfiche Edition and JampaSamten's Descriptive Catalogue*, Tokyo: The International Institute for Buddhist Studies, 1993; *The Early Mustang Kanjur Catalogue: A Structured Edition of the Mdo sngags bka "gyur dkar chag and of ngor chen Kun dga' bzang po's bKa" gyur ro cog gi dkar chag bstan pa gsal ba'i sgron me*, Wiener Studien zur Tibetologie und Buddhismuskunde, Heft 45, Vienna: Arbeitskreis für Tibetische und Buddhistische Studien, Universität Wien, 1999; *A Catalogue of the Kanjur Fragment from Bathang Kept in the Newark Museum*, Wiener StudienzurTibetologie und Buddhismuskunde, Heft 75, Vienna: ArbeitskreisfürTibetische und BuddhistischeStudien, Universität Wien, 2012.

③ Josef Kolmaš and Orientální ústav, eds., *Prague Collection of Tibetan Prints from Dergé: A Facsimile Reproduction of 5, 615 Book–titles Printed at the dGon-chen and dPal–spungs Monasteries of Derge in Eastern Tibet*, Wiesbaden: O. Harrassowitz, 1971.

金·史密斯将其毕生收藏的 12000 函纸质藏文文献捐赠给西南民族大学，2011 年，西南民族大学金·史密斯藏学文献馆正式揭牌成立^①。2016 年，藏传佛教资料信息中心更名为佛教数字资源中心（Buddhist Digital Resource Center，简称 BDRC），将文献保护的范围扩大至梵语、巴利语、汉语等语种的佛教文献。（图 2）

图 2　佛教数字资源中心

20 世纪 80 年代以来，随着国内古籍普查保护力度的增大，藏文文献的发现、整理与出版也呈井喷式增长，大大丰富了我们对藏文文献的认识。以下择要而述。

众所周知，敦煌藏文文献是研究吐蕃历史、文化不可或缺的第一手资料，但因为主要收藏于英法两国，无法为国内学者有效利用。西北民族大学、上海古籍出版社、法国国家图书馆合作出版的《法国国家图书馆藏敦煌藏文文献》（全三十五册）目前已经全部出齐^②，《英国国家图书馆藏敦煌西域藏文文献》目前已经出至 10 多册。这必将对敦煌藏文文献的研究起到极大的推动作用（图 3）。

---

① 参见益西拉姆、刘勇、奔嘉，《西南民族大学金·史密斯藏学文献馆的建馆历程》，《民族学刊》，2014 年第 2 期，第 36–42 页。
② 见 2021 年 1 月 18 日《兰州日报》报道，网址：http://www.myzaker.com/article/600182c01bc8e0377f00024b。

图 3　敦煌藏文文献

　　由土登尼玛活佛（ བྱུབ་བསྐུན་ཉི་མ། 1943— ）2002 年策划成立的
西藏百慈藏文古籍研究室旨在对散存于藏区民间和寺院的藏文
文献进行登记、保存和出版，自成立以来，已经出版诸多目录
和典籍，其中不乏孤本、珍本。例如，2004 年出版了《哲蚌寺
藏古籍目录》，著录书目约 22320 部。研究室还出版了《先哲遗
书》《藏族史记集成》《噶当藏文孤本丛刊》等大型丛书，以及
《萨迦五祖全集对勘本》《布顿文集影印版》《多罗那他文集》等
高僧文集汇编。才让多吉（ ཚེ་རིང་རྡོ་རྗེ། 1978— ）创办的喜马拉雅文
库策划出版《藏族古籍经典系列丛书》，已经出版《伯东班钦全
集》（2014 年，95 册）、《〈格萨尔王传〉大全》（2019 年，300
册）。四川省藏文古籍搜集保护编务院出版了《藏区民间所藏藏
文珍稀文献丛刊》（50 册）、《藏文修辞学汇编》（20 册）、《雪域
文丛》（150 册）等许多丛书，2019 年该院出版了《四川省藏文
古籍搜集保护编务院已出版图书总目录》（图 4）。甘肃文化出版
社 2011 年出版了《甘肃宕昌藏族家藏古藏文苯教文献》（30 册），
2012 年出版了《甘肃青海四川民间古藏文苯教文献》（60 册），
2018 年和 2019 年又相继出版了《舟曲民间古藏文苯教文献》（第
一辑 25 册、第二辑 25 册）。此外，西藏藏文古籍出版社从 20
世纪 80 年代开始出版了名为"雪域文库"的系列丛书。西藏人
民出版社策划出版了"西藏经典文化丛书"。2006 年起，西藏色
拉寺、大昭寺组建西藏色昭佛教古籍编委会，出版"慧宝系列
丛书"，笔者寓目的已出至 500 多部。西藏自治区古籍保护中心
出版了"西藏古籍保护系列丛书"。西藏自治区档案馆先后出版
了《西藏历史档案荟粹》《清代西藏地方档案文献选编》《西藏
历史档案丛编》等一批甘丹颇章地方政权时期的历史档案。

图 4 藏区民间所藏藏文珍稀文献丛刊总目录

随着时代和技术的进步，我们虽然能够较为便捷地获知藏文文献的收藏和编目情况，但这绝非意味着我们已经摸清了藏文文献的"家底"，无论是在国内，还是国外，这方面还有很多工作等待我们去完成。例如，图齐搜集品中的阿里地区的《甘珠尔》写本还未得到有效的整理。波兰克拉科夫（Cracow）雅盖隆大学（Jagiellonian University）图书馆所藏藏文文献长期为世人遗忘，刚刚露出端倪[①]。

再说国内的情况，虽然文献的搜集、出版在数量上有了极大的增长，但在出版理念、编辑人手、校勘原则等方面还有待加强，比如各自为政、重复出版的情况较多，大型丛书出版较多，无法满足读者个性化需求，而一些价值重大的古籍集成，例如不同版本的《甘珠尔》《丹珠尔》的出版还有待加强；有些古籍因为缺乏足够的编辑人员，只好影印出版，不利于流通和利用；部分古籍即使经过校勘，其质量也有待提升。

---

① 这批文献是德国人班铎（Eugen Pander，1854—1894）于1881年在担任京师同文馆德文、俄文教习时在北京搜集所得，主要可能来自于雍和宫。1889年这批搜集品被寄回德国柏林人种学博物馆，第二次世界大战期间转至波兰。藏品中发现了非常重要的刊印于明万历年间的《甘珠尔》部分经函。目前，对这批藏品的研究才刚刚展开，参见 Marek Mejor, Agnieszka Helman-Ważny and Thupten Kunga Chashab, *A Preliminary Report on the Wanli Kanjur Kept in the Jagiellonian Library*, *Kraków*, Warsaw：2010。

二、藏文文献目录学的建立

面对浩如烟海的藏文古籍，如何进行编目、整理，以及使读者有效利用，是各收藏单位面临的切实难题。藏族有悠久的目录学传统，从吐蕃时期就开始编撰各种经录，但传统的目录编撰原则受到了佛教文化的深刻影响，在面对新时代的编目需求时需要做出适当的改变。比如，美国国会图书馆的分类法是按照英文字母顺序，分为20个大类①。我们国家的图书馆分类法则为5大部类，22个基本大类②。传统藏文文献编撰的基本原则则是按照主题、实践、佛陀三转法轮（《甘珠尔》）、学习的重要程度（《丹珠尔》）、修行实践的次第等来分类，具体编排中又受到了源自印度的大小五明等分类法的影响。因此，如何继承藏文文献目录编排的优良传统，同时又使其符合现代人储存、查找资料的通行做法，是摆在我们面前的一道切实难题，这方面东嘎·洛桑赤烈（དུང་དཀར་བློ་བཟང་འཕྲིན་ལས།1927—1997）、黄明信（1917—2017）等前辈学者都有过探讨③。

如果我们完全依照现代分类标准来对藏文文献进行编目，会遇到不小的困难。我们知道，现代图书管理系统中，书名、作者、分类目录是最基本的三套目录。就书名而言，藏文文献的标题有简称和全称、自称和他称、通称和特称等等，有时候简称和全称不一定完全匹配；有时候书首标题和文中标题、跋

---

① 即A综合性著作；B哲学、宗教；C历史：辅助科学；D历史：世界史；E-F历史：美洲史；G地理、人类学；H社会科学；J政治学；K法律；L教育；M音乐；N美术；P语言、文学；Q科学；R医学；S农业、畜牧业；T技术；U军事科学；V海军科学；Z书目及图书馆学。

② 即马列主义、毛泽东思想；哲学；社会科学；自然科学；综合性图书五大部类，具体分为A马克思主义、列宁主义、毛泽东思想、邓小平理论；B哲学、宗教；C社会科学总论；D政治、法律；E军事；F经济；G文化、科学、教育、体育；H语言、文字；I文学；J艺术；K历史、地理；N自然科学总论；O数理科学和化学；P天文学、地球科学；Q生物科学；R医药、卫生；S农业科学；T工业技术；U交通运输；V航空、航天；X环境科学、安全科学；Z综合性图书。

③ 东嘎·洛桑赤烈著，陈庆英译，《论西藏政教合一制度 藏文文献目录学》，北京：中国藏学出版社，2001年。黄明信、谢淑婧、丹珍卓玛，《北京图书馆藏文古旧图书著录暂行条例说明》，《中国藏学》，1988年第1期，第49-75页。

文标题、叶边标题也不尽一致；有时候书仅有梵文标题，甚至没有标题，这些都需要针对具体情况，甄别处理[①]。就作者而言，存在一人多名、一名多人、自称和他称等，如果完全按照中文图书著录规则，即"责任者姓名前后记载有出身、籍贯、单位、职位、学位、头衔等，均不著录"，势必造成同一姓名的人物大大增多，区分不清的情况；如果同一作者只载一个名字，也会造成文献归属不明确的问题。分类目录也是如此，藏文文献在具体著述中，往往会涵盖现代分类目录的好几个类别，造成分类的区分度不清晰。

如果完全按照传统的藏文文献分类标准，也有问题。一是同一个类型术语在不同的语境下的内涵和用法会改变。比如，藏文的 ལོ་རྒྱུས，往往对应中文的"历史"，但是在一些语境下则是指"叙事、故事"等；二是某些作品被标记为某一类型，但实际涉及的主题则是另一类型；三是一些传统类型的术语的适用范围过于宽泛，比如藏文 དཀར་ཆག 的用法，它既可以指现代语境下单纯的目录，也可以指寺志、圣地志，还可以指书籍的篇章[②]；四是标题标记的是一个类型，但是叶边标记的是另一个类型[③]。

因此，为了对藏文文献进行有效的分类，我们首先需要关注特定文本的标题，区分同一文本在不同冠名下的类型术语和修饰性成分，同时需要考虑某一藏文类型术语所有可能的内涵和外延，一方面将单一的藏文类型术语囊括于不同的类型范畴中；另一方面将各种藏文类型术语囊括于单一的类型范畴中。更进一步，单纯基于标题的分类绝不是系统检视藏文文献内容

典籍与文化 15

---

① Orna Almogi，"Analysing Tibetan Titles：Towards a Genre-Based Classification of Tibetan Literature"，*Cahiers d'ExtrêmeAsie*，vol.15，2005，pp.27–58.

② 《东噶藏学大辞典》给出了 དཀར་ཆག 的五种含义，即 1 ལྷ་ཁང་གི་དཀར་ཆག（佛殿志）；2 དགོན་པའི་དཀར་ཆག（寺志）；3 སྐུ་གཉེན་དང་མཆོད་རྟེན་གྱི་དཀར་ཆག（圣像佛塔志）；4 གསུང་རབ་ཀྱི་དཀེའི（经典目录）；5 གནས་ཡིག（圣地志）。参见东噶·洛桑赤烈编纂，《东噶藏学大辞典》(藏文)，北京：中国藏学出版社，2002年，第130—131页。

③ 参见 Jeffrey D.Schoening，"A Bibliography of Tibetan Historical Works at the University of Washington，"in Helga Uebach and Panglung Jampa，eds.，*Proceedings of the 4th Seminar of the International Association for Tibetan Studies*，*München 1985*，Studia Tibetica 2，München：Kommission für Zentralasiatische Studien，Bayerische Akademie der Wissenschaften，1988，pp.421–426.

进行分类的替代品，为了更好地对文献进行分类，以资保管利用，我们还应重视各类注释文献，尤其是涉及文献分类的注释文献。

在传统人工编目的情形下，一份好的目录不仅非常考验编目者的学识水平，而且工作量也非常巨大。随着电脑和互联网技术的应用与普及，以及数据库的建立，藏文文献的编目也迎来了一个兼顾效率和区分度的好时机。因为本人并非电脑技术专家，只能依据自己的使用体验谈谈粗浅的看法。这方面我个人觉得佛教数字资源中心的网站可以提供有益的借鉴，该网站的资料分为目录、大藏经、内明学、因明、声明、工巧明、医方明、小五明、史传、文集、诸佛神、汇编、社会科学、自然科学、参考资料十五个主题，不仅支持传统的书名、人名、分类检索，部分文献还支持全文检索，对于确定的作者，还提供年代、教派归属、出生地、师承关系、传记等信息。同一本书往往会给出不同的版本，包括写本与印本。最重要的是，大部分文献都提供 PDF 文档供研究者下载，大大提高了藏文文献的利用率。利用电脑技术，尽可能多地记录文本的各项信息，尤其是题名、作者、分类等信息，同时提供多个路径供读者从各个层面检索文献，并且提供全文检索和下载，以及相应的扩展信息，应该是藏文文献数字化的必由之路（图 5）。

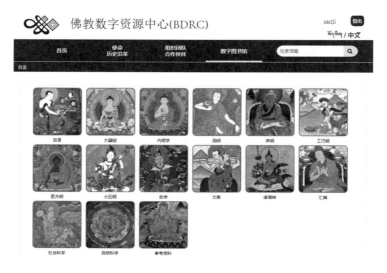

图 5　佛教数字资源中心

以上简单谈及了藏文文献编目的困难和可能的解决路径，下面我再讲讲藏文文献目录编撰所应重视的一些方面。前面讲到，近些年藏文文献的出版数量有了大幅增长，然而跟这一现象不相对应的是我们整理和研究的人员太少，这导致的一个直接结果就是文献的利用率不高。我们需要明白文献最终的目的是利用，不是保有，文献的生命力在于传承和弘扬，如何做到让"书写在古籍里的文字都活起来"，是我们目前面临的一个迫切任务。比如说我们现在出了很多藏文文献目录，包括高僧大德的文集目录，但大部分的目录没有索引，查找起来很不方便。所以我们要重视目录，尤其是解题目录和分类目录的编撰。这方面我们也可以借鉴参考国外学界的一些优秀成果。

比如苏联藏学家沃斯特里科夫（A.I.Vostrikov，1904—1937）用俄语撰写了《西藏历史文献》，通过藏族最早的历史文献、伏藏、藏族历史文献的主要类型、藏译佛典集成史、史地文献五个章节提纲挈领地介绍了藏文文献，其中第三章梳理了历史、王统、座主传承、世系、教法源流、闻法录等传统藏文术语下的藏文文献。该书不仅提供了文献的基本内容，还提供了相关的研究信息，能让读者按图索骥，使用起来非常方便。该书于 1962 年出版，1970 年被印度学者古普塔译为英文，1994年、1995 年、2013 年再版，足见该书的影响力 ①。

1997 年，丹·马丁出版了《西藏历史：藏语历史文献书目》，书中大致以年代为序（8 世纪至 1996 年），根据资料的多寡，或详或略地记录了 702 部历史类的藏文书籍，包括作者、内容、不同地区的出版物、相关翻译研究等 ②。2010 年，作者在网上发布了对该书的修订和补充，不仅将收录图书的下限延至 2010年，还对许多条目做了更新，允诺 2020 年会有一个新的版本出版。通过该书的梳理，我们不仅能够了解藏文历史类作品的大致情况，而且部分作品的年代、作者、标题等一些问题也得以澄清。

---

① A.I.Vostrikov，*Tibetan Historical Literature*，Bibliotheca Buddhica 32，Moskva：Izd-vovostochnoĭ lit-ry，1962. Harish Chandra Gupta（tr.），*Tibetan Historical Literature*，Calcutta：Indian Studies，Past & Present，1970（Richmond，Surrey：Curzon Press，1994；London：Routledge，1995；Taylor and Francis，2013）.

② Dan Martin，*Tibetan Histories*：*A Bibliography of Tibetan-Language Historical Works*，London：Serindia Publications，1997.

另外，图齐在《西藏画卷》中曾专辟章节，对 12 世纪至 17 世纪初的藏文宗教文献进行了简要的评述①。

目前所见藏文文献解题目录的典范代表是金·史密斯的作品。如前所述，他在负责为美国国会图书馆搜集藏文文献期间，也承担了为文献写作序言的工作，他的序言既可以视作解题目录，在某种程度上也是研究论文，不仅展示了他对藏文文献的熟悉，也成为后来的研究者了解藏文文献不可缺少的基石。2001 年，谢科第（Kurtis R.Schaeffer）将金·史密斯在 1961—

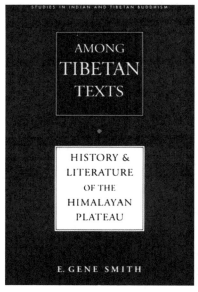

图 6　藏文文献通评：
喜马拉雅高原的历史与文学

1973 年间写的 20 篇序文编辑为 17 篇文章，以《藏文文献通评：喜马拉雅高原的历史与文学》一名出版②。全书分为六个部分，前四部分对藏传佛教宁玛派、噶举派、萨迦派、格鲁派的重要人物和作品进行了分析，然后是中古时期藏文文学和艺术的发展史，最后是康区"利美"（རིས་མེད）运动代表人物的介绍③。全书不仅全景式地展示了藏文文献的丰富与重要性，而且其中许多前瞻性的观点也启发了后续的研究（图 6）。

我们同时也要注意分类目录的编撰。藏族高僧大德往往学富五车，作品涉及的主题涵盖大小五明，仅仅以文集为单位编目的话，一是很难全盘了解某部具体作品的重要性，二是在进行专门研究时，很难迅速定位有用的文献。如果以作品的主题为纲进行分类目录的编撰，就能使我们了解某一部特定文献的师承关系，及其对它的不同

---

①　Giuseppe Tucci，*Tibetan Painted Scrolls*，Roma：Libreria Dello Stato，1949.

②　E.Gene Smith，*Among Tibetan Texts*：*History and Literature of the Himalayan Plateau*，edited by Kurtis Schaeffer，Boston：Wisdom Publications，2001.

③　相关介绍可以参看哈佛燕京学社的李若虹写的《美国藏学家金·思密斯及其新书简介》，《中国藏学》，2003 年第 2 期，第 97-100 页。

诠释路径，文献的生命力也由此体现。比如如果有人对佛教中观哲学这一主题感兴趣的话，可以从龙树的《中论》开始，列出相关的印度注疏、藏地从早期的噶当派一直到格鲁派的各家各派的注疏，各部论著的大致年代，以及研究性质的一些论著。有了这样一份分类目录，我们只要按图索骥，去找相对应的高僧的文集即可，这有利于我们更好地查找、检索相关文献。如上所述，目前在历史类文献方面已经有了沃斯特里科夫和丹·马丁的成果，我想，利用传统的分类术语，结合现代的分类需求和计算机技术，我们可以在实践中逐步摸索出一套行之有效的分类目录体系。比如，是否可以按照史传、经典、医学、哲学、道次第、仪轨、圣地志、闻法录、文学艺术、目录十个大类进行分类目录的编纂，每个大类下再根据具体情况进行细目划分，比如经典可以包括释经、释续、释律、释论（中观、唯识）。

在编目中，我们还需要重视藏文文献序跋的研究。藏文文献的序跋中往往含有文献翻译、撰著、编写的时间、地点、目的、抄写者、刻印的出资者等丰富的信息，这不仅有助于我们更好地了解文献的类型，进行分类，同时也为翻译史、书籍史、社会史的研究提供了重要的信息。如果仅就翻译佛典而言，我们知道汉译佛典的序跋集成有许明编著的《中国佛教经论序跋记集》[①]，藏译佛典的序跋集成则还有待来日。

另外，我们需要注意藏文文献中一个非常大的部类，即翻译典籍的研究，具体而言，即《甘珠尔》《丹珠尔》的研究。以我自身比较熟悉的《甘珠尔》研究而言，其无论在目录学，还是在文献学研究的视域下都会给我们提供有益的借鉴。自从《甘珠尔》集成编撰以来，历代藏族人士都会对文本的编辑整理进行思考和实践，反映在文献上就是各版本《甘珠尔》的目录，对这些目录的研究，会让我们看到前辈学者对翻译佛典文本编排的不同考量和得失经验，有助于我们编撰现代意义上的目录。另一方面，作为大型的文献集成，《甘珠尔》的编撰历史以及编撰原则对我们进行类似的工作大有助益。虽然《甘珠尔》的编撰原则是绝大部分的文本只保留一个译本，但这并不意味着历

---

① 许明编著，《中国佛教经论序跋记集》，上海：上海辞书出版社，2002 年。

史上只有一个译本，而是文本有一个在旧有译本上叠加校勘的效果，而且有一些同本异译会以这样或那样的方式在历史上保存下来，或者留下痕迹。从文献学角度而言，传统认为不太好的翻译对我们来说也很重要，而且不一定是真正不太好。我们要做的就是在传统的基础上尽力去比对不同的文本，找出文本编辑流传的轨迹，在此基础上探讨文本校勘的得失成败[1]。所以我们需要尽量搜集《甘珠尔》的各个版本。在这方面，我们需要做的工作还很多，比如，像永乐版《甘珠尔》、江孜腾邦玛《甘珠尔》等一些最重要的《甘珠尔》刊本和写本还有待出版，夏鲁寺、萨迦寺、白居寺等一些重要寺院的《甘珠尔》藏本还有待调查、整理、研究。奥地利维也纳大学在拉达克地区所做的《甘珠尔》文本调查研究值得我们借鉴[2]，他们搜集了许多寺院的藏书，对其进行编目、数字化保存，通过对文本编撰历史、目录、原则等的探讨，力图建立《甘珠尔》各版本间的谱系[3]，从而不仅可以了解历史上藏文文献的传播、编撰情况，还可以探讨某一具体文本的演变。

讲座 丛书

我们知道，汉文大藏经卷帙浩繁，要全盘把握殊为不易，所以有识之士编辑了简明的解题目录，例如明末的蕅益智旭（1599—1655）编辑有《阅藏知津》，以供参阅。要了解藏文《甘珠尔》也会遇到同样的问题，但长期以来，我们不清楚《甘珠尔》是否存在类似的解题目录。幸运的是，北京民族文化宫藏有一部题名为《经藏总论》的藏文写本，是《甘珠尔》收录的显教典籍的提要，2006 年，木雅贡布将该书整理出版，使得快

---

① 关于这方面最近的讨论，参见 Paul Harrison, "A Reliable Witness? On the Tibetan Translation of the Śikṣāsamuccaya," in Lutz Edzard, Jens W. Borgland & Ute Hüsken, eds., *Reading Slowly*: *A Festschrift for Jens E.Braarvig*, Wiesbaden: Harrassowitz Verlag, 2018, pp.227–242. 以 及 Leonard van der Kuijp, "A Note on the 'Old' and the 'New' Tibetan Translations of the Prasannapadā," in Vincent Tournier, Vincent Eltschinger & Marta Sernesi, eds., *Archaeologies of the Written*: *Indian*, *Tibetan*, *and Buddhist Studies in Honour of Cristina Scherrer-Schaub*, Series Minor, vol.LXXXIX, Naples: Universita degli Studi di Napoli "L'Orientale", 2018, pp.417–446。

② 参见其名为 Resources for Kanjur & Tanjur Studies 的网页：https://www.istb. univie.ac.at/kanjur/rktsneu/sub/index.php, 2021 年 1 月 17 日访问。

③ 这方面最近的文章可以参看辛岛静志，《论〈甘珠尔〉的系统及其对藏译佛经文献学研究的重要性》，《中国藏学》，2014 年第 3 期，第 31—37 页。

速了解《甘珠尔》的大致内容成为可能①。

三、如何利用藏文文献

在藏文文献数量不断增长的情况下，如何有效利用藏文文献，真正发挥其作用，而不是让其"藏在深闺无人识"，这是我们需要进一步思考的问题，这方面需要文献收藏单位、文献出版机构、大学和科研机构、文献阅读者等良性互动方能有所成效。

具体而言，文献收藏单位除了保存文献的工作，还应关注如何使读者能够借阅参考。实事求是地说，藏文文献的部分收藏机构还不够开放，甚至还设有很多门槛，需要转变观念，真正实现文献的价值，即阅读、传承与弘扬。比如，北京民族文化宫图书馆的藏文藏书是不轻易对读者开放的，我不知道现在的情况是否还是如此。20 世纪 90 年代，得益于中美学术交流委员会的资助，时任华盛顿大学客座教授的范德康前往北京民族文化宫查阅藏文文献，寓目了许多珍本、孤本，并就此发表了许多学术论文，但是这些文献据我所知大部分在国内还没有正式公布出版。

文献出版机构在出版古籍图书时，需要考虑到不同读者的需求，在进行文本校勘时需要必要的文本编辑，改正明显的错漏，但是哪些是抄手的失误，哪些是文本的特色，很考验编辑者的水平，在无法把握的时候，要尽可能少地改动文本，即使要改动，最好能留下改动的痕迹，以便专业研究者核查。退一步说，如果文本需要校勘出版，最好在条件允许的情况下附上原文的影印件，以便需要核对原文的读者能方便使用。比如，2003 年西藏博物馆编辑出版的《旁塘目录：声明要领二卷》②，是吐蕃历史上重要经录的首次发现和刊布，意义重大，但是出版的校勘本既没有条目编号，也没有索引，不仅使用起来非常不方便，引述也非常不便，而且因为没有附上原写本的影印件，

---

① 白嘎桑布，《经藏总论》（藏文），北京：民族出版社，2006 年。据木雅贡布介绍，白嘎桑布是泽当寺的学者，写作该书的时间约是 1565 年。
② 西藏博物馆编，《旁塘目录：声明要领二卷》，北京：民族出版社，2003 年。

部分有疑问的地方无法核对，大大降低了该书的使用价值。本书出版后，日本人川越英真随即出版了带有编号的转写本，现在学者多利用该书的编号^①。上述木雅贡布整理出版的北京民族文化宫藏本《经藏总论》也存在类似的问题，既没有校勘记和索引，也没有对经典进行编号，或者与《甘珠尔》各版本相对照。相较而言，巴桑旺堆和蒂姆伯格合作英译的《韦协》不仅插入了对应的藏文文献页码，还给出了人名、地名、文献题名索引，书后附上了写本的影印件^②，这是以读者为指向的出版理念，值得我们好好学习。

藏文文献目录是我们查阅文献的重要参考，但是真正对读者友好的目录还是比较少，已有的目录中，部分目录已经绝版，近些年出的目录定价很高，且印数很少。比如《西藏自治区图书馆古籍目录·文集卷》（全四册），定价1200元，印数只有500册，极大地限制了普通读者对目录的利用，因此，藏文文献的数字化，尤其是目录的广泛流通和数字化是当务之急。据我所知，藏文文献的数字化目前有一定的进展，比如喜马拉雅文库就推出了包含许多藏文文献电子版的APP，我国台湾地区也推出了称之为 Adarsha 的电子阅读 APP，里面含有德格版、丽江版、拉萨版《甘珠尔》，德格版《丹珠尔》，以及各大教派的部分藏文文献。但与汉文古籍相比，藏文文献的数字化程度还很低，这也限制了文献的流通与阅读。我们可以借鉴佛教数字资源中心的做法，在缺乏专业编辑人员的现实情况下，先将文本进行扫描，做成 PDF 文件，然后在此过程中征求阅读者的体验和意见，逐步完善文本内容，最终形成可靠的、可供全文检索的电子文本。

大学和科研机构，尤其是综合性大学，应该在可能的条件下进行藏文文献，甚至是各少数民族语言文献的收藏和保存。

---

① Eishin Kawagoe, *dKar chag 'Phang thang ma*, Tohoku Society for Indo–Tibetan Studies Monograph Series 3, Sendai: Tohoku Society for Indo–Tibetan Studies, 2005.

② Pasang Wangdu& Hildegard Diemberger, *Dba'bzhed*, *the Royal Narrative Concerning the Bringing of the Buddha's Doctrine to Tibet*: *Translation & Facsimile Edition of the Tibetan Text*, Vienna: Verlag der Österreichischen Akademie der Wissenschaften, 2000.

除了国家图书馆，我们国家的少数民族文献绝大多数收藏在民族院校和与民族事务相关的机构，其他地方的收藏非常少，甚至付诸阙如，这既不利于文献的传播与研究，也不利于读者的查询和借阅。比如北京大学相关藏文文献的藏量就非常少，前述的北京版《甘珠尔》还是日本赠阅的。反观国外，很多重要大学都有藏文文献的收藏，甚至一些小的国家也是如此。比如，笔者曾在挪威奥斯陆大学图书馆见到许多藏文文献，实际上的借阅量并不大，但种类却较为丰富。当我问及图书管理员为何收藏这类"小众"文献时，他回答说图书馆的理念就是保存知识，而且没准有人需要研究时，它们就派上了用场。我想，在数字化的背景下，图书的储藏空间不再是大问题，因此，综合性大学应该有藏文文献的收藏。

从读者角度讲，藏文文献涵盖了多个学科门类，要全盘把握殊为困难。因此，我们需要了解大致的参考书目。如前所述，《甘珠尔》《丹珠尔》目录建议参考日本人编写的目录，其不仅按流水号列出了每部文献，还给出了译者信息，北京版给出了大部头作品的品目，德格版给出了对应的汉译，检索非常方便。

文集目录推荐《民族图书馆藏文典籍目录文集类子目》（全三册），该目录以藏汉双语对照的形式列出了中国民族图书馆所藏一百八十余家文集的子目及叶数，并附有作者生平简介，按照作者名字的字母顺序排列，方便查找①。2015年，《西藏自治区图书馆古籍目录·文集卷》（全四册）问世，收录了1995年北京民族文化宫图书馆赠还的原哲蚌寺部分古籍的文集部分目录，共53位高僧大德的297函文集，其中部分内容与《民族图书馆藏文典籍目录文集类子目》重合，而且编号是按照西藏自治区图书馆的索书号编辑，使用起来不是很方便②。2019年，《中国少数民族古籍总目提要·四川阿坝藏族卷》出版，分书籍、铭刻、文书、讲唱四大类，收录阿坝地区藏文古籍条目3735条，其中书籍按照哲学宗教、语言文字、文学、艺术、历史、天文历算、

---

① 民族图书馆编，《民族图书馆藏文典籍目录文集类子目》，上册，成都：四川民族出版社，1984年；中册，北京：民族出版社，1989年；下册，北京：民族出版社，1997年。

② 西藏自治区图书馆编，《西藏自治区图书馆古籍目录·文集卷》，北京：国家图书馆出版社，2015年。

医学、图书目录八个类别编目，部分分类下再分细目，总体还是比较清晰，但是只有汉语索引，使用起来还是不方便，而且因为是集体合作的结果，部分藏文文献的译名不统一，同一分类下各个文献的排序也没有统一的格式[①]。

众所周知，藏族文化，尤其是佛教文化与印度文化渊源很深，如果不对印度的古代语言，如梵语有所了解的话，阅读藏文古籍文献会有一定的障碍。因此，建议阅读藏文文献的读者多多少少掌握一些梵语知识。而且，藏文古籍中有一类特殊的文献，即藏文、梵文对照的双语文献。此类文献包括以《翻译名义大集》为代表的辞书，以《般若八千颂》为代表的显教经典，以《文殊师利真实名经》为代表的密教经典，以《譬喻如意藤》为代表的佛教文学经典，以及以《波尼尼经》为代表的梵语语法经典。对这些经典的校勘不仅需要藏语、佛教学的背景知识，还需要梵语的背景知识。这些双语文献中的梵语文献不仅可以与传世文本相校勘，部分情况下还能补梵语文献之缺漏。

最后，我还想从"书籍文化"或者"书籍史"的角度谈谈藏文文献的研究，也就是说，将藏文文献作为物质文化和精神文化的双重载体，研究文本的生产、流通、接受、禁毁等过程，真正让文本以立体的形式呈现在历史脉络中，从而深入理解藏文文献在藏族文化保存和弘扬中的独特作用。虽然这方面的工作我们是刚刚起步，但随着越来越多文本的发现和披露，我相信这必将是一个新材料、新发现、新问题和新观点相互激荡的领域[②]。

总之，藏文文献是藏族人民在长期的历史过程中为全人类留下的宝贵的文化财富，我们有责任，也有义务将其保护、传承与发扬光大。

---

① 阿坝藏族羌族自治州藏文编译局、阿坝藏族羌族自治州民族宗教事务委员会编纂，《中国少数民族古籍总目提要·四川阿坝藏族卷》，兰州：甘肃民族出版社，2019 年。

② 一些国外学者已经意识到了这一点，参见 Kurtis Schaeffer, *The Culture of the Book in Tibet*, New York：Columbia University, 2009. Orna Almogi, *Tibetan Manuscript and Xylograph Traditions：The Written Word and its Media within the Tibetan Culture Sphere*, Hamburg：Department of Indian and Tibetan Studies, Universität Hamburg, 2016.

58

张铁山

回鹘文及其文献

　　张铁山，汉族，1960年生于新疆。现任中央民族大学中国少数民族语言文学学院二级教授，博士生导师，享受国务院政府特殊津贴，中央民族大学杰出人才。兼任中国民族古文字研究会副会长、全国古籍评审工作专家委员会委员、教育部学位与研究生教育发展中心全国优秀博士论文评审专家、国家民委少数民族古籍保护与资料信息中心主任和专职研究员、中国民族语言学会理事、中国突厥语研究会理事、中国敦煌吐鲁番学会理事、中国敦煌吐鲁番学会民族文字专业委员会委员、吐鲁番学研究院专家委员会委员、中央民族大学阿尔泰学研究所研究员、新疆大学新疆文献研究中心客座教授、云南民族大学客座教授、中国钱币学会学术委员、《民族语文》编委、《民族古籍研究》主编、《吐鲁番学研究》编委等职。承担和完成国家级、省部级、校级等各类课题20余项，出版专著、合著30余部，发表论文200余篇。

在座的朋友们，大家好！今天我给大家讲一下回鹘文及其文献。我想通过这个讲座简单地介绍回鹘文是一种什么样的文字；以及国内外回鹘文文献研究情况。

一、回鹘文

回鹘文是来源于粟特文的一种音素文字，主要流行于9—15世纪。因回鹘人曾广泛地使用过这种文字，所以一般统称为回鹘文。事实上，回鹘文曾被包括回鹘人在内的突厥语族诸民族及一些非突厥语民族使用，是一种跨语言、超方言的文字。它在使用过程中也在不断发展变化，不仅在吸纳其他民族的文化和维护突厥语族语言的一致性方面发挥过重要作用，而且也曾对周围其他民族文字有过很大影响。

回鹘在漠北回鹘汗国时期，主要使用古代突厥文。后来回鹘社会不断发展，回鹘汗国的势力逐渐壮大，加之摩尼教被回鹘可汗奉为国教，中亚粟特商人日益增多，他们在回鹘汗国的地位也得到加强，粟特文化对汗国产生了深刻影响。此时的漠北回鹘汗国在继续使用古代突厥文的基础上，开始使用粟特文，用粟特文来记录回鹘语。此外，当时的回鹘人还使用汉文。《九姓回鹘可汗碑》的作者为回鹘内宰相颉于伽思。该碑的汉文与回鹘文的内容，无论是在结构上还是在风格上均不同，可见此碑的汉文部分不是从古代突厥文或粟特文翻译过来的，而是出自颉于伽思本人的手笔。这说明作者不仅通晓汉文，使用汉文，而且对汉文还有极深的造诣。

回鹘文来源于粟特文。但突厥语民族究竟在何时何地开始用粟特文字母记录自己的语言，目前还不清楚。不过，根据现存8世纪用粟特文字母铸成的突骑施钱币来看，最初使用粟特文字母拼写突厥语族语言的可能是以七河流域为主要居住地的突骑施部。对于这一点，地理位置似乎也可以作为一个旁证，因为突骑施与粟特的主要居住地最为接近。另外，根据20世纪50年代在蒙古人民共和国乌兰浩木地方发现的8行回鹘文碑铭来看，回鹘人早在回鹘西迁以前就已经使用回鹘文了。这说明回鹘文的产生最迟不晚于8世纪。

公元840年，回鹘大举西迁后，回鹘文使用得更加广泛，甘州回鹘王国、高昌回鹘王国和喀喇汗王朝均使用回鹘文，既用于碑刻，也用于各种内容的写本，元代时还用于木刻本中。直到15世纪，回鹘文逐渐废弃不用，而代之以察合台文。

回鹘文在发展的过程中有过不少的改革。早期的回鹘文与粟特文没有多大的区别，如缺少必要的元音字母，元音字母 o 和 u、ö 和 ü、ï 和 i 没有区别；辅音字母 q、x 和 γ、t 和 d、s 和 š、z 和 ž、b 和 p、g 和 k 没有区别；表示元音 a 和 ä 的字母在字形上与表示辅音 n 的字母相同；词间的辅音字母 w 和 y 在外形上没有区别。后来 q 用在左边加两点表示，h 用在左边加一点表示，而 γ 则不加点；在表示 s 的字母右边加两点表示 š，以此来区别 s 和 š；辅音 n 用在左边加一点来表示，以此与元音 ï 和 i 相区别；辅音 ž 用在右边加两点表示，以此与不加点的 z 区别。尽管回鹘文在后来的使用过程中做了不少的改革，但总的来说，回鹘文仍然没有完全摆脱辅音音素文字的束缚（图1）。

图1 回鹘文字母表

回鹘文最初也同粟特文一样，是从右到左横写的。后来因受汉文的影响，改为竖写，字行从左到右。

回鹘文在发展过程中，除了对一些不能准确表示回鹘语的字母进行改革以外，还出现了不同的字体，形成了独具特色的回鹘文书法艺术。回鹘文字体可以首先从形成的手段上分为印刷体和手写体两类。印刷体包括木刻印刷体和木活字印刷体两种。手写体包括楷书体、行书体、草书体三种。另外，手写体还可以根据书写工具分为软笔体和硬笔体两种。

1. 印刷体

回鹘文印刷体是随着中原雕版印刷术和活字印刷术的传播而产生的，有木刻印刷体和木活字印刷体两种。

（1）木刻印刷体　随着唐五代刻书的增加和普及，与中原王朝有着密切关系的回鹘人也学会了雕版印刷术。对于回鹘文雕版印刷的开始时间，史籍虽没有明确的记载，但 1929 年前西北科学考察团曾在新疆获得木刻本回鹘文《佛说天地八阳神咒经》残叶 3 张 7 面半，其中的第一、二张右边下方刻有"陈宁刊"三个汉字，在第三与第四面中缝有汉字叶数"十"。据冯家升先生考证，"陈宁"为刻工。宋理宗绍定四年（1231）开始刻《碛沙藏》，元英宗至治二年（1322）完成。据此可以认为，雕版印刷用于回鹘文最迟应在宋代。

回鹘文木刻印刷体因受雕版材料及刻写工具的影响，其特点是笔划刚劲，竖笔直硬，横笔短细，粗细变化明显，有很强的用刀刻写笔韵。木刻印刷体是回鹘文字体中最清楚好认的（图 2）。

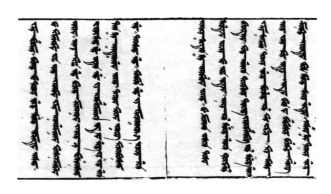

图 2　回鹘文木刻本《金刚经》

（2）木活字印刷体　回鹘文木活字是在什么时间使用的，目前学术界还没有一个统一的看法，一般认为当在元朝初年，即公元 1300 年左右。

迄今尚未发现用木活字印刷的回鹘文文献，仅在敦煌发现有千余枚回鹘文木活字。其中最多一次是由伯希和发现于敦煌莫高窟北区第 464 窟中，共计 960 枚。国内敦煌研究院、国家图书馆等地收藏有近百枚。这些回鹘文木活字是用锯子先将硬木锯成高、宽相等，但长度不一的方块，然后用刀在面上刻字而成。

回鹘文木活字虽受汉文活字印刷的影响，但又不完全同于汉文，它充分考虑到了回鹘语是黏着语的特点：汉字为方块字，其活字可以大小高低一致，并且一活字即为一汉字，但回鹘文的一个词（或词干）后可以缀接不同的构词或构形附加成分，因此，其高、宽可以一致，但长短则不一样；一活字有时是一个词，有时只是一个动词词干，有时是一个字母，有时是几个字母组成的音组。由此可见，活字运用于回鹘文，也是回鹘人对活字印刷的再创造和再发明，其中凝结了回鹘人的聪明智慧，是回鹘人对世界文明的一大贡献。

回鹘文木活字印刷体与木刻印刷体在字形上十分接近，只是前者的粗细变化不大，笔划较紧凑（图 3）。

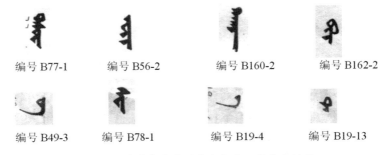

编号 B77-1　　　编号 B56-2　　　编号 B160-2　　　编号 B162-2

编号 B49-3　　　编号 B78-1　　　编号 B19-4　　　编号 B19-13

图 3　敦煌莫高窟北区出土部分回鹘文木活字

2. 手写体

回鹘文手写体包括楷书体、行书体、草书体 3 种。根据书写工具的不同，手写体还可以分为软笔体和硬笔体两种。

（1）楷书体　楷书体是回鹘文文献中最常见的一种字体，

常用于抄写佛教文献。这与佛教信仰有关：回鹘人认为，诵读和抄写佛经是一种功德，而且这种功德是可以相互转达的。正因为如此，回鹘佛教徒除了自己发愿抄写佛经外，还可以请人抄写佛经，有为自己，也有为父母或其他亲属而请人抄写的，并认为这也是一种积功德。可以想见，当时在回鹘人中可能有专门从事抄写工作的人员，而请这些抄写人员的大多是一些达官贵人。

回鹘文楷书体精美而工整，笔画圆润，粗细变化不大，整个布局较紧凑。楷书体是回鹘文字体中较为清楚、好认的。从书写工具上来看，有的楷书体是用毛笔（软笔）写的，有的是用竹苇笔（硬笔）写的。用毛笔写的楷书体，笔画更为圆滑，棱角不分明，而用竹苇笔写的楷书体，棱角较分明。

（2）行书体　行书体是回鹘文字体中使用较普遍的一种字体，它介于楷书体与草书体之间，既用于宗教文献，也用于民间世俗文书。

回鹘文行书体笔画较为流畅，粗细变化不显著，书写较自由。现存的回鹘文行书体文献较多，如《阿毗达磨俱舍论》《善恶两王子的故事》等（图4）。

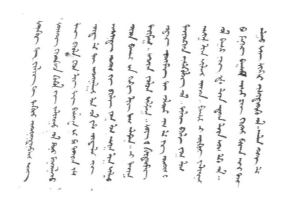

图4　回鹘文行书体《瑜伽师地论》

（3）草书体　草书体是回鹘文字体中最难识别的一种字体，多用于民间的社会经济文书。草书体有用毛笔书写的，也有用竹苇笔书写，其笔画潦草，粗细不一，书写极为自由，连笔和省笔较多，且多不受纸张的限制。

（4）软笔体　这是根据书写工具对回鹘文字体进行的一种分类。多用毛笔书写。其笔画圆滑，粗细不一，书写较为流畅。现存用毛笔书写的软笔体回鹘文文献很多，既有宗教文献，也有世俗文书。此外，在敦煌、吐鲁番等地千佛洞里还保存有软笔体回鹘文的许多题记（图5）。

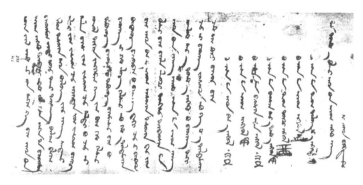

图 5　回鹘文软笔体文书

（5）硬笔体　这也是根据书写工具对回鹘文字体进行的一种分类。多用竹笔或苇笔书写。其笔画硬朗，棱角分明，粗细变化不大。现存硬笔体回鹘文文献很多，许多保留在敦煌和吐鲁番等地千佛洞中的回鹘文题记也属于硬笔体（图6）。

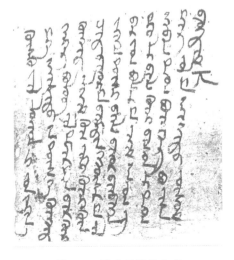

图 6　回鹘文硬笔体文书

历史上，回鹘文也曾对其他民族文字有过很大影响：史载"契丹小字"仿自回鹘文；元代时，回鹘文为蒙古族所采用，经过若干变化后，形成了现代蒙古文；16 世纪以后，满族又从蒙古族那里接受了这种字母，形成满文；此外，回鹘文在13—15 世纪也用作金帐汗国、帖木儿帝国和察合台汗国的官方文字。

契丹文是我国古代少数民族之一的契丹人使用的文字，有契丹大字和契丹小字两种。契丹大字是在汉字的基础上增减汉字笔画而成的，属于表意的汉字式词符文字，如"天"下一"土"，表示天；"大"上加一横二点，表示大。契丹大字的创制时间在公元 921 年。

契丹小字是表音文字，表音受回鹘文影响，方法模仿汉字的反切。小字的创造时间约在公元 924—925 年。

关于蒙古族最初使用回鹘字母记录自己的语言，《元史·塔塔统阿传》载："塔塔统阿，畏兀人也。性聪慧，善言论，深通本国文字。乃蛮大扬可汗尊之为傅，掌其金印及钱谷。太祖西征，乃蛮国亡，塔塔统阿怀印逃去，俄就擒。帝诘曰：'大扬人民疆土，悉归于我矣，汝负印何之？'对曰：'臣职也，将以死守，欲求故主授之耳。安敢有他！'帝曰：'忠孝人也！'问是印何用，对曰：'出纳钱谷，委任人才，一切事皆用之，以为信验耳。'帝善之，命居左右。是后凡有制旨，始用印章，仍命掌之。帝曰：'汝深知本国文字乎？'塔塔统阿悉以所蕴对，称旨，遂命教太子诸王以畏兀字书国言。"由此可知，蒙古族采用回鹘字母书写蒙古语是在 1204 年成吉思汗征服乃蛮之后。这种文字后来被称为"回鹘式蒙古文"。

在 1269 年以后的一段时间里，回鹘式蒙古文的使用受到限制，因为此时已正式颁布"蒙古新字"（即八思巴文）。至元朝后期，回鹘式蒙古文又逐渐通行开来，并经过元明两代，到17 世纪初发展成为两个支派：一支是现在通行于我国蒙古族大部分地区的蒙古文；另一支是仅在新疆蒙古族中使用的托忒蒙古文。

继蒙古文之后，1599 年清太祖努尔哈赤命额尔德尼和噶盖二人参照蒙古文字母创制了满文，俗称"无圈点满文"或"老满文"。这种满文的字母数目和形体与蒙古文字母大致相同，使用了30余年。1632年清太宗皇太极令达海对老满文进行改造。达海利用在字母旁边加圈点、改变某些字母的形体、增加新字母等方法，改进和创制了新的满文，这种满文又被称为"有圈点满文"。目前保留下来的满文文献绝大多数都是用改进后的满文书写的。

1947年锡伯族语文工作者又在满文的基础上，改变其个别字母的形体，增减了一些音节，创制了锡伯文。

回鹘文的字母因时代不同，有15—23个。每个字母因出现在词中位置的不同，又有词首、词中、词末几种不同的形式。

回鹘文在书写上主要有以下规则：

1.元音o和u、ö和ü、i和ï在文字上没有区别。

2.元音ö和ü在第一音节辅音y、k、g的后面出现时，写作o和u，即没有一个小芽。

3.元音ö和ü在词首或在除y、k、g以外的第一音节辅音后面时，仍写作ö和ü，即有一个小芽，但在第二音节以后写作o和u，即没有一个小芽。

4.词首元音a有时少一个小芽，写作ä。

5.在早期文献中，辅音字母q、x、γ没有区别，而在后期的文献中，q在左前方加两点表示，x在左前方加一点表示，而γ则不加点。

6.在早期的文献中，表示n的字母前面没有一点，写法同a、ä，而在后期文献中n则在左前方加一点表示。

7.在早期的文献中，辅音字母s和š不区分，后来在字母的右边加两点表示š，不加点则表示s。

8.辅音字母b和p、g和k没有区别。

9.辅音字母d和t虽然写法不同，但在后期特别是在元代的回鹘文文献中经常混用。

10.辅音字母z和ž经常混用，有时在右边加两点表示ž，不加点则仍表示z。

11.词中辅音字母w和y常混用，有时在左方带一小钩表示w，y则没有这一小钩。

12. 辅音ŋ用 n 和 g 两个辅音字母连写表示。

13. 用一点或两点作为句读符号。多用四点"⸪"表示段落。

14. 早期回鹘文从右往左横写，后来改为竖写，行款从左到右。

三、回鹘文文献的类别

现存的回鹘文文献主要有碑铭、写本、刻本和文书等形式。

（一）回鹘文碑铭

现今存世的回鹘文碑铭为数不多，已刊布者主要有《乌兰浩木碑》（又称《多罗郭德碑》《居庸关石刻》《莫高窟六体文字碑》《大元肃州路也可达鲁花赤世袭碑》《有元重修文殊寺碑》《土都木萨里修寺碑》《亦都护高昌王世勋碑》等）。

在上述回鹘文碑铭中，《乌兰浩木碑》还带有明显的古代突厥碑铭的原始性，与古代突厥碑铭一脉相承，人为痕迹较少，其余碑铭多与汉文合璧，其建造过程有汉族工匠参与，具有中原汉式碑铭的特点。

典籍与文化 15

（二）回鹘文纸质文献

回鹘文文献中数量最多的是写本。回鹘文写本早期多为卷子式。从目前所存回鹘文写本卷子来看，纸卷的长短各不相同，长卷由十几幅纸粘接而成，短卷少的只有两幅纸。每张纸上画有上下边框，有的还画有行线。回鹘文的书写格式是：每卷开始时，写有书名、卷次（有用回鹘文书写的，也有用汉文书写的）。卷子的最后一般还要写上抄写人的姓名、纪年纪日（多用十二属相纪年法）、写卷缘起等内容。

回鹘文卷子式写本明显地受到汉族文化的影响。不仅书名卷次页码使用汉文，而且在回鹘语中，甚至连"卷"一词都是采用汉语借词 küin，有时也使用本族语词 tägzinč 来表示（图 7）。

图 7　回鹘文卷子本《妙法莲华经》

回鹘文写本中最常见的形式是梵夹式，又称贝叶式。两面书写。一叶纸正面的左边穿有一小孔，用以将写本书叶捆扎成册。在后期的写本中，往往仅在左边画一圆圈，表示原来的穿孔。每面纸上用墨画有上下边栏。回鹘文从上至下、从左到右书写。叶码通常用小字写在正面的左边，也有写在反面右边的。有时只写叶数，有时还写章数和书名。

无论是卷子式还是梵夹式回鹘文写本，一般都用黑墨书写。有些佛经的开头、"佛""菩萨"等词语用红笔书写。书写工具为芦苇笔或毛笔。纸张多为加厚的草制成或棉制成。回鹘文刻本多属于元代时期的文献。叶码用汉字表示。

迄今为止，仅出土有一千多枚回鹘文木活字，但尚未发现回鹘文活字印刷品。敦煌出土的回鹘文活字皆为凸起阳文反字，绝大多数宽 1.3 厘米，高 2.2 厘米，长短则依所表示符号的大小而定。活字的木料质地坚硬，有些呈浅赭红色，有些木料则呈黄褐色，似为枣木或梨木。这些树种在西北地区分布广泛，资源丰富，且木质较细，易于雕刻。学者们根据对回鹘文木活字的观察和比较，再参考中原汉地有关木活字制作的记载，认为回鹘文木活字的制作方法有两种：

（1）通常制作活字的方法，即先将字样写好贴在已准备好的木板上，由刻工雕刻，然后按单位锯截，再逐个修整，即可归类使用；

（2）利用旧雕版已有文字内容，根据需要将其按词或音节锯开，敦煌回鹘文木活字中出现的有些活字有多余的字符，估计就是旧雕版文字中原有的。

还有一些活字字面和地脚两面都有回鹘文或标点符号，这似乎是因为一时需要应急或为了节省原料而为。此外，有些活字一面有刻坏的字，为节省原料，利用另一面重刻回鹘文。

敦煌出土回鹘文活字，可以分为7类：（1）以字母为单位的活字。这类活字可以表示回鹘语语音的所有音位。（2）以词为单位的活字。这类活字中有名词、形容词、数词、代词、副词、后置词和语气词等，名词中有一部分是佛教术语，还有一部分以表示动词的语法形式（如副动词等）或其他形式出现的活字。（3）以动词词干为单位的活字。回鹘语动词有丰富的语法范畴和形态变化，而动词词干则往往处于动词形态变化的核心地位，多是完整不变的，因此，抓住了动词词干就抓住了动词的核心。（4）表示词缀的活字。回鹘语属黏着语，其形态变化是在词或词干后缀接各种词缀来完成的。这类活字充分体现了回鹘语的特点。（5）以不表示词义或语法功能的语音组合为单位的活字。（6）表示叶面版框线的活字，其中有单栏线，也有双栏线。（7）表示标点符号和附加符号的活字，其中有一点和两点的，也有四点的（图8）。

图 8　回鹘文木活字

回鹘文文书多为民间的记录形式，其大小尺寸不一，一般为一张纸，也有多张纸粘连起来的卷子式。用纸很随便，有的就在其他废弃的纸背面书写。回鹘文字体使用草书体。

（三）回鹘文题记、铭刻

现存的回鹘文题记和铭刻并不多。题记主要发现于敦煌和吐鲁番等地的佛教洞窟中。由于这些题记长期遭到自然风化和人为的破坏，现在大多已模糊不清，给研究带来了很大的困难（图9）。

图9　高昌回鹘王供养像（10世纪—11世纪），
柏孜克里克千佛洞第31窟

回鹘文文献中还有少量的钱币、木杵等带有回鹘文铭刻的文献（图10）。

正面　　　　　　　　　　　　　　　　背面
Kül bilgä bögü Uyyur tngri qayan　　　ilturmïš yarlïqamïš
汉译：阙·毗伽·莫贺·回鹘天可汗　　　颉咄登密施颁行

图10　回鹘钱

四、回鹘文文献的分类

回鹘文文献可以作如下分类：

1. 历史类：在回鹘文文献中，至今尚未发现专门的历史著作，只有一些碑铭文献属于这一类，如《大元肃州路也可达鲁花赤世袭碑》等。

2. 经济类：现存的回鹘文经济类文献主要是契约文书，约有 200 多件，分藏于世界各地，其中主要有《高昌馆来文》《阿体卖奴隶（善斌）给买主写的临时字据》《阿体给买主写的正式字据》《摩尼教寺院文书》等。

3. 语言文字类：在回鹘文文献中，专门的语言文字作品极少，属于语言文字类的回鹘文文献有《突厥语大词典》《高昌馆杂字》。

4. 文学类：回鹘文文学作品的种类很多，有民歌集、诗歌集、传说、故事、剧本等。这其中既有翻译的作品，也有创作的作品，如《弥勒会见记》《乌古斯可汗的传说》《佛教诗歌集》《常啼和法上的故事》《观音经相应譬喻谭》等。

5. 宗教类：现存的回鹘文文献大多属于这一类，其中又以佛教经典文献居多。回鹘文宗教经典文献按其内容又可分为佛教文献、摩尼教文献、景教文献和伊斯兰教文献 4 个小类。

（1）佛教文献：回鹘文佛教文献较重要的有《金光明最胜王经》《大唐大慈恩寺三藏法师传》《佛说天地八阳神咒经》《俱舍论实义疏》《阿毗达磨俱舍论》等。

（2）摩尼教文献：回鹘文摩尼教文献较为重要者有摩尼教根本教义书《二宗经》《摩尼教徒忏悔词》以及各种摩尼教赞美诗等。

（3）景教文献：主要有《福音书》《圣乔治殉难记》等。另外，《伊索寓言》也与景教有关。

（4）伊斯兰教文献：主要有《帖木耳世系》《升天记》《圣徒传》《心之烛》《幸福书》等。

现存回鹘文文献中还有一些医药学方面的资料。

五、国内外收藏及研究概况

保留至今的回鹘文文献，内容十分广泛，几乎包罗万象。它是中华民族丰富的文化遗产之一，也是我们研究回鹘社会历史、宗教信仰、语言文字、文学艺术、科学技术等的重要资料。

从 19 世纪末 20 世纪初开始，随着中亚考古的开展，特别是新疆吐鲁番、甘肃敦煌等地的各种内容的回鹘文文献的不断发现，各国学者对回鹘文文献进行了大量的研究，出版了很多论著。这里仅就各国学者对重要的回鹘文文献的研究作一介绍。

（一）佛教文献

现存回鹘文文献大多属于佛教经典文献。佛教曾是回鹘人历史上信仰过的主要宗教。早在西迁以前，佛教就可能已经传入回鹘。西迁以后，回鹘人大兴佛教，并受到印度佛教、中亚佛教和中原佛教的东西文化影响，形成了长达五六百年之久的回鹘佛教文化，用回鹘文翻译了大量的佛经。从目前发现的回鹘文佛教文献来看，既有大乘佛典，也有小乘佛经和密宗文献，《大藏经》中的经、论两部分的主要著作大都被译成了回鹘文。在翻译过程中，译者常常加进一些词句或段落，更有再创作之作，从而丰富了这些佛教著作。它成为我们今天研究回鹘佛教的重要依据。其中篇幅较大、研究较多的主要有：

1.《金光明最胜王经》。该文献最完整的本子唯一手抄本，1910 年由俄国人马洛夫在甘肃酒泉附近的文殊沟所得，现藏俄罗斯科学院东方文献研究所。手抄本共 397 叶，每叶大小为 62×23 厘米，每面书写 22—25 行。该文献另有两叶为瑞典考古学家伯尔格曼于 1927—1935 年参加西北科学考察团时在甘肃所得，现存斯德哥尔摩民族学博物馆。（图 11）此外，德国考古队在新疆也发现有此经的残卷，现藏柏林德国古代历史和考古学中心研究所吐鲁番写本部。该经的回鹘文译本系古代维吾尔族著名学者、翻译家别失八里人胜光法师①根据义净的汉文本翻译的。据目前所知的材料，除了该佛经外，胜光法师还从汉文先后翻译了《大唐大慈恩寺三藏法师传》《千眼千臂观世音菩萨陀罗尼神咒经》《观身心经》等。回鹘文《金光明最胜王经》抄写于清康熙二十六年（1687），抄经地点是敦煌。它是目前所发现的时间最晚的回鹘文文献。

　　先后对此书进行过研究的有：F.缪勒在其 1908 年刊布的《回鹘文献汇刊》（Uygurica）中，据存于德国的该经残卷，研究了第一、十六、十七品中的一部分。1913—1917 年，俄国的拉德洛夫和马洛夫用回鹘文铅字排版刊布了马洛夫在我国甘肃酒泉文殊沟所得回鹘文《金光明最胜王经》的整个抄本。1930 年，同氏又将其译成德文发表（名为《Suvarnaprabhasa，Aus dem uigurischen ins deutsche Ubersetzt von Dr.W.Radlloff Nach dem Tode des übersetzers mit Einleitung von S.Malov herausgegeben》。同年，W. 班格和冯·加班在《回鹘文献研究》（《Uigurischen Studien》）一文中，研究了第三卷第五品中的一部分。1941 年，冯·加班又在其《古代突厥语语法》（《Alttürkische Grammatik》）一书后面所附的文选中，对第十卷第二十六品舍身饲虎的故事进行了研究。1945 年，土耳其学者 S. 恰哈台在《金光明经中的两个故事研究》（《Altun yaruktan iki parça》）一文中研究了舍身饲虎和张居道的故事。1951 年，马洛夫在其《古代突厥语文献》（Памятники Древнетюркской Письменности，莫斯科—列宁格勒）一书中也研究了这两个故事。1953 年，Э. 捷尼舍夫在列宁格勒大学东方学系攻读研究生时，通过了题为《回鹘语文献〈金光明经〉语法概要》的副博士论文。1958 年，S. 特肯作为汉堡大学的博士论文研究了第五卷第九、十品，其研究成果于 1971 年在威斯巴登正式出版，书名为《Die Kapitel über die

---

① 以前学术界多译为"僧古萨里"或"祥古萨里"。后来，G. 哈扎衣在一份回鹘文木刻本文献中发现其汉文名为"胜光法师"。关于"胜光法师"，可参见 G. 哈扎衣：《回鹘文木刻本折叠书残卷研究》，载东德《古代东方研究》，卷三，1975 年；P. 茨木：《回鹘文佛教文献翻译家僧古萨里都统》，1976 年；哈米尔敦：《回鹘文"萨里"和"都统"考》，载法国《亚洲学报》，卷 272、314，1984 年；耿世民：《回鹘文〈玄奘传〉及其译者胜光法师》，《中央民族学院学报》1990 年第 6 期，另收入耿世民著《新疆文史论集》，北京：中央民族大学出版社，2001 年。

bewubtseislehre im uigurischen Goldglanzsūtra，Ⅸ und Ⅹ》。1961
年和1966年，特肯又分别研究了第二卷第三品和书末的回向文。
1962 年，日本学者护雅夫发表了《维吾尔语译本金光明最胜王
经》。1976 年，东德的 P. 茨木教授研究了卷一第二品中的一段
（名为《о второй главе сутры золотой блекс》）。1977 年，同氏刊
布了现存德国的上述张居道的故事残篇。1979 年，西德的 K. 洛
贝林教授与 D. 毛艾合作研究了第一卷中的《八大圣地制多赞》。
1982 年，百济康义和洛贝林合刊了斯德哥尔摩收藏的 2 叶《金光
明经》残卷（文载《德国东方学杂志》132）。1984 年，哈密顿撰
文探讨了胜光法师的称号问题（文载《亚洲杂志》272—3/4）。
1996 年 P · 茨木研究了藏于柏林的《金光明经》的全部残卷。

图 11　回鹘文《金光明经》

　　我国研究者对这一收藏在国外的回鹘文佛经文献也进行了
一些研究。1978 年，耿世民教授发表了《古代维吾尔汉文翻译
家僧古萨里》。1986 年，发表了《回鹘文〈金光明最胜王经〉第
六卷四天王护国品研究》。1983 年，克由木霍加等编译的《古
代维吾尔文献选》（维吾尔文版，新疆人民出版社）一书中也收
有部分段落。1988 年，张铁山发表了《回鹘文〈金光明经〉第
七品研究》。1990 年，张铁山又分别研究了第四卷第六品和第五
卷第八品。1995 年，周北川刊布了该经的第七卷第十四品的研
究。1996 年，耿世民教授和阿力肯·阿吾哈力分别发表了《回
鹘文〈金光明最胜王经〉第九卷长者流水品研究》《回鹘文〈金

光明最胜王经〉第十三品研究》。吐尔逊·阿尤甫和买提热衣木以拉德洛夫、马洛夫铅字本为底本，参考国内外已有的研究成果，作为新疆维吾尔自治区古籍办规划出版的重点项目，出版了这一文献的拉丁字母转写、维吾尔语译本。

2.《大唐大慈恩寺三藏法师传》。简称《玄奘传》，回鹘文原名为 bodïstw taito samtso ačarïnïng yorïyïn oqïtmaq atlïy tsï ïn čuïn tigmä kwi nom bitig。该回鹘文文献系译自汉文。关于回鹘文本的译者，回鹘文原文中记载："又幸福、伟大的中国国中精通三藏经的慧立大师受教用汉语制成。名叫彦棕法师的经师扩展之。又别失八里人胜光法师都统重新从汉语译为突厥语。"由此可见，该文献的译者与《金光明最胜王经》的译者是同一人，均为别失八里人胜光法师。该文献国内外均有收藏：①中国国家图书馆，1930 年前后在新疆南部出土。写本形式为梵夹式，抄写十分工整，乍看极似木刻本。残卷共 248 叶，其中 23 叶较为完整，其余皆残损严重。1951 年在北京曾影印出版过该部分。②俄罗斯科学院圣彼得堡东方文献研究所。原件为一写本，梵夹式，共 97 叶。③法国魁梅博物馆，共 123 叶。④海金（Joseph Hackin）1932 年参加锡春考察队自叙利亚赴北京途中所得，仅有 8 叶。以上各地所藏均为同一译本拆散分出之残卷，可互补所缺。

1935 年，冯·加班研究了法国魁梅博物馆收藏的 6 叶 324 行，发表有《回鹘文译本〈玄奘传〉研究》（文载《德国科学院纪要》，1935 年，柏林）。该氏早在 1932 年曾将国家图书馆所藏的那部分借去，直到 1946 年才归还。1938 年，她又据北图藏本研究了原书卷七中的三封信，凡 7 叶半，397 行（文载《德国科学院纪要》，1938 年，柏林）。1971 年，俄罗斯回鹘文专家 Л.Ю. 吐古舍娃与汉学家 Л.孟什柯夫合作，刊布了保存在俄罗斯该书卷十中的 7 叶残卷。1975 年，S.铁兹江出版了第十卷比较完善的辑本（Eski uygurça Hsuan Tsang Biyografisi. Ankara，1975）。1977 年，J.P.C.托尔斯太整理了魁梅博物馆所藏第四卷的写本，发表有 Die uigurische Xuan-zang Biographie.4 kapitel mit übersetzung und Kommenter。1980 年，吐古舍娃又据俄罗斯藏本研究了第五卷最后部分的 16 叶，出版了《回鹘文译本〈玄奘传〉残卷》一书。1984 年，百济康义与 P. 茨木合作研究了柏林所藏的《玄奘传》写本残片（*Fragmente zweiei unbekannter Handschriften der uigursche Xuanzang-Biographie*，*Altorientalische Forschungen*，11，1984）。1991 年，同氏又出版了《回鹘文〈玄奘传〉》一书（《Уйгурская Версия БиографииСюань-Цзана》，莫斯科，1991），研究了第五、六、八、十诸卷的内容。

我国学者对这一文献也进行了大量的研究，取得了不少成果：1953 年，冯家升先生发表了《回鹘文写本"菩萨大唐三藏法师传"研究报告》。冯先生的这篇研究报告长达 35 页，分九部分对该回鹘文写本的译者、翻译年代、回鹘文译文等进行了较详细的论述，并整理出"本书残叶与汉文本卷叶对照表"，为以后研究该回鹘文文献提供了方便。文末对第七卷中的两叶作为"图版与转写示例"进行了转写。耿世民教授对该文献的第七卷进行了一系列的研究，发表有《回鹘文〈玄奘传〉第七卷研究》、《回鹘文〈玄奘传〉第七卷研究（二）》、*Die uigurische Xuan-zang Biographie*，*ein Beitrag zum 7.Kapital*。1990 年，耿世民教授发表《回鹘文〈玄奘传〉及其译者胜光法师》。1992 年，卡哈尔·巴拉提研究了写本的第三卷。1984 年，黄盛璋先生在吐古舍娃刊本的基础上，旁征博引其他有关史料及研究成果，在《西北史地》1984 年第 3 期上发表了《回鹘译本〈玄奘传〉残卷五玄奘回程之地望与对音研究》一文。

关于回鹘文本的翻译年代，原书中没有明确记载。对此各国学者在研究中根据不同的材料提出了各种不同的看法。冯加班最早根据译本中将"京""京师"译为"洛京"，而洛阳称为洛京仅限于公元 923 年以后一个短时期中，因此，她考订翻译年代为"十世纪第二个二十五年"，但又声明自己的这一考订并非毫无问题（见冯加班《回鹘文译本〈玄奘传〉研究》）。后经我国冯家升先生研究，提出后唐以后至北宋也称洛阳为洛京。他主张翻译年代"以译于北宋或较合理"（见冯家升《回鹘文写本"菩萨大唐三藏法师传"研究报告》）。耿世民先生根据译本用早期回鹘文写经体和绝不见元代回鹘文文献中常见的 t—d、s—z、γ—q 字符替换使用的情况，认为该书的翻译年代应在回鹘西迁以后和元代以前，也即 9—12 世纪之间。黄盛璋先生认为"京""京师"译为洛京，应在自长安迁都洛阳，五代梁、唐时

78

代最合适，并根据回鹘文译本中增加不见于汉文原本的线索，提出译本年代"必在公元 1000 年前""订为十世纪最为稳妥"。（图 12）

图 12　回鹘文《玄奘传》

3.《妙法莲华经》。该回鹘文佛教文献保留至今者，多为该经的《观世音菩萨普门品》，回鹘文名为 quanšï ïm pusar alqudïn sïngar ät'öz körkin körgitip tïnlïɣlarqa asïɣ tosu qïlmaqï。现存回鹘文《妙法莲华经·普门品》共有 5 件：①狄亚阔夫发现于吐鲁番。原件为卷子式，长 285 厘米，宽 27 厘米，共存 224 行。该件虽也有一些破损之处，但却是目前发现的这部回鹘文译本中保留内容最多的一件。1911 年，拉德洛夫将此件整理，用回鹘文铅字排版，刊布于《佛教丛书》卷 14，并对回鹘文进行了德文翻译和注释。②原件仅存 2 叶，共 61 行。1911 年，缪勒将此件刊布，列出了汉文原文，并进行了德文翻译，但缪勒对该回鹘文残卷没有做更多的报导（见《Uygurica II》）。据日本学者羽田亨推测，F. 缪勒刊布的原件也可能发现于新疆吐鲁番附近（见羽田亨下引文）。③原件现藏德国美因茨科学和文学科学院，编号为 733（TIIY、32，39，60），卷子式，长 103 厘米，宽 30.5 厘米，仅存 61 行，开头和中间部分保存较好，后部分残损严重。④原件现存德国美因茨科学和文学科学院，编号为 289（TIIY、54-a），卷子式，长 17 厘米，宽 16 厘米，仅存 11 行。以上两件残卷，1960 年均由 S. 特肯首次刊布和研究，书名为《Uygurça Metinler I，KuanSi im pusar》（埃尔祖鲁姆，1960）。⑤原件由橘瑞超发现于吐鲁番，梵夹式，残存一叶两面，共 43 行。上方第 3—5 行中间有一个穿绳用的小孔。羽田亨据此进行了研究，发表有《回鹘文法华经普门品的断片》。1980 年，毛埃和罗伯恩研究了该经《普贤菩萨劝发品》的两叶残片。百济康义研究了《妙法莲华经玄赞》的一些残片。P·茨木在柏林藏品中发现了该经的另外两叶残片和五叶偈颂残片。

回鹘文《妙法莲华经》系译自汉文本。现存的汉文本有：后秦鸠摩罗什译《妙法莲华经》，八卷（原为二十七品，后增为二十八品，普门品为该经第二十五品）；西晋竺法护译《正法华经》，十卷（普门品为该经第二十三品）；隋阇那崛多和达摩笈多译《添品妙法莲华经》，七卷（普门品为该经第二十八品）；另外，还有一卷本《妙法莲华经观世音菩萨普门品》流行于世。

第一件回鹘文原文第2—3行写有"观世音菩萨普门品第二十五"。由此可知，它是译自鸠摩罗什所译之汉文本《妙法莲花经》。但其余四件残损严重，首尾残缺，很难知道它们究竟译自何种汉文本。1990年，张铁山对上述五件回鹘文《妙法莲花经·普门品》进行对比校勘，发表了《回鹘文〈妙法莲华经·普门品〉校勘与研究》，并提出"曾有几种不同的回鹘文抄本或版本流行于回鹘"的观点。

4.《阿毗达磨俱舍论》。简称《俱舍论》，回鹘文名为 košavarti。现存回鹘文该残卷者有：①瑞典首都斯德哥尔摩民族学博物馆，共16叶，分别属于第7、8、13、14、17、18、22、23、29、30等卷。这部分残卷出自敦煌千佛洞元代洞窟中，似为20世纪30年代中瑞西北科学考察团成员别尔格曼所得。日本龙谷大学教授百济康义根据该残卷确定了写本的书名，并进行了多方面的研究：《瑞典民族学博物馆收藏回鹘文写本暂编目录》（No25—40）、《说五十二心的回鹘文〈阿毗达磨俱舍论〉断片》、《回鹘文〈阿毗达磨俱舍论〉所见论师和论书的梵名》。②日本京都有邻馆，一张残叶，属于第3卷，出自敦煌千佛洞，为日本大谷探险队所得。1984年百济康义先生又刊布了这一张残叶（《回鹘文译本〈阿毗达磨俱舍论〉初探》，《龙谷大学论集》425号；*A Fragment of an Uigur Version of the Abhidharmakosa-Bhasya Preseved at the Museum of Fujii Yurinkan*，《TUrk Dili ve Edebiyati Dergisi》24-25）。③甘肃博物馆，一叶两面，属于第8卷，编号为10561。1987年耿世民先生对此进行了研究（《回鹘文〈阿毗达磨俱舍论〉残卷研究》，《中央民族学院学报》1987年第4期；《民族语文》1987年第1期）。④国家图书馆，一叶

80

两面，属于第 5 卷。张铁山和王梅堂合作研究了这一回鹘文残卷（《北京图书馆藏回鹘文〈阿毗达摩俱舍论〉残卷研究》，《民族语文》1994 年第 2 期）（图 13）。

图 13　国家图书馆藏回鹘文《阿毗达磨俱舍论》

《阿毗达摩俱舍论》为印度佛教大师世亲所著，除回鹘文本外，尚有梵文本、汉文本和藏文本。回鹘文《俱舍论》系译自汉文本，但译者不详。从回鹘文译文来看，译者除有很高的汉文水平和精通佛学外，还懂得梵文。关于翻译年代，学者们认为属于公元 14 世纪初期到中期。

5.《大方广佛华严经》。简称《华严经》，回鹘文名为 uluγ bulung yïngaq sayuqï ärtingü king alqïγ burxanlarnïng lenxua čäčäk üzäki itigi yaratïγï。国内外均收藏有该经回鹘文残卷。1911 年，拉德洛夫在其《回鹘文〈妙法莲花经〉第二十五品研究》一书附录三中发表了沙俄驻乌鲁木齐领事狄亚阔夫从吐鲁番所得"不知名"回鹘文佛经两叶 84 行。1950 年，日本石滨纯太郎据此进行研究，知其为四十华严中的《普贤行愿品》残卷，发表有《回鹘文〈普贤行愿品〉残卷》一文。1953 年，羽田亨发表了《突厥语〈华严经〉断简》一文。文中刊布了日本第三次大谷西域考古队吉川小一郎于 1911—1914 年间在吐鲁番所得四十华严第三十三卷中的 5 叶半（11 面）残文。1965 年，土耳其学者阿拉特在其《古代突厥诗歌》（Eski ürk Siir）一书中研究了四十华严第三十九、四十、四十四卷的内容。1982 年，P. 茨木教授发表了属于四十华严末尾部分普贤行愿的十二行跋文（Zum uigurischen Samantabhadracaryapranidhana）。文中还提到在柏林吐鲁番搜集品中尚存有回鹘文四十华严的其他残文。另外，日本羽田明教授处现存有属于八十华严的 9 叶残文照片，但原件已不知去向。1983 年，百济康义和小田寿典据此照片进行了研究，发表有《回鹘文译本八十华严残简》一文。我国目前两处藏有回鹘文木刻本《八十华严经》残卷：①藏甘肃省博物馆，编号为10562。据称出自敦煌千佛洞。原件为两大张八面回鹘文木刻本，每面写26行，内容属于《八十华严经》第十四和二十二卷。1986年，耿世民先生刊布了甘肃省博物馆这一回鹘文残卷；②现存甘肃敦煌千佛洞敦煌文物研究所遗书研究室，为一张四面回鹘文木刻本，内容属《八十华严经》第十四卷。据称出自敦煌千佛洞。这一残卷也由耿世民先生首次刊布，题作《回鹘文〈八十华严〉残经研究》。以上分藏两处的回鹘文木刻本《八十华严经》残卷应同属一个刊本。

回鹘文《八十华严经》译自汉文。关于回鹘文译本的译者目前尚无材料证明，但从回鹘文本四十华严译者为安藏来看，八十华严的译者也可能是他。安藏是元代著名维吾尔族学者，别失八里人。史称他九岁从师受学，十三岁能背诵《俱舍论》三十卷，十五岁时已精通儒学和佛教典籍，十九岁时出仕元朝，任翰林学士，译《尚书》《资治通鉴》《难经》《本草》等书，1293年去世。

6.《佛说天地八阳神咒经》。简称《八阳经》，回鹘文名为 tängri tängrisi burxan yarlïqamïš tängrili yerlitä säkiz türlügin yarumïš yaltïrmïš ïduq drnï täni yib atlïɣ sudur nom bitig。该经是目前所知回鹘文佛经残卷中所占比例最大的一部经典，其抄本、刻本残卷在新疆、敦煌等地时有发现，分藏柏林、伦敦、圣彼得堡、日本及北京各地的种类达186种之多，其中主要有以下一些：①大英博物馆藏卷，旧编号为Ch.0031，现编号为Or.8212—104。卷子式，共存466行，为现存诸写本中保存最完整者。主要研究有：W.Bang & A.von Gabain & G.R.Rachmati：《Turkische Turfan-Texte》VI，1934；L.Ligeti：《Autour du SAkiz Yükmäk Yaruq》，《Studia Turcica》，Budapest，1971。②日本龙谷大学藏卷，橘瑞超发现于吐鲁番雅尔湖附近。卷子式，残存405行，卷首缺，佛名朱笔书写。羽田亨曾对此残卷进行研究，发表有《回鹘文天地八阳神咒经》。③日本大谷藏卷，卷子式，残存21行。羽田亨曾据此补充龙谷大学藏卷进行研究（见该氏上引文）。④日本龙谷大学藏本，册子写本，残存6叶，该写本1958年由日本学者山田信夫研究刊布。⑤日本龙谷大学藏残片，均为残片，经小田寿典研究，辨认出其中的14件断片。

⑥东京中存不折藏本，均为残片。1979 年由庄垣内正弘刊布。⑦圣彼得堡藏卷，库罗德柯夫发现于吐鲁番，卷子式，残存 34 行。1911 年拉德洛夫在其《回鹘文〈妙法莲花经〉第二十五品研究》一书的附录中将此残卷刊布。⑧圣彼得堡藏卷，卷子式，残存 25 行，1928 年拉德洛夫在其《回鹘语文献汇刊》一书中将此残卷刊布。⑨北京藏本，折叠式刻本，存 3 张 7 面半，原件现藏中国社会科学院考古研究所。1929 年为前西北科学考察团在新疆获得，1954 年黄文弼先生收入他所著的《吐鲁番考古记》。1955 年，冯家升对此进行了研究。⑩乌鲁木齐藏本，贝叶式写本，存一叶两面。1990 年由卡哈尔·巴拉提刊布。（图 14）

图 14　木刻本回鹘文《八阳神咒经》

7.《佛说无量寿经》。现存该经者有：①伦敦大英图书馆东方写本与图书部，旧编号为 Ch.00288，新编号为 Or.8212—121。写本原件长 28 厘米，高 21 厘米，残存文字 39 行。从内容上看，系根据《佛说无量寿经》改写而成。1986 年，哈密尔敦首次刊布了这一写本（《Manuscrits du IX-X Siecie de Touen-houang》，Paris，1986）。1995 年，杨富学、牛汝极又据哈氏刊本进行了译释。②发现于柏孜柯里克石窟，为木刻本残叶，编号 80.T.B.I:596，存 3 叶。该残叶由多鲁坤·阚白尔、斯拉菲尔·玉素甫进行了研究。

8.《阿含经》。回鹘文写本残卷在国内外收藏者主要有：①瑞典首都斯德哥尔摩民族学博物馆，共 16 叶，似为 30 年代中瑞西北科学考察团成员别尔格曼在甘肃所得。其中属于《中阿含经》的计 8 叶，属于《杂阿含经》的共 3 叶，属于《别译杂阿含经》的 4 叶，属于《增壹阿含经》的 1 叶。这部分残卷由冯加班刊布研究。②日本京都大学文学部藏有回鹘文《阿含经》残卷复制品 5 叶 9 面，分别属于《增壹阿含经》第 24、50、51 卷，《中阿含经》第 7、49 卷，《杂阿含经》第 50 卷。③日本中村不折氏的收藏品中藏有回鹘文卷子本《杂阿含经》残片，内容与《杂阿含经》第 21、22 卷相同。④日本羽田明氏收藏有回鹘文《中阿含经》残片复制品，为《中阿含经》第 5、10、17、28 卷中的内容。以上②、③、④所藏残卷均由日本庄垣内正弘先生进行了研究。⑤日本奈良天理图书馆，1 叶，册子本，存回鹘文 15 行，内容为《增壹阿含经》卷 30 中的"六重品"。日本学者百济康义对此进行了研究（《天理图书馆藏回鹘语文献》,《ビブリア》第 86 号，1986 年）。⑥柏林吐鲁番收藏品中有许多回鹘文《阿含经》写本残片，均出自吐鲁番一带。百济康义和 P. 茨木刊布了这些残片。⑦法国国立图书馆藏有一叶回鹘文《别译杂阿含经》残卷。百济康义对此进行了研究。⑧国家图书馆藏《杂阿含经》残卷一叶两面，内容属于第 1 卷。1996 年，张铁山将此残卷刊布。⑨国家图书馆藏《增壹阿含经》残卷一叶两面，内容属于第 1 卷。1997 年，张铁山将此残卷刊布。⑩国家图书馆藏《中阿含经》残卷两叶，内容分别属于第三卷和第六十卷。2000 年，张铁山刊布了这两叶残卷。⑪北京大学图书馆藏《中阿含经》残卷两叶，内容属于第四十四卷。张铁山对此进行了研究。⑫敦煌莫高窟北区出土了《阿含经》的一些残卷，现藏敦煌研究院。近来张铁山对这些文献进行了研究（图 15）。

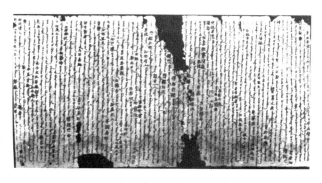

图 15　回鹘文《别译杂阿含经》残片

9.《说心性经》。回鹘文名为"心 tözin oqïdtačï nom bitig"，由斯坦因于 1907 年在敦煌千佛洞所得，现藏伦敦大英博物馆，编号 Or.8212—108。该写本为一册子本，内存 38 叶，为不同佛教文献的集成。《说心性经》即是该册子本的一部，位于 2a—16b 叶，存 405 行。最早研究此写本的是土耳其学者 R.R. 阿拉特。他在《古代突厥诗歌》一书的引文中曾多次引用该经的语句。根据阿拉特的未刊本，1948 年 W. 鲁本从佛教的角度对其进行了研究。1976 年，日本学者庄垣内正弘对写本进行了系统的研究。1980 年，S. 特肯又刊本了写本的拉丁字母转写和德语译文，书后还附有原写本图版。1997 年，张铁山在上述研究的基础上，对照 S. 特肯书中的图版，对这一文献进行了转写和汉译。

（二）摩尼教文献

回鹘人早在漠北游牧时期就已接受了摩尼教。西迁以后，摩尼教仍与佛教、景教并存于回鹘，并留有一些回鹘文摩尼教文献。这些文献对了解摩尼教教义和回鹘信仰该教的情况提供了极为重要的资料。

回鹘文摩尼教文献较为重要者有摩尼教根本教义书《二宗经》、语言古老质朴的《摩尼教徒忏悔词》（现已发现该文献写本 20 余件，分别收藏于伦敦、圣彼得堡、柏林等地）以及各种摩尼教赞美诗等。

《摩尼教忏悔词》包括 15 项具体忏悔的内容，是了解回鹘摩尼教徒宗教生活的一份很重要的原始材料。各国学者对此文献多有研究，主要有：A.von Le Coq: Dr.Stein's Turkish Khuastuanift from Tunhuang，being a Confession-prayer of the Manichaean Auditores, *Journal of the Royal Asiatic Society*，1911；W.Radloff: Chuastuanift.Das Bussgebet der Manichaer, *Bulletin de l'Academie Imperiale des sciences*，1909-6；A.von Le Coq: Chuastuanift，ein undenbekentnis der anichaischen Auditores，APAW，1910；W.Radloff：Nachtrage zum chuastuanift emBussgebete der Manichae, *Bulletin de l'Academie Imperiale des sciences*，1911；.Е.Малов：Памятники древнетюркской письменности М-Л.1951；Л.В.Дмитриева：хуастуанифт，

Туркологические Исследования，М.—Л.1965；Peter Zieme：
Beitrage zur Erforschung des Xuastvanift，Mitteilungen des Instituts
fur Orientforschung，1966-12；李经纬：《古代维吾尔文献〈摩尼
教徒忏悔词〉译释》(《世界宗教研究》1982 年第 3 期)。

（三）景教文献

回鹘人在宋末元初曾信仰过景教，且极盛于元初。保留至
今的回鹘文景教文献很少，其中主要有《福音书》(即《三个袄
教僧朝拜伯利恒的故事》，德国第二次吐鲁番探险队发现于葡萄
沟，存文字 80 行，原件现存柏林，编号为 TII B29)、《圣乔治
殉难记》等。另外，《伊索寓言》也曾被译为回鹘文（已刊布 10
件，均藏于柏林），这与回鹘人信仰景教也有关系。

（四）伊斯兰教文献

10 世纪下半叶，当新疆历史上著名的喀喇汗王朝时期，伊
斯兰教开始传入新疆。随同伊斯兰教的传入，出现了一批伊斯
兰教内容的回鹘文文献。其中主要有《帖木耳世系》《升天记》
《圣徒传》《心之烛》《幸福书》等。这些文献对于研究伊斯兰教
史及其在新疆的最初传播无疑是有重要价值的。

（五）文学作品

在回鹘文文献中，除了占有相当大比例的宗教经典外，居
于第二位的就要算文学作品了。回鹘文文学作品的种类很多，
有民歌、诗歌集、传说、故事、剧本等等。这其中既有翻译的
作品，也有创作的作品。

1.《弥勒会见记》。到目前为止，在国内收藏的回鹘文文献
中，篇幅最大、数量最多的首推《弥勒会见记》。回鹘文原名为
maitrisimit。该书是一部长达 27 幕的演说佛教教义的原始剧本。
它不仅是我国维吾尔族的第一部文学作品，同时也是我国各民
族（包括汉族）现存最早的剧本，在我国文化史上占有非常重
要的地位。

现存我国的《弥勒会见记》于 1959 年 4 月在新疆哈密县天
山人民公社脱米尔提大队附近发现（为了区别于流失国外的同
名回鹘文残卷，一般称之为哈密本），原件藏新疆维吾尔自治区

86

博物馆。写本形式为梵夹式，长 44 公分，高 22 公分，用黑墨书写。纸质厚硬，呈褐黄色。上下划有浅黑色边线，每行也划有行线，行距为 1.5 公分。在每叶文字的第七到第九行之间划有黑色圆圈，直径为 5 公分。圆圈中间有穿绳用的小孔。写本共约 293 叶（586 面），其中完整无缺和大体完好的约 114 叶。每叶正面左侧用小字写有品数和叶数。写本两面书写，每面大多数为 30 行，少数为 31 行。每幕开头标明演出场地的文字，用朱笔书写。

该书先由一位名叫圣月的佛教大师从印度语译成古代焉耆—龟兹语（即所谓的吐火罗语），后由一位名叫智护的法师从古代焉耆—龟兹语译成突厥语。哈密写本的施主是曲·塔思·依干·都督。写本正文并非由一人抄写。从现存残卷来看，已见有三种不同的字体：一种为书法浑圆、熟练的字体；其次为一种细瘦的楷书；第三为一种略显笨拙的字体。具体抄写人的名字在书中见到的有两个：法尊萨里和土克·促帕·阿凯。

除我国收藏以外，德国也藏有一些残叶。这部分残叶是本世纪初由勒柯克率领的德国考察队在我国新疆吐鲁番的木头沟和胜金口等地发现的，共 227 叶，约占全书的十分之一，其中完整的不过十几张，多为残片。

自该回鹘文原始剧本发现以后，国外对其首先进行研究的是缪勒。1907 年，他在题作《对确定中亚一种不知名语言的贡献》（文载《德国科学院纪要》）的论文中，刊布了此书的一段跋文，用以说明跋文中的 toγrï 语就是吐火罗语，由此引起了国际学术界关于所谓的吐火罗语的热烈争论。1917 年，他又与 E. 西格（E.Sieg）合作发表了《〈弥勒会见记〉与“吐火罗语”》。文中为了证明回鹘文跋文中所谓的 toγrï 语即指这种不知名的语言，把回鹘文本和古代焉耆语的《弥勒会见记》剧本中的若干段落分别译成德文加以对照，从而肯定前者确是译自后者。其后，冯加班在 1957 年将第二次世界大战期间运到西德美因茨科学院保存的一部分《弥勒会见记》残文（共 113 叶）影印刊布（书名为 *Maitrisimit-Faksimile der altturkischen Version eines Werkes der buddhistischen Vaibhasika-schule*，威斯巴登，1957），同时附有说明一册。1961 年，她又把保存在柏林科学院的一部分残叶

（共 114 叶）影印刊布，也附有说明一册。1980 年，德国所藏的《弥勒会见记》写本又由 S.特肯进行了系统的整理和研究，并附以转写和德译文出版。此外，哈密尔顿和 S.特肯曾分别就回鹘文译本的成书年代发表过文章。

我国学者对《弥勒会见记》也进行了一系列的研究，发表了不少的论著。其中主要有：冯家升先生的《1959 年哈密新发现的回鹘文佛经》；耿世民先生的《古代维吾尔语佛教原始剧本〈弥勒会见记〉（哈密写本）研究》《Qadimqi Uygurca Iptidayi Drama Piyesasi Maitrisimit（Hami Nushasi）ning 2-Pardasi haqqidiqi Tatqiqat》，（《Journal of Turkish Studies》，Vol.4，1980）、《回鹘文佛教原始剧本〈弥勒会见记〉第二幕研究》、《Das 16.Kapitel der Hami Version der Maitrisimit》，（《Journal of Turkish Studies》，Vol.9，1985）、《Das Zusammentreffen mit Maitreya，Die ersten funf Kapitel der Hami Version der Maitrisimit》（《Asiatische Forschungen》84，Wiesbaden，1987）、《Der Herabstieg des Bodhisattva Maitreya vom Tusita-Gotterland zur Erde.Das 10.Kapitel der Hami Handschrift der Maitrisimit》（《Altorientalische Forschungen》14，1987）、《Das Erscheinen des Bodhisattva.Das 11.Kapitel der Hami Handschrift der Maitrisimit》（《Altorientalische Forschungen》15，1988）、《Die Weltflucht des Bodhisattva.Das 13.Kapitel der Hami Handschrift der Maitrisimit》（《Altorientalische Forschungen》18，1991）、《Das Erlangen der unvergleichlichen Buddhawarde.Das 15.Kapitel der Hami Handschrift der Maitrisimit》（《Altorientalische Forschungen》20，1993）、《Nachtrag zum Erlangen der unvergleichlichen Buddhawurde》（《Altorientalische Forschungen》20，1993）；耿世民、张广达合写的《唆里迷考》；李经纬先生的《"如来三十二吉相"回鹘译文浅论》《哈密本回鹘文〈弥勒三弥底经〉初探》《哈密本回鹘文〈弥勒三弥底经〉第二卷研究》《佛教"二十七贤圣"回鹘文译名考释》《哈密本回鹘文〈弥勒三弥底经〉第三卷研究》《哈密本回鹘文〈弥勒三弥底经〉第二卷研究续》；斯拉菲尔·玉素甫、多鲁坤·阚白尔、克尤木·霍加的《回鹘文〈弥勒会见记〉第三幕研究》《回鹘文〈弥勒会见记〉第三章简介》《回鹘文〈弥

88

勒会见记〉第二章研究》《哈密本回鹘文〈弥勒会见记〉第三品研究》《回鹘文大型佛教剧本〈弥勒会见记〉》；多鲁坤·阚白尔的《〈弥勒会见记〉成书年代新考及剧本形式新探》《回鹘文〈弥勒会见记〉序章研究》；季羡林先生的《吐火罗文 A 中的三十二相》《吐火罗文和回鹘文本〈弥勒会见记〉性质浅议》；张龙群的《哈密本回鹘文〈弥勒会见记〉序章研究》；1988 年 1 月新疆人民出版社出版了由斯拉菲尔·玉素甫等人研究整理的《回鹘文〈弥勒会见记〉1》。该书分别用汉、维两种文字对回鹘文原文的序章、第一、二、三、四章进行了翻译和考释，书末附有原文照片。

关于此书回鹘文译本成书的年代，目前国内外主要有以下观点。冯加班在其 1957 年影印出版美因茨科学院那部分写本残卷的附册中，认为该书抄于公元 9 世纪，而译本的成书应在此之前。1958 年，哈密尔顿在就冯书所写的书评中，根据冯加班刊布的影印本，以该本字体与敦煌出土属于 10 世纪的大部分回鹘文写本字体相同这一点，提出写本应属于 10 世纪。冯家升先生在《1959 年哈密新发现的回鹘文佛经》一文中，提出哈密本《弥勒会见记》成书于 10—11 世纪之间的观点。1970 年，土耳其学者 S. 特肯在其专门讨论《弥勒会见记》成书年代的文章中，根据冯加班 1961 年刊布的影印本第 219 号残文中提到的 Klanpatri 与高昌出土属于公元 767 年的回鹘文庙柱文中的施主为同一人以及写本字体的特点，提出此书成书于公元 8 世纪中期。耿世民与张广达在《唆里迷考》一文中，认为哈密本成书于 10 世纪左右。1982 年，耿世民先生又提出新的看法："根据此书现存的几个写本字体都属于一种比较古老的所谓写经体，再考虑到当时高昌地区民族融合的情况（当地操古代焉耆语的居民在 8—9 世纪时应已为操突厥语的回鹘人所同化吸收），我们认为《弥勒会见记》至迟应成书于 8—9 世纪之间。"总之，回鹘文本《弥勒会见记》的成书年代，还是一个有待于今后进一步研究的问题（图 16）。

典籍与文化 15

图 16　回鹘文《弥勒会见记》

2.《乌古斯可汗的传说》。现存唯一回鹘文写本藏于法国巴黎国民图书馆。写本用草体回鹘文写成，首尾部分残缺，存共21叶（42面）。

该《传说》是一部散文体英雄史诗。内容可分为两部分。第一部分包括史诗的开头和结尾。这部分反映了关于本族起源和创世的神话以及某些古老的风俗习惯。第二部分主要记述乌古斯可汗的征战活动。《传说》虽为散文体，但一些地方也夹杂有韵文，一些句子明显带有诗韵的因素，具有很强的节奏性。

由于《传说》具有重要的民族史、文化史、文学、宗教、语言、民俗学等价值，因此，写本被发现后便引起了国内外学者的极大兴趣，先后发表了许多研究成果。其中主要有：Dietz："Der neuendeckte oughuzische cyklop" Halle und Berlin，1815；W.W.Radloff："Кудатку Билик.Факсимиле уйгурской рукопис"，SPb，1890，Das kudatku Bilik.Th.I.SPb.1900；Rizanur："Oughouz-name，epopee turque"，Alexandrie，1928；P.Pelliot："Surla legende d'Ughuz-Khan.en ecriture Ouigoure"，Toung pao，1930；W.Bang & G.R.Rachmati："Die legende von Oghuz Qaghan"，SPAW，1932；А.М.Щербак："Огуз—наме"，M.1959；耿世民：《乌古斯可汗的传说（维吾尔族古代史诗）》，新疆人民出版社，1980年；耿世民、吐尔逊·阿尤甫：《古代维吾尔史诗乌古斯可汗的传说》(维吾尔文版)，民族出版社，1980年；耿世民、马坎：《乌古斯可汗传》(哈萨克文版)，民族出版社，1986年（图17）。

图 17　回鹘文《乌古斯可汗的传说》

3.《福乐智慧》(以下简称《福》)。它是公元 11 世纪尤素甫·哈斯·哈吉甫用回鹘语写成的一部长诗。该书原本迄今尚未发现，目前仅发现三种手抄本，即维也纳抄本、开罗抄本和费尔干纳抄本，其中维也纳本是用回鹘文抄成的。

维也纳回鹘文抄本是最早发现的一个抄本。1439 年由哈桑·喀喇·沙依勒·谢米斯在赫拉特城用回鹘文抄成。1474 年发现于伊斯坦布尔。抄本发现时已残缺不全。18 世纪末，在赫拉特供职的奥地利东方学家普尔戈什塔里将该抄本送至维也纳，现存维也纳国立图书馆。

该抄本在维也纳沉默了几十年后，1823 年法国学者卓别尔在《亚洲杂志》上首次发表了有关《福》的报告，并刊布了部分片断。1870 年，匈牙利学者万别里根据这一抄本，发表了作品中 915 个双行诗的拉丁字母转写和德文译文。1890 年俄国学者拉德洛夫影印了维也纳抄本。次年拉氏又用满文字母转写刊印了这一抄本。

20 世纪 40 年代以后，各国学者对《福》的三个抄本进行了大量的研究。1942—1943 年，土耳其的土耳其语协会出版了三个抄本的原文影印本：第一卷为维也纳抄本，第二卷为费尔干纳抄本，第三卷为开罗抄本。土耳其著名学者 R·L·阿拉特对三个抄本进行校勘，于 1947 年出版了《福》全书的拉丁字母转写本；1959 年出版了土耳其语的散文体译本。阿拉特去世后，由后人完成并出版了《福》的词汇索引。1971 年，前苏联乌兹别克学者柯尤姆·凯里莫夫参照阿拉特校勘本，在塔什干出版了乌兹别克文译本。1979 年，新疆人民出版社出版了我国学者耿世民和魏萃一根据阿拉特校勘本翻译的汉文节译本。1983 年莫斯科科学出版社出版了 С·Н·伊万诺夫根据阿拉特校勘本翻译的俄文全译本。在此之前，俄罗斯曾发表过 Н·格列布涅夫、С·Е·马洛夫、А·А·瓦里托娃、Т·А·阿布都拉赫曼诺夫等人分别翻译的俄文摘译本。从 1980—1983 年，俄罗斯学者还先后发表过《福》部分章节的阿塞拜疆语和哈萨克语译文。1983 年，在美国芝加哥出版了罗伯特·丹柯夫翻译的英文版《福》书。1984 年，民族出版社出版了由新疆维吾尔自治区社会科学院民族文学研究所集体完成的《福》的拉丁字母标音转写和现代维吾尔语诗体今译本。80 年代中期，新疆维吾尔自治区古籍办陆续影印出版了三个抄本。1986 年，民族出版社又出版了郝关中等的《福》汉文全译本。1987 年，新疆社会科学院民族文学研究所与该院图书馆技术室合作，用电脑编制出了《福乐智慧·词汇索引词典》。1992 年，新疆人民出版社出版了郎樱先生的研究专著《福乐智慧与东西方文化》(图 18)。

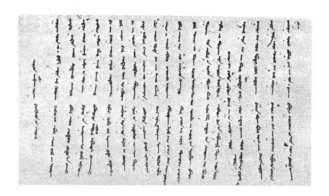

图 18　回鹘文开罗抄本《福乐智慧》

　　4.《真理的入门》。现存三种较全的抄本，即撒马尔罕甲本、伊斯坦布尔乙本和伊斯坦布尔丙本。其中撒马尔罕甲本为回鹘文抄本，抄成于 1444 年撒马尔罕城，现存伊斯坦布尔阿亚索非亚图书馆。伊斯坦布尔乙本是一部回鹘文和阿拉伯字母维吾尔文合璧的抄本，抄成于 1480 年，也藏于阿亚索非亚图书馆。

该文献被发现后，首先由土耳其学者乃·阿西木进行了研究（《Untexte ouigour du XII siecle》，1906；《Hibetul Hakayik》，1918—1934）。其后俄国学者拉德洛夫（《Ein Uigurscher Text aus dem XII Jahrhundert》，1907）、土耳其学者法·克甫热律（《Hebetul Hakayik》，1915—1931）、 热·阿拉提（《Atebetul Hakayik》，1951）等发表了不少的研究著作。1980 年，民族出版社出版了哈米提·铁木尔、吐尔逊·阿尤甫整理、翻译的《真理的入门》（维吾尔文）。1981 年，魏萃一先生根据热·阿拉提刊本的三种抄本的校本译成了汉文（《维吾尔族古典文学名著〈真理的入门〉》，新疆人民出版社，1981 年）（图 19）。

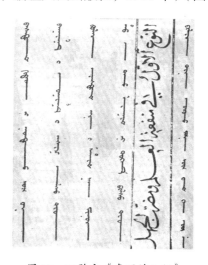

图 19　回鹘文《真理的入门》

5.《佛教诗歌集》。现藏伦敦大英博物馆，编号为 Or.8212（108）。册子式，共 38 叶，其中 1a、17a—33b 为佛教诗歌。每页写 15—17 行。字体为回鹘文草体，文中多处夹写汉字。这些诗歌全都是押头韵的四行诗或八行诗，共约 948 行。

第一位研究该回鹘文佛教诗歌集的是土耳其学者阿拉特。他在 1965 年出版的专著《古代突厥诗歌》一书中，首次刊本了这些诗歌的拉丁字母转写和现代土耳其语译文，书后并附有原文图版。我国耿世民先生在其《古代维吾尔诗歌选》（新疆人民出版社，1982年）一书中也收录了该诗歌集中的部分诗歌。

6.《常啼和法上的故事》。原卷现存巴黎法国国立图书馆，编号为P.4521，共30叶（60面），册子式，叶数用汉字书写。封面和正文首尾都盖有佛像印记。最后一页和后封面上盖有大型藏文墨印。写本前一部分（1a-21a）共653行，为《大般若婆罗蜜多经》中关于常啼和法上二菩萨的故事，与汉文本《放光般若经》中的"萨陀波仑品"和"法上品"内容相似。回鹘文本似译自汉文本，但汉文本为散文体，而回鹘文本则为181段押头韵的四行诗形式。所以回鹘文本不是译作，而是再创作，具有很高的文学价值。1980年，土耳其学者S.特肯在其《元代回鹘文佛教文献》一书的第二部分中对此进行了研究和翻译，并刊本了原文的图版。

7.《观音经相应譬喻谭》。该回鹘文写本1907年由斯坦因发现于敦煌，原件现存伦敦大英博物馆，编号为Or.8212—75A，订在回鹘文《俱舍论实义疏》第一册之后。写本共15叶，用汉字注明叶码，文中多处夹写汉字。抄写人为吐凯儿·铁木耳（Tükäl Tömür）。写本为押头韵的四行诗形式，似为古代佛教界在讲说《观音经》之后的唱词，所以在回鹘文学史上具有重要的学术价值。1982年，日本庄垣内正弘发表研究专著，题作《三篇与观音经相应的譬喻谭》，收入其《回鹘语文献研究1》；1997年，赵永红根据庄氏刊本，对该经的第二部分进行了研究，发表《回鹘文佛教诗歌〈观音经相应譬喻谭〉研究》。

（六）经济文书类

现存的回鹘文经济文书很多，且分藏于世界各地。随着各国学者的不断努力，已陆续刊布发表了一部分。其中《高昌馆来文》是最重要的一部。

1.《高昌馆来文》。又称《高昌馆课》，是明代高昌馆汇编的汉文、回鹘文对照公文集。约成书于成化至嘉靖（1465—1566）年间。共收入文书89件，其中新疆各地进贡文书83件，请求升职文书3件，明皇帝敕文1件，边防文书2件。其版本很多，主要有明代抄本《高昌馆课》和东洋文库藏本《高昌馆来文》。该公文集先写成汉文，后逐字直译为回鹘文，故未能正确反映出当时畏兀尔人的口语和回鹘文文法的特点，但它对研究新疆各地方政权与明代中央政权在政治、经济上的相互关系具有一定价值。1981年，胡振华、黄润华两位先生将此公文集译注出版，书名为《明代文献〈高昌馆课〉（拉丁字母转写本）》（新疆人民出版社，1981年）（图20）。

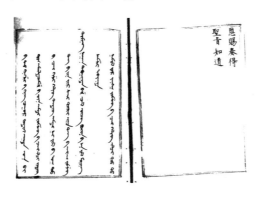

图20　明抄本回鹘文《高昌馆来文》

除了像《高昌馆来文》这样的公文集外，其他的回鹘文经济文书都分藏于世界各地。拉德洛夫的《回鹘语文献》，哈米尔顿的《9—10世纪敦煌回鹘文文献》（两卷本），山田信夫等的《回鹘文契约文书集成》（三卷本）（大阪大学出版会，1993），李经纬的《吐鲁番回鹘文社会经济文书研究》（新疆人民出版社，1996年）和《回鹘文社会经济文书研究》（新疆大学出版社，1996年），杨富学、牛如极的《沙州回鹘及其文献》（甘肃文化出版社，1995年），买提热伊木·沙依提、依斯拉菲尔·玉素甫的《回鹘文契约文书》（新疆人民出版社，2000年），阿不里克木·亚森的《吐鲁番回鹘文世俗文书语言结构研究》等都集中地收入了一部分收藏于国内外的回鹘文经济文书，并对这些文书进行了转写、翻译和研究。

我国各地的图书馆、博物馆、文管所中也收藏有一批回鹘文经济文书。其中现已刊布和研究定名的文书主要有：①《阿体卖奴隶（善斌）给买主写的临时字据》。1958年，冯家升先生与捷尼舍夫合作研究了这一文书，发表了《回鹘文斌通（善斌）卖身契三种》。②《阿体给买主写的正式字据》。1958年，冯家升与捷尼舍夫在《回鹘文斌通（善斌）卖身契三种》一文中研究了这一文书。③《买主薛赛大师买到奴隶后写的正式字据》。

1958 年，冯家升与捷尼舍夫研究了该文书。1978 年，耿世民先生又对此文重新进行了研究，订正了冯氏前文在转写和译文中的一些错误。④《定慧大师卖奴隶字据》。1960 年，冯家升先生发表《回鹘文契约二种》一文，对该文书进行了转写、汉译和注释。1975 年《新疆出土文物》一书刊布了这件文书的图片。1978 年，耿世民先生在《两件回鹘文契约的考释》一文中又重新研究了这张文书。⑤《医者大师义与蔡氏离居字据》。1954 年，《文物参考资料》第 10 期刊布了此件字据的照片。1960 年，冯家升先生在《回鹘文契约二种》一文中研究了这张文书。⑥《摩尼教寺院文书》。该文书曾刊于 1954 年出版的《吐鲁番考古记》（图版 89—94）。1978 年，耿世民先生在其《回鹘文摩尼教寺院文书初探》一文中初步研究了这一文书。⑦《摊派草料令》四件。1980 年，耿世民先生在《文物》第 5 期上发表了《几件回鹘文文书译释》一文，研究了这四件回鹘文文书。

（七）语言文字类文献

在回鹘文文献中，专门的语言文字作品极少。对于研究回鹘语文来说，当然每一部回鹘文文献都是极为重要的，它能为我们了解回鹘语文的全貌提供可靠的材料。除此之外，属于语言文字类的回鹘文文献《高昌馆杂字》则是迄今发现的最为重要的资料。

《高昌馆杂字》又名《高昌馆译语》《高昌馆译书》。它是明代高昌馆编撰的汉文、回鹘文对照分类词汇集。成书于永乐年间（1403—1424）。所收词语分为 17 个门类，共 1000 余条，均从高昌、哈密等地朝贡表文中摘出。其版本很多，主要有：（1）《高昌馆译书》，国家图书馆，清刻本。书高 27.6 厘米，宽 17.8 厘米，板框高 21.3 厘米，宽 14.5 厘米，骑缝上印有"高昌馆"三字。（2）《高昌馆杂字》，国家图书馆，清抄本。书高 29.3 厘米，宽 17.4 厘米，朱丝栏，板框高 22.7 厘米，宽 15 厘米，书口上朱印"同文堂"三字。（3）《华夷译语·高昌馆杂字》，国家图书馆，明抄本。书高 32 厘米，宽 19.7 厘米，板框高 23 厘米，宽 15.2 厘米，首册封面钤印有"张瑗若章""玉堂侍御"两章。首页有"御赐三长并擅之斋""尊孟阁""云中白雀"和"北京图书馆"四印。（4）《高昌馆杂字》，日本东洋文库藏本。

《高昌馆杂字》不仅是研究明代回鹘文和当时吐鲁番、哈密一带维吾尔语的重要依据，而且也是研究当时汉语语音的重要参考资料。1984年，民族出版社出版了由胡振华、黄润华整理的《高昌馆杂字》一书（图21）。

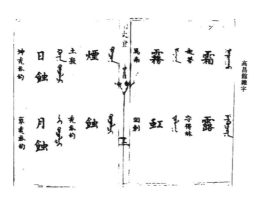

图21　明抄本回鹘文《高昌馆杂字》

（八）科学技术类

历史上，处于丝绸之路上的回鹘人对我国科学技术的发明和传播有过重要贡献。但很可惜的是，目前发现的科学技术类的回鹘文文献很少，仅存一些历法、医学等文献残片，而且又都大多流失国外。其中本世纪初由德国吐鲁番考古队发现的一本回鹘文医书极为重要。这本医书现存柏林，共有回鹘文201行，首尾两页比较残破。该书内容涉及临床各种症状和病症、药物治疗、疗法以及其材料。它是回鹘人长期同疾病作斗争的经验总结，对我国医学，特别是维吾尔族古代医学研究具有一定价值。土耳其学者阿拉提曾刊布有两卷本回鹘文医学文献。对这本重要的回鹘文医书，我国学者也进行了一些研究。1978年耿世民等编写的《古代突厥文献选读》中收录了该回鹘文医书的转写，并附有部分词汇注释和语法现象说明。1984年陈宗振先生摘译了其中的一部分内容。洪武娌依据陈氏译文探讨了它的医史价值。邓浩、杨富学在上述研究成果的基础上又对该文献进行了研究。

阿依达尔·米尔卡马力

从《玄奘》到《玄赞》
——宋代翻译家胜光的译作

　　阿依达尔·米尔卡马力，新疆大学中国语言文学学院教授，北京大学人文社会科学研究院邀访学者。主要从事文献学和哈萨克语言文化的研究。近年来注重敦煌、吐鲁番新近出土察合台文献研究，在国内外发表学术论文40多篇。主持国家哲学社会科学基金重点项目1项、一般项目2项、教育部新世纪优秀人才支持计划1项（2013年度）、国际合作项目1项、教育部留学回国人员科研启动基金1项、新疆维吾尔自治区哲学社会科学重点研究基地重点项目1项、新疆大学校级项目2项；参与国家哲学社会科学基金项目2项、自然科学基金项目1项。

大家好！今天我讲的是《从〈玄奘〉到〈玄赞〉——宋代翻译家胜光的译作》。我们知道，9—14世纪，回鹘人进行过大规模的佛经翻译工作。据研究，至少《大藏经》中的经、论两部分的主要著作都曾翻译成回鹘语。所翻译的底本语言也有很多，比如从吐火罗语翻译了《弥勒会见记》，从藏语翻译了《佛说胜军王问经》《十方平安经》等文献，也有个别文献是从梵语直接翻译的，这个以后再专门讨论，但绝大部分文献都是从汉语翻译的。

从汉文翻译的佛经多为大乘佛经，比如《金光明最胜王经》《观身心经》《妙法莲华经》《华严经》《涅槃经》等，小乘经典有《阿含经》《insadi经》等。从藏文翻译的文献多为密教文献，早期有一个佛教教义的问答文献，那是用藏文书写的回鹘语文献，学者们对其研究已有几十年了，成果比较丰富成熟。其他从藏文翻译的文献也有很多，比如《佛顶尊胜陀罗尼经》《文殊师利真实名经》《文殊师利成就法》《吉祥胜乐轮本续》等，这些文献多为元代时翻译，且多为刻本。此外，也有一些中土的疑伪经，比如《父母恩重经》《佛顶心大陀罗尼经》《天地八阳神咒经》《北斗七星经》等。当然，也有一些诗歌、书信、题跋等。

这是莫高窟北区石窟的照片（图1）。1988年到1995年，敦煌研究院对敦煌莫高窟北区石窟进行了6次考古发掘，发现了丰富的多民族、多语言文献。1900年，藏经洞被发现，这是敦煌莫高窟第一次大规模发现多文字文献。藏经洞发现以后，世界各国所谓的探险家来到敦煌，经过斯坦因、伯希和、格伦威德尔、冯·勒柯克、奥登堡等人的搜掠，敦煌莫高窟的宝藏流落到世界各地。现在国外收藏敦煌莫高窟古籍文献的主要国家和机构有：英国的大英图书馆、大英博物馆，法国的法国国家图书馆、吉美博物馆（Musée guimet），德国的柏林勃兰登堡科学院吐鲁番文献中心，瑞典的斯德哥尔摩民族学博物馆，俄罗斯的俄罗斯科学院东方文献研究所，美国的普林斯顿大学东亚图书馆等，日本的京都龙谷大学图书馆、东京书道博物馆、京都藤井有邻馆、天理大学的天理图书馆等。

图 1　莫高窟北区石窟

国内的收藏机构主要有新疆维吾尔自治区博物馆，收藏的主要文献有《弥勒会见记》《十叶道比喻花环》。吐鲁番博物馆有一些考古挖掘的文献，比如 20 世纪 80 年代在柏孜克里克、胜金口等地考古时出土的一些文献，最近在吐峪沟进行一些考古挖掘，也发现很多文献。吐峪沟洞窟还有一些题记，是非常珍贵的文献，先由付马、夏立东等学者进行研究。敦煌研究院也收藏一些回鹘文文献，包括敦煌莫高窟北区出土的文献和敦煌研究院的一些旧藏，主要由张铁山、阿依达尔等学者在研究。甘肃省博物馆也有一些文献，这里面比较有名的是一件回鹘文长卷子，内容为《阿毗达磨俱舍论实义疏》，和大英图书馆的《实义疏》内容较为接近，有一些平行的内容，耿世民先生曾经介绍过。

此外，最近国内还有一些单位在报告收藏回鹘文文献的信息，比如：中国文化遗产研究院收藏有很多回鹘文文献，比较完整的有《华严经》《圆觉经》的注释本等，还有一些珍贵的佛教名词术语。杭州的庐江草堂也有一些残片，比如《阿毗达磨俱舍论》《玄奘传》《十叶道比喻花环》的残片。这些文献已由张铁山和茨默（Peter Zieme）教授合作研究。此外，台北的傅斯年图书馆也有一些回鹘文文献，其中绝大多数属于《华严经》，一共有 14 纸，蝴蝶装写本，保存完好，对研究安藏翻译《华严经》乃至回鹘佛教史等都具有重要的参考价值。

以上简要介绍了回鹘文文献在国内外的主要收藏情况。当然，回鹘文文献，乃至敦煌吐鲁番文献收藏比较丰富的地方还是中国国家图书馆（以下简称"国图"），下面就讲一讲国图收藏的回鹘文文献大概的情况。其中最重要的一部文献就是回鹘文《玄奘传》。今天我的题目叫《从〈玄奘〉到〈玄赞〉》，这主要考虑了题目能够押韵，我把《玄奘传》简化了，大家比较习惯用的名字叫《玄奘传》，其实它的具名叫《大唐大慈恩寺三藏法师传》，也叫作《大慈恩寺三藏法师传》，或者《慈恩传》，共十卷，八万多字的规模，讲的是唐代著名翻译家、旅行家、僧人玄奘的事迹。当时玄奘不畏艰难，西行印度求法取经，归国后又投入佛教经典的翻译工作中。

《玄奘传》是由玄奘的两个弟子所撰写，第一个弟子叫慧立，他跟着玄奘从事佛经翻译 20 年有余，在唐高宗麟德元年（664 年）玄奘逝世后，写了《玄奘传》的前五卷。根据玄奘生前的记述把它整理出来，之后他自己可能不太满意，就没有公布。后来慧立身体不太好，去世前就把这个工作交代给玄奘的另外一个弟子彦悰。彦悰根据慧立本进行整理，整理完后，又补充了后面的五卷，这样就变成了十卷，署名"唐沙门慧立本、释彦悰笺"。前五卷讲的是玄奘早年旅行印度、取经学习的一个过程，后五卷主要讲述的是回国后的译经工作。还有一本跟玄奘有关系的文献叫《大唐西域记》，这是玄奘所撰。《大唐西域记》主要是以地为主，讲述玄奘取经的过程，而《玄奘传》则以人为主，以玄奘为中心，讲述玄奘取经译经的过程。《玄奘传》在整个西域交通、历史、民族、语言资料的研究方面具有重要的学术价值。它在 10 世纪末 11 世纪初被翻译成了回鹘语，回鹘语名叫 bodistv taito samtso ačariniŋ yorïyïn uqïtmaq tsi in čuin tegmä kavi nom bitig，意思就是"阐说菩萨大藏三藏法师西天取经形成的名为《慈恩传》的经书"，所以也有人把《玄奘传》叫《慈恩传》。

这是该文献保留比较完整的一叶写本，收藏在国家图书馆（图 2）。它用楷体书写，文字非常漂亮工整。这样保留比较完整的页面大概有 23 张，其余写本都有残片。它的编号采用了 1a~1b, 2a~2b 这样的形式，因为是正背面书写，所以 1a 指的是正面，1b 指的是背面。纸张长度大概有 44 厘米，宽度是 18 厘米，纸张是比较厚的麻纸，稍微呈现黄褐色，写本的左方有穿绳用的圆圈，这是贝叶式纸张的典型特点。每面 27 行，每叶 54 行，每行字数多少不一。比较完整的一些本子，左边有页眉，有书经名和卷数，比如 yetinč ülüš beš "第七卷，第五"等，但多不全。对于国家图书馆收藏的《玄奘传》的数量，大家说法不一。冯·加班（Annemarie von Gabain）说是 240 页，冯家昇先生说是 242 页，耿世民先生说是 248 页。我对王重民和季羡林两位先生做的影印本进行了比较，一共有 208 张，416 页。

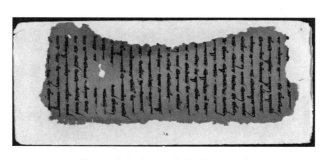

图 2 国家图书馆所藏《玄奘传》

1932 年，德国学者冯·加班把当时北京图书馆（现国家图书馆）收藏的此部分回鹘文《玄奘传》借走了，一直到 1946 年才完璧归赵。她归还时，把 Joseph Kachin 在叙利亚旅行至北京途中购买的 8 叶《玄奘传》写本也一并归还到北京图书馆。除了国家图书馆以外，回鹘文《玄奘传》还收藏在巴黎吉美博物馆，这是经过伯希和的介绍，法国人从商人那儿购买的，一共是 123 叶。收藏在俄罗斯科学院东方文献研究所的写本共 94 叶。这个部分已经由俄罗斯学者吐古舍娃（Tugusheva）研究刊布。

国家图书馆所藏回鹘文《玄奘传》是西北科学考察团的袁复礼先生在新疆考察的时候于乌鲁木齐购得，之后捐给当时的北京图书馆。据说袁复礼先生的弟弟袁同礼当时就在北京图书馆工作，袁复礼通过他弟弟把这些文献捐给国家图书馆。据称发现于南疆，估计应该是吐鲁番。这是西北科学考察团中方成员的一个珍贵合影（图 3）。这里面的李宪之、刘衍淮都是气象学家，是北京大学的学生。袁复礼先生是著名的地质学家，黄文弼先生是著名的考古学家。

图 3　西北科学考察团中方成员照片

1927 年到 1935 年期间，西北科学考察团对大西北进行了一次大规模的科学考察，主要是在内蒙古、宁夏、甘肃还有新疆等地进行了不同学科的考察，收获特别大，这一点不言而喻，尤其在气象学、地质学、古生物学、考古学、民族学等方面取得了丰硕的成果。袁复礼先生在北疆发现了恐龙化石。考察团在弱水发现大批的居延汉简，在罗布泊地区发现了小河遗址。这些发现是重大的。袁复礼先生作为地质学家，有一段时间也是中方代表团的代理团长，他做了大量的指导性工作。他后面写了回忆录。考察团里写回忆录的有两位先生，一位是袁复礼先生，一位是黄文弼先生，他们总结调研工作和考察经验，为后世留下了珍贵的资料。其中袁复礼先生写的《蒙新五年行程记》，一共三卷，可惜的是第二卷有关新疆的部分因为各种原因丢失，如果没有丢失，我们就可以得到有关回鹘文《玄奘传》以及其他一些文献的更多信息。

刚才也提到国家图书馆收藏的《玄奘传》被冯·加班借走的事，借走以后，她自己做了一个《玄奘传》的拉丁字母转写。后来虽把回鹘文《玄奘传》归还给了国家图书馆，但是德国的学者就借用冯·加班的转写材料对其进行了先行研究，取得了丰硕成果。

105

1951 年，王重民、季羡林两位先生合力出版了国家图书馆藏回鹘文《玄奘传》的影印本，成为学者们必须参考的重要资料。冯家昇先生最早对其进行了考证研究，并撰写了一份学术价值极高的研究报告——《回鹘文写本"菩萨大唐三藏法师传"研究报告》，发表在《考古学报》（1953 年）。冯家昇先生以后，耿世民先生着手研究回鹘文《玄奘传》，其中研究的重点放在比较完整的第七卷上，发表了多篇论文，代表性的论文有《回鹘文〈玄奘传〉第七卷研究》，分两部分发表在《民族语文》（1979年第 41 期）和《中央民族学院学术论文集》（中央民族学院科研处，1980 年），同时也和国外专家合作发表了其德文版。除此之外，还有一些有关国家图书馆藏《玄奘传》的研究成果，有学位论文，也有期刊论文，因为从相关数据库都能找到，所以在这里就不做赘述。另外，刚才也讲了，德国学者借助冯·加班转写，再参考巴黎和圣彼得堡的收藏品，已经刊布了《玄奘传》十卷里面的所有各卷的研究，因而在回鹘文《玄奘传》的研究上处于比较领先的地位，但我依然觉得很有必要做一个更加深入的《玄奘传》的汉回对勘研究。

下面再讲一讲回鹘文《玄奘传》的译者。

回鹘文《玄奘传》是著名翻译家胜光法师翻译的，他是宋代人，但我们对胜光的出身和社会背景没有更为详细的信息。在回鹘文《玄奘传》第七卷卷末有这样一个记述："（在）幸福、伟大的中国，精通三藏经的慧立大师受命用汉语制成，名彦悰法师的经师笺之。又，别失八里人胜光法师又从汉语译为回鹘语的菩萨大唐三藏法师传的慈恩传第七卷完。"这是第七卷末尾的题记。从这个信息可以发现，胜光是别失八里人，唐代时称北庭。学界根据《玄奘传》的相关信息判断他是北宋时期的人，其依据有以下几点：一是胜光法师还翻译过《金光明经》，而《金光明经》的正字特点中不出现 t、d 和 s、z 不分，可相互交替等元代回鹘文献特有的正字特点；二是佛教术语的运用，没有出现元代已经定型的佛教术语，更多呈现出早期回鹘文佛典语言的特点。例如"蕴"字，元代基本定型为 yükmäk，但是《金光明经》中没有采用 yükmäk，而是采用 yapïy 这个词，显然是属于早期的佛教术语；三是在《玄奘传》第七卷里面把"京"字翻译成为 layki。这里的"京"指"长安"，而 layki 显然是"洛京"的音译，且"洛京"这一称呼仅限于 923 年（后唐同光元年）后的一段时间对洛阳的称呼。所以说他们是比较熟悉这个称谓的，根据以上几个线索可以判断胜光法师是生活在北宋时期的翻译家。冯家昇先生认为，回鹘文《玄奘传》大致译于公元 10 世纪第二个 25 年，也有些学者认为是属于 11 世纪初。

我们刚才讲了，回鹘文《玄奘传》对研究当时的历史、文化、交通等具有重要的资料意义，同时对研究当时的西北汉语方言以及汉语与回鹘语的接触研究也具有重要的资料价值。因为胜光翻译《玄奘传》的时候，采用音译的方式翻译了大量的地名、官名、人名，根据这些可以大概地构拟出当时西北汉语方言的一些特点。聂鸿音教授曾经撰论《回鹘文〈玄奘传〉中的汉字古音》，专门探讨回鹘文《玄奘传》里面的西北汉语方言。京都大学的庄垣内正弘也有长篇论文探讨《玄奘传》里输入的汉语借词，皆具有重要的学术价值。根据聂鸿音先生的判断，从回鹘文《玄奘传》大概可以看到 11 世纪西北汉语方言的音韵概貌，他提出回鹘文《玄奘传》里面的汉语读音 95% 是第一层次的，就是反映当时的西北汉语方言的特点；第二层次是早期预先接入的老借词，占 5%，包括 toyin（道人）、luu（龙）、sang（僧）等，而 95% 的借词反映的是当时的西北汉语方音，对比研究罗常培先生的相关著作，确立西北方音至关重要。

最近，上海师范大学的林炫培博士撰写了一篇博士论文，专门探讨《玄奘传》反映的西北汉语方言，概括了一些语音特点，如明母阴入声的时候，保留声母 b，比如"莫"念 bag；阳声音的时候，变成鼻音 mo，比如"明"念 mi。还有非敷两个声母，在回鹘文文献对应 –v 这个音，如"法华经"念 vaphuaki，即"法"念 vap；还有"父亲"的"父"字，念 vuu，如"父母恩重经"中的"父母"念 vuubu；见溪母一二等对应于 k，如"胜光"的"光"念 qo，"胜光"念 šingqo；还有"街道"的"街"念 qay，所以对应的是 q/x 这个音；宕摄、梗摄已经实现脱鼻音化了，如"唐"念 to，"大唐"念 taito；"藏"字念 tso，"三藏法师传"里面的"三藏"念 samtso，"八阳经"里的"阳"字念 yo 等。同时，胜光自己又博学多识，掌握的知识很多，对古代汉语、佛学知识、古代梵语等都非常精通，尤其是在翻译学方面，也有自己的一套理论和方法。

举个例子，这个例子来自耿世民先生研究的第七卷。胜光回到国内以后，给留在天竺的原来的同事写信，表达了自己对敬重的法藏大师故去一事的难过之情。该句的汉文是这么说的：

又往年使还，承正法藏大法师无常，奉问摧割，不能已已。呜呼！可谓苦海舟沈，天人眼灭，迁夺之痛，何期速欤。

译文如下：

yana bïltïr barma yïl änätkäkdin käligli arqïšïtïn drma-gupdaki atlïγ nomčï ačari bahšïmïznï qïyïltï tep äšidip sïnmaqïmïz buzulmaqïmïznï tükät-gäli umadïmïz.ay··· ämgäklig taluynïng kemisi batmïš.tängrili kišilining közi tägilmiš.ädrämlig törü kälmäkning ämgäki nä ymä tang nä yänä tavraq-ay（！）

这段内容通过对照可判断为直译，比如"苦海舟沈，天人眼灭"被直译为 ämgäklig taluynïng kemisi batmïš.tängrili kišilining közi tägilmiš，但也有译者修辞手法的发挥和补充性注释，其语言非常优美。比如"无常"，他译为 qïyïltï tep äšidip "我们听说他已经去世"。这里他没有用 ölti 或 yoq boltï 这样的中性词，而用 qïyïltï 这样特别委婉的说法，现代哈萨克语中 qïyïltï 只能用在儿童身上。胜光用这样的词语委婉表示对法藏大师的敬仰之心。还有一个词"摧割"，译为"sïnmaqïmïz buzulmaqïmïznï tükät-gäli umadïmïz"，可直译为"摧残、毁坏的心情无法抚平"，虽直译痕迹明显，但通过人称和成分的附加使句子更加生动起来。再如，"迁夺之痛"，他用 ädrämlig törü kälmäkning ämgäki，可直译为"功德礼仪到来的痛苦"。他把去世而进行的丧葬仪式译作"功德之礼仪"，用这样一个特殊的抬高方法表达生老病死之事。

再举一个例子，也是来自《玄奘传》第七卷："每日斋讫，黄昏二时，讲新经论及诸州听学僧等恒来决疑请疑"，译作 bir čaiši ärtmišda ikinti čong toqïγu ödtä bu iki ödtä kengürü nomlayur ärdi：čiular sayuqï bošγutčïtoyïnlarturqaru kälip sizik aytsarlar：sizinmiššizikläriüzülüp ögiräsävinübarïrlar ärdi，该句如直译应该是"斋食时间过了以后，打第二个钟的时候，此二时段广说佛法，各州来的僧人若提出问题，都能得到解答，喜悦而还"。他

108

把"黄昏二时"解释性地译为 ikinti čongtoqïyu ödtä（"敲打第二个钟的时候"）；bošγutčïtoyïnlar turqaru kälipsizik aytsar 对应"决疑请疑"，而其后的 sizinmiššizikläriüzülüp ögirä sävinübarïrlar ärdi（"疑问得到解答，欢喜而去"）在汉文原文中是没有对应内容的，是胜光临时增加的，使得逻辑上更加通顺，语义更加通俗易懂。这就是胜光推崇的理念，即在忠实原文基础上解释性、注释性翻译原文，译文既讲究逐字对译，又坚持解释性补加，表明胜光的翻译理念已经相当成熟，翻译技巧达到了很高的程度。

除了对汉语有深度的理解以外，他对印度的梵语也非常熟悉。这个例子来源于冯家昇先生的研究报告（图4）。这个例子中，他把所有的汉语菩萨名称都还原成梵语，证明胜光对梵语非常熟悉，佛学知识达到了炉火纯青的程度。

kaušambi < Skt. kauśambī	憍赏 弥国	vasubandu < Skt. vasubandhu	世亲 菩萨
šilabadre < Skt. śīlabhadra	戒贤 菩萨	d（a）rmaguptake < Skt. dharmaguptaka	正法藏
m（a）hačinadeš < Skt. mahācīnadeśa	摩诃 支那	amravan < Skt. āmravana	庵没罗
nal（a）nta < Skt. nālanda	那烂陀	b（a）drak（a）lp < TochA. bhadra-kalp < Skt. bhadrakalpa	跋达 罗劫

图 4 胜光对梵语的熟悉

回鹘翻译家的翻译功底达到如此高的水准，肯定是进行过学习和训练的，我们可以举几个例子来看看当时他们是怎么学习的。这个例子虽然是元代的，但是也可以证明在元代以前，在北宋时期也有同样的一些学习方法。比如柏林藏汉文《增一阿含经》残片，旁边就有一个回鹘语跋文"为我无上的 Lisayi师之幸福，我 Tolu tutung-qia 诵读了此《增一阿含经》"，这证明什么呢？（图5）一个回鹘僧人诵读了汉文的《增一阿含经》，编号 Ch 5555，证明他阅读汉文《增一阿含经》不是问题，而且他可以很轻松地诵读下来，证明他非常熟悉汉语，能够认识汉字，能够明白经文的意思。这在整个回鹘佛教界，应该是普遍存在的一种现象。

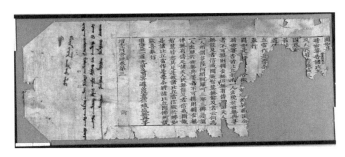

图 5　柏林藏《增一阿含经》

这是收藏在柏林吐鲁番文献中心的一个文献，编号 Ch/U 6115，是汉语—回鹘语词典，这个词典里面有一些词是佛学概念，也有一些词是日常用语（图 6）。

图 6　柏林藏《汉语回鹘语词典》

词典中，汉语中的一个词就有几个回鹘语对应词，其编纂的原则与现在的词典不一样，就是一个词对应多个词，比如说"与人"，有 kiši birlä "和人一起"、kiši-kä "向人"、kišilärig "把人"、kiši-tä "在人那里"等多种选项，就是在 kiši "人"后面缀加一些后置词和格附加成分。这是元代的汉语—回鹘语词典。我们相信在更早时期，在胜光所处的年代也可能存在这样的词典，以供人们学习和借鉴。

110

俄罗斯圣彼得堡收藏了一件回鹘文《千字文》。该文献首先用回鹘文书写《千字文》四字词语，就是用回鹘文注音，然后再把它翻译成回鹘语，既可学习汉字的读音，也可以学习其意思。比如"云腾致雨，露结为霜"，回鹘文注音是 yun tïng ču yulu ker vi š〔o〕，通过这个注音可以学到这八个字的读音，后面是其回鹘语译文 bulït sekridi yaɣmur yaɣdï salqïm tüšdi q〔ïraɣ〕u tongdï。通过这个方法可以学习汉语、汉字，也可以学习汉文化。这样的例子比比皆是，如有回鹘人所抄写的切韵、难字音注、反切注等例子，表明回鹘僧人也好，普通群众也好，具有强烈的汉语学习热情和文化上的高度认同，胜光即是这种认同和文化传承的典型案例。

我们再回到胜光，刚才我们一直在讲胜光法师翻译的《玄奘传》。除了《玄奘传》以外，他翻译的另一部重要经典是《金光明经》，全名为《金光明最胜王经》。该文献有一跋文（第10卷）：

qutluɣ öngdün uluɣ tavɣač ilintä taišing šiošing alqu šastïrlarïɣ qamaɣ nomlarïɣ qalïsïz ötgürü topulu bilmiš bošɣunmïš bošɣunmïš bodistv kitsi somtso atlïɣ ačari änätkäk tilintin tavɣač ävirmiš ynä bu kälyük bulɣunyuq beš čöbik yavlaq ödtäki kenki bošɣutluɣ beš balïqlïɣ šingqo säli tutung tavɣač tilintin trk tilinčä ävirmiš

"在幸福的东方伟大的中国，精通大小乘一切经的菩萨义净三藏法师从印度语译为汉语"，用极富敬仰的语言赞美义净大师，到自己时语气变得谦让许多，"五浊恶世后学的别失八里人胜光法师再从汉语译为回鹘语"，这可以看到他对义净大师的敬重之心和对自己的谦虚认知。

胜光对《金光明经》也采用了与《玄奘传》相同的方法，就是忠实于原文，同时比较灵活地处理经文中的疑难句子。他认为需要补充说明的时候，就会增加一些内容，让语句更通顺，让听众能够比较清晰地领会和理解。比如《金光明经》第四卷有一段内容，我找了很长时间没有找到对应处，结果发现是胜光自己增加的，内容如下：

täringdä täring yinčgä nomlar ärsär on türlüg süzülmäklär: on türlüg ornaɣlar on türlüg yorïɣlar: on türlüg buyan ävirä bilmäklär:

111

<on türlüg orunlar：üč türlüg....>on türlüg tözlär säkiz türlüg biliglär：iki türlüg mänsizlär：tört türlüg uluγ bilgä biliglär：üč ätözlär：arïγ süzük nom uγušï bular ärürlär：täringdä täring yinčgä nomlar ičintä tïnl（ï）γlarïγ kigürmäk ärsär：qaltï bu muntaγ täringdä täring yinčgädä yinčgä tütrüm täring yörüglüg nomlarta adïnlarïγ yaratmaq ögrätmäk bošγurmaq biltürmäk ärür：inčip bodistvlar bu muntaγ yangïn bu qamaγ nom tözlärin k（ä）ntüläri yangluqsuzïn könisinčä bilip ötgürü yänä adïnlarqa ymä biltürmäkläri uqturmaqlarï üzä ötrü küč küsün p（a）ramïtïγ tükäl bütürürlär

《金光明最胜王经》卷 4 "最净地陀罗尼品"：

"善男子！复依五法，菩萨摩诃萨成就力波罗蜜。云何为五？一者、以正智力，能了一切众生心行善恶；二者、能令一切众生入于甚深微妙之法；三者、一切众生轮回生死，随其缘业，如实了知；四者、于诸众生，三种根性，以正智力，能分别知；五者、于诸众生，如理为说，令种善根，成熟度脱，皆是智力故。善男子！是名菩萨摩诃萨成就力波罗蜜。"（T16，no.665，p.419a5-13）

这里能够找到对应的汉文仅有"能令一切众生入于甚深微妙之法"这一句，其对应的回鹘语译文为黑体的 täriŋdä täriŋ yinčgä nomlar ärsär "甚深妙法" 和 täriŋdä täriŋ yinčgä nomlar ičintä tïnl（ı）glarıg kigürmäk "使众生进入甚深妙法"，其余皆为胜光补充的解释性译文。他翻译"甚深微妙之法"时，可能认为读者不一定能够完全理解该句，需要注释，于是用"十亲近，十安坐，十修行，十功德转换，十性，八智慧，二无我，四大智，三神"等术语解释"甚深微妙之法"。

我们再举个例子，比如说"我于自身初无吝惜，恐于所爱有别离苦"，译文为 mäningbuät'özüminäsirkägimidikälmäz, täk bizingänäčükin ärsäramraqlartïn adïrïlγuluq ämgäk bolmazun， 这里的 näčükin ärsär "无论如何"、ämgäk bolmazun "无有痛苦"在汉文原文里是没有的，其中 amraqlartïn adïrïlγuluq ämgäk bolmazun 对应"恐于所爱有别离苦"，他没有用 qorq- "害怕"直译"恐"字，而是用 bolmazun "不要有"来准确表达，其词

根为 bolma– "不要有"，缀接命令式附加成分 –zun。这是翻译技巧达到一定高度的具体表现，使译文更流利、更灵活，更易于读懂、听懂、看懂。

这部《金光明经》是俄罗斯的马洛夫 1910 年在甘肃酒泉的文殊沟寺庙中获得的，现藏俄罗斯圣彼得堡东方文献研究所，共 397 叶，是一部大部头的重要文献。该文献另有两叶为瑞典伯尔格曼于 1927—1935 年参加西北科学考察团时在甘肃所得，现存斯德哥尔摩民族学博物馆。它抄写于清康熙二十六年（1687），抄经地点是敦煌，是目前所发现的时间最晚的回鹘文文献。

除了《金光明经》以外，胜光也有其他译作，如《千手千眼观世音菩萨广大圆满无碍大悲心陀罗尼经》《观身心经》。原来学术界对 šïngqo säli 二词的来源不甚明了，所以早期将其音译为 "胜古" "新古" "仙古" 等。后来大家发现在《观身心经》写本有一个接缝处写有 "胜光法师" 四个汉字，于是就判断所谓的 šïngqo säli tutung 就是 "胜光法师"。这里面 Šïngqo 就是胜光的音读形式，这样我们就知道《玄奘传》《金光明经》《观身心经》《千手千眼观世音菩萨广大圆满无碍大悲心陀罗尼经》的翻译者就是胜光法师。

还有一部文献叫《八阳经》，全名叫《佛说天地八阳神咒经》，该文献属于回鹘文早期翻译的一部文献，为什么说早期呢？这部文献有一个卷子收藏在英国图书馆，是从藏经洞拿走的，应该是藏经洞封洞以前翻译和抄写的。该文献虽然是部疑伪经，是在汉地所撰的文献，但在西北地区，尤其是敦煌吐鲁番一带，在回鹘佛教界特别受欢迎。据统计它有 400 多个不同类型的抄本，可以说在回鹘社会，平时大众特别喜欢抄写这样一部佛经。据了解，它有两个译本，一个名作 t（ä）ngri burxan y（a）rlïqamïš t（ä）ngrili yerli säkiz yükmäk yaruq bügülüg arviš nom bitig，被认为是初译本；另一个出现在中国历史博物馆收藏的刻本中，名为 t（ä）ngri t（ä）ngrisi burxan y（a）rlïqamïš t（ä）ngrili yerlitä säkiz türlügin yarumïš yaltrïmïš ïduq darni tana yip atl（ï）γ sudur nom bitig，被认为是元代改译本，但两个本子在内容上没有太大差异。

吐鲁番出土的一件回鹘文跋文残片中出现了胜光的名字 Šïngqo säli，而文中经名部分略有残缺，只存有 li-tä säkiz 字样。该部分可修补为［tängrili yer］litä säkiz［türlügin yarumïš……］，正好为"八阳经"的回鹘语译名。所以说，胜光法师也可能是《天地八阳神咒经》的回鹘文译者。这部经典在汉文中虽然也写作"玄奘译""义净译"，但不是翻译的，而是在中土撰写的，里边也有一些如来藏、中观、唯识、密教等思想，也有道教、民间信仰等内容，是一部比较杂的中土疑伪经。胜光对玄奘特别推崇，也许他认为《天地八阳神咒经》是玄奘翻译的，所以他就根据这个信息对玄奘的"译作"进行了翻译，且更有可能是由于大众的喜爱和接受，在民众中有市场。

　　回鹘文《天地八阳神咒经》有一个刻本原收藏在中国历史博物馆，后来冯家昇先生做了研究。据冯家昇先生介绍，该刻本总数为 3 张 7 面半，折叠式，是 1929 年西北科学考察团从新疆获得的，第一张和第二张《如来说教图》下面刻有"陈宁刊"字样。"陈宁"二字亦见于元刊《碛砂藏》《至大重修宣和博物图》《菩提场庄严陀罗尼经》等书中。对此，冯家昇认为该经印刻地点在平江（今吴县）或大都（今北京）。小川贯弌认为"陈宁"是注明日期为"大德十年"（1307）的延圣寺开板时期的刻工。回鹘文《天地八阳神咒经》刊刻表明，该文献从宋至元，在回鹘社会经久不衰，备受欢迎，这也是胜光决定翻译该经的重要原因，同时也是在平江或大都进行印刻的重要原因。

　　我想再重点介绍一下《妙法莲华经玄赞》这部文献，也叫作《法华经玄赞》（以下简称《玄赞》），是《法华经》的注释书，由玄奘的高徒、唯识学代表人物慈恩大师窥基所作，在敦煌一带的《法华经》注疏中占有重要地位。《玄赞》也被翻译成回鹘文。根据写本特点，回鹘文《玄赞》可分为三类，最多的一类现收藏在瑞典斯德哥尔摩民族学博物馆、巴黎吉美博物馆和国家图书馆，应该是同一部文献流散到世界各地了。它的特点就是楷体书写，每页 8 行，高 30 厘米，宽 14 厘米。这是国家图书馆收藏的《玄赞》（图 7）。

图 7　国家图书馆藏《法华经玄赞》

　　它最大的特点是与汉文《玄赞》不同，把汉文本中的"本末"归"卷"。详细一点说就是，汉文本中一卷分本、末两部分，回鹘文本里"本"为一卷，"末"为一卷，比如：汉文第三卷的本在回鹘文本里面属第五卷。

　　回鹘文《玄赞》的另一个特点是，汉文本采用"经: A 至 B"这个模式，即《玄赞》给《妙法莲华经》作注释时，从《妙法莲华经》里面选一段，然后把这段的前两个或三个字和最后面的两个或三个字抽出来，在中间加一个"至"字，表示"从 A 到 B"，这就需要同时参考《妙法莲华经》和《玄赞》，两部文献对照使用才能看懂《玄赞》。回鹘文《玄赞》没有采用这种模式，而是把《妙法莲华经》的经文也一并翻译了，并用朱笔表明这段来自《妙法莲华经》，而墨笔部分则代表了《玄赞》。

　　比如："舍利弗！如来知见，广大深远，无量无碍，力、无所畏、禅定、解脱三昧。"这是《妙法莲华经》里面的一个句子。汉文《玄赞》的引文如下："经: 舍利弗至解脱三昧"，即把中间的"如来知见，广大深远，无量无碍，力、无所畏、禅定"全给省略了，而回鹘文本《玄赞》则是把省略的部分全部翻译出来，并用朱笔书写，以表明该部分来自《妙法莲华经》。

国家图书馆收藏的回鹘文《玄赞》写本有四叶，应该是在元代抄写的，因为它的正字特点属于元代，但翻译年代并不是在元代。根据《玄赞》里面的佛教术语，我们可以判定它属于早期，应该和回鹘文《金光明经》同一期。比如：《金光明经》里对应"蕴"这个术语的是 yapïγ，而不是 yükmäk。Yükmäk 一词是元代定型的一个佛教术语，在阿毗达磨类文献中大量使用，该词在早期文献中都固定译成 yapïγ，所以它代表了回鹘早期佛典语言。

还有一个词是"如来"，在元代文献中基本定型为 ančulayu kälmiš，但在《玄赞》里译成 kertüdin kälmiš。kertüdin kälmiš，这个词在《金光明经》里面也出现，而且出现频率比 ančulayu kälmiš 高很多。

再说说一般词语吧。比如回鹘文《华严经》里，"不思议"一词固定译作 saqïnγuluq-sïz söz–lägülüksüz，但是在《玄赞》和《金光明经》都译作 saqïnu sözläyü yitinčsiz，译文完全一样。还有"甚深"一词，在《华严经》里译作 ärtingü täring，我们知道《华严经》是元代著名翻译家安藏根据汉文翻译的，而《玄赞》和《金光明经》里面"甚深"皆译作 täringtä täring。从中可以看出，无论是佛教术语，还是一般词语，《玄赞》和《金光明经》基本保持一致，所以说，《玄赞》的翻译年代应该和《金光明经》一样。百济康义首先提出过这个观点，我也是最近找了很多的例子，觉得可以站得住脚，也可以佐证百济康义的假设。《玄赞》除了佛教术语、一般词语以外，翻译风格也和《金光明经》一样，尤其在一些地方需要解释的时候，会把解释部分加进去。比如：

säkizinč kertgünč ärsär köngül-lüg suvuγ turuldurtačï süzdäči ärdini tetir köngülüg süzär arïtur üčün .bo yögürüg bälgülüg qïlγalï anï üčün višiklun šastr-ta sözläyür kertgünč ärsär suv süzdäči uṭ akaparasaṭ atl（ï）γ ärdini mončuq čuγ suvunlïq süzgäli um［ï］ši täg kertgünčsüz töz üzä bulγanmïš čuγ bolmïš köngülüg süzär tep（Mainz 732）。

《玄赞》卷一：八湛心水之清珠，令心净故，《成唯识》云：

"信如水珠能清浊水，能治不信性浑浊故。"（《大正新修大藏经》Vol.34，No.1723，pp.662b26—28）

这个例子中特别有意思的是，汉文原文里面表示水珠的"珠"字，在回鹘文中被翻译为 uṭakaparasaṭ atl（ï）γ ärdini mončuq，也就是说，他把这个水珠的名称都给补充翻译出来了，即"名作 uṭakaparasaṭ 的宝珠"，且还原了其梵语名称，足见译者深厚的佛学功底、汉语和梵语功底。

德国学者茨默教授（Peter Zieme）研究了两件有关《玄赞》的跋文，指出回鹘文《玄赞》的译者为 Širmir Bizi T［utung］。那么他和胜光是什么关系呢？刚才我们已经看到《玄赞》在翻译风格上和《金光明经》是非常接近的，比如说佛教术语、一般词语，还有翻译风格等方面。还有一点，《玄赞》是玄奘的徒弟窥基所撰之作，而胜光是推崇玄奘的，《金光明经》中的部分注释是来自窥基的作品，因此胜光肯定关注过窥基，所以回鹘文《玄赞》在佛教学说、翻译风格、佛教术语的使用等方面都和胜光有联系。如果可以肯定《玄赞》确实是 Širmir Bizi T［utung］从汉文译为回鹘文，那也应承认其与胜光的关联性，可能 Širmir Bizi 这个人是胜光所在译场的成员，受到胜光翻译风格的影响，也可能是在胜光的监督、审定下完成的。这种情况并不罕见。比如：回鹘文《胜妙吉祥真实名经》，原来都说是安藏翻译的，而另一篇跋文则说是迦鲁纳答思翻译的，译者身份有两种版本。据森安孝夫研究，迦鲁纳答思是安藏的同乡，也是北庭人，经安藏的推荐入朝从事译经工作，师从八思巴，最后又获得了翰林学士承旨、大司徒等职。森安孝夫提出，关系如此密切的两个人同时翻译一部经典的可能性非常低，至少迦鲁纳答思翻译《胜妙吉祥真实名经》应该是在安藏的监督下完成的，所以才会出现安藏翻译《胜妙吉祥真实名经》这一说。同样，Širmir Bizi 和胜光也可能有这一层关系。当然，这只是一个初步的假设，还需要其他材料来佐证。

《玄赞》译者的儒学功底也值得关注。比如：《玄赞》中的"宣尼云：兵、食、信三，信不可弃"这一句，翻译得非常详细，可以看出译者参考了《论语》中的"子贡问政。子曰：足食，足兵，民信之矣。子贡曰：必不得已而去，于斯三者何先？

典籍与文化 15

117

曰：去兵。子贡曰：必不得已而去，于斯二者何先？曰：去食。自古皆有死，民无信不立"。还有一点特别有意思，就是译者把原文中的"宣尼"译成 tsüin-ni atl（ï）γ bögü qung-vutsi söz-lämiš，直译这句话就是"名作宣尼的圣人孔夫子云"，表明他非常清楚"宣尼"和"孔夫子"的关系，证明他对中华文化、儒家文化非常精通。

最后，我再总结一下，胜光这个人为什么要翻译这么多经典，为什么要翻译《玄奘传》和《金光明经》呢？前一个是玄奘的传记，后一个是玄奘翻译的作品，可以肯定胜光对玄奘本人及其学说是非常推崇的。同时，他也有深厚的中华文化和佛学知识功底。他把《玄奘传》里面这么一句翻译得非常有意思，原文是"玄奘那国僧来此学问，岁月已久，今欲归正"，他是这么翻译的："我玄奘是伟大中国的僧人，来此学习，岁月已经过去很久了，现在我的最大愿望是回到自己的祖国。"胜光在"中国"一词前面增加了"伟大"二字，自然地呈现出他对于其伟大祖国所具有的特殊感情和家国情怀。

《玄奘传》这本著作，还有《金光明经》《八阳经》《玄赞》《千字文》等重要经典在一千年以前被一个西域的僧人、学者、翻译家进行翻译，这绝不是偶然的。从汉文翻译佛经，通过多种方式给汉字进行难字注音，编纂汉回词典，抄写《切韵》等，都表明大家对学习汉字、学习汉语的特殊热情，对中华文化的崇尚和深度认同。这也是中华民族休戚与共，彼此欣赏，不断交流、交往、交融的活生生的例子。所以从这个层面说，研究胜光，研究胜光的译作都具有重要的学术价值和现实意义。

我的讲座到此结束，谢谢各位！

史金波

西夏珍贵古籍今昔

　　史金波，中国社会科学院民族研究所研究员、博士生导师，中国社会科学院首批学部委员、学术委员会委员。兼任全国古籍保护工作专家委员会副主任、国家文物鉴定委员会委员、中国历史研究院学术咨询委员会委员，中国民族史学会、中国敦煌吐鲁番学会、中国少数民族哲学及社会思想史学会顾问，国家社会科学基金特别委托项目"西夏文献文物研究"首席专家。曾任中国社会科学院民族研究所副所长、中国民族古文字研究会会长、中国社会科学院西夏文化研究中心主任、中国民族史学会常务副会长、中国民族学会副理事长、日本东京外国语大学客座教授。

　　主要研究领域为西夏文史、中国民族史和中国民族古文字。主持完成国家和省部级重大、重点项目20余项。出版著作60部（含合作），其中有《文海研究》《西夏佛教史略》《西夏文物》《天盛改旧新定律令》《西夏社会》《西夏文教程》《中国民族史学史纲要》《西夏经济文书研究》等。主编著作25种，参与撰写、编辑辞书18种，发表文章370余篇。研究著作入选"国家哲学社会科学成果文库"，两次获中国社会科学院优秀科研成果一等奖，三次获郭沫若史学奖，获全国古籍整理图书一等奖等。

各位听众，大家上午好！今天我演讲的题目是《西夏珍贵古籍今昔》。我想通过这个讲座，请各位听众了解一下西夏珍贵古籍的过去和现在，同时也能够了解中国古代西夏这个王朝的一些情况和里面的一些故事。

今天的讲座分为六个部分，第一，神秘西夏——西夏王朝的兴衰，介绍西夏王朝的历史。第二，旷世天书——西夏文字和古籍，讲西夏文和西夏文形成的古籍文献。第三，扼腕之痛——西夏古籍的发现和流失，我们过去发现的很多珍贵的西夏古籍，绝大部分流失到国外，这是我们的一个悲剧。第四，西夏之旅——寻觅整理国内西夏古籍，有部分西夏古籍保存在国内，我把调研、考察的大概情况做一个简单的介绍。第五，魂归故土——西夏古籍再生性回归，我们流失到国外的这些西夏古籍，过去是看不见摸不着的，后来经过我们的努力，把这些古籍文献的主体部分陆续在中国出版，这也是文献史上的一件大事情。第六，西夏涅槃——西夏文古籍的研究和利用，西夏王朝消失了，西夏王朝的历史在传统文献里，特别是汉文文献里记载很少。通过对刊布的出土西夏古籍的研究，对西夏文物的研究，结合传统汉文历史文献的研究，我们对西夏历史和社会的认识越来越深入，对西夏的了解越来越全面，在逐渐恢复神秘西夏的历史。

一、神秘西夏——西夏王朝的兴衰

2015 年，中央电视台播放了一个纪录片，叫《神秘的西夏》，可能在座有些听众看过。这个纪录片共 10 集，我是这个纪录片的史学顾问。它基本上反映了西夏王朝历史的来龙去脉，对西夏的历史、文化、宗教等，都做了比较多的介绍。我们在座的听众没有看过的，如果有兴趣的话，可以看一看这个纪录片。它给大家介绍的西夏比较全面，但它是一种形象的纪录片，也存在着一些缺陷。这些缺陷包括有些地方比较夸张一些，比如西夏灭亡以后，蒙古人对西夏居民赶尽杀绝，实际上不完全是这样的，有屠杀，但更多的是一种怀柔政策。西夏主体民族在元朝的时候地位很高，不是一直被追杀的这样一种情况。

首先，我讲一讲西夏的历史。西夏的主体民族是党项族，党项族是羌系的一支，也叫党项羌，原来居住在青藏高原东麓，就是现在的四川省甘孜、阿坝这些地方。后来由于藏族势力发展，党项族受到挤迫，就向唐王朝申请内迁，唐朝批准了。他们就往东北方向迁徙，迁徙到现在的甘肃、宁夏、陕北这一带。在这一带定居下来了，而且他们的势力不小。我们可以想象到这个迁徙过程很了不起，从四川要越过秦岭、大巴山，现在的道路都很难走，当时一定更艰苦。他们以夏州为中心，就是现在陕北靖边县的白城子，当时称为夏州，就在那一带发展起来了。发展起来以后，党项族首领拓跋思恭与其他节度使响应唐僖宗的号召，镇压黄巢义军，因功被封为定难军节度使，管领五州，治所在夏州，开始了事实上的地方割据。五代时期，夏州党项政权先后依附于中原的梁、唐、晋、汉、周各朝，并在与邻近藩镇纵横捭阖的斗争中，势力不断壮大。

这里就是古代的夏州统万城遗址（图1）。建这个城的时候，据说用当时的一种黏白土筑城墙，要用糯米汁浇筑在城上，夯筑城墙，非常地坚固，用劲弓射不进去就达到标准了。1976年我去考察的时候，摸城墙的土就像摸现在的水泥混凝土，很坚硬，经过这么多年还保存了不少城墙遗址。后来这个地方作为党项族的一个统治中心，存留了很多年。由于和宋朝打仗，他

图1　夏州统万城遗址（白城子）

们撤出后，宋朝就进驻了。因为战争的原因，后来宋朝把这个城拆毁，不要这个据点了。

宋初，党项族首领臣属宋朝。党项族出现了一位杰出首领李继迁，他生于银州无定河畔（今陕西省米脂县）。至今当地尚有李继迁寨。为什么姓李呢？党项族一般都是复姓，分为八个部落，其中有一个叫拓跋部落。党项族最大的首领这一支就是拓跋氏。唐朝因其镇压黄巢起义有功赐唐朝皇族姓李。李继迁反对宋朝直接接管五州之地和以党项族首领亲属作变相人质，率众逃往地斤泽（今内蒙古自治区鄂尔多斯市），公开抗宋自立。后势力扩大，占领灵州（今宁夏回族自治区吴忠市）。灵州这个地方很重要，唐肃宗曾在这里即位。灵州成了党项族新的统治中心。李继迁去世后，其子李德明继承王位，在宋、辽关系缓和的形势下，他继续与辽通好，同时改善与宋朝的关系，使双方大体上保持着友好往来。宋朝每年赐其大量银、绢、茶，开设榷场，发展贸易。宋天禧四年（1020），李德明将其统治中心移往贺兰山麓的怀远镇（今宁夏回族自治区银川市），改称兴州，并逐渐将其发展成西北地区的一大都会。宋天圣六年（1028），李德明派他的儿子元昊率兵向西攻占甘州、凉州、瓜州、沙州。这样，奠定了建立西夏王国的版图基础。

李德明去世，其子元昊继承王位后，实力更加雄厚。元昊具有雄才大略，不断图强创新，采取一系列政治、军事、文化措施，进行正式建国的准备活动。他取消了唐、宋赐给的李、赵姓氏，改姓嵬名氏；改变名号，自称"兀卒"（西夏语，"皇帝"意）；又突出民族风习，下秃发令，凡是党项族，都秃发；创制推行西夏文字，建番汉二学院，翻译经典；还仿中原制度并结合民族特点，建立官制，升兴州为兴庆府；整顿军旅，分设监军司，就是现在的大军区，各地有部队防御守卫。

简单说一下元昊为什么要创建文字。文字是文明的一个标志，有的民族始终没有文字，因为他们的经济社会发展没有到那个程度。有的民族建立了政权，势力比较大，特别是西夏所处时代，宋朝有汉文，辽朝也创立了契丹文，西夏西部地区的回鹘有回鹘文，藏族吐蕃有吐蕃文，所以元昊觉得西夏也是泱泱大国，要创建文字。从政治、社会方面考虑也需要。另外，他们信仰佛教，要读经，汉文佛经汉人懂，党项族不懂汉文，

123

没法读。所以，元昊创建文字后，当下就翻译佛经，把汉文的《大藏经》翻译成西夏文。由于上述种种原因，创立了西夏文。西夏文的创立，是西夏文化史上的一件大事情。

元昊还接连对北宋、吐蕃、回鹘用兵，扩大了版图，管辖今宁夏、甘肃大部，陕西北部，内蒙古西部和青海东部的广大地区，成为当时能与宋辽周旋、抗衡的第三大势力。宋宝元元年（1038，西夏天授礼法延祚元年）十月十一日，元昊筑坛受册，正式立国称帝，建立大夏国。为什么后来叫西夏呢？因为他们在宋朝和辽朝的西边，所以在史书上称大夏国为西夏。在西夏境内发现的文献当中，他们都不称自己是西夏，就是夏或者大夏、白高大夏、大夏国。

宋朝不承认元昊的地位，不断对西夏用兵。宋、夏双方在三川口、好水川、定川寨发生几次大战，都以宋朝惨败告终。打仗对双方消耗都很大，所以西夏也没有力量再往东进，宋朝也没有力量收服西夏。此后，军事上的攻防和政治上的谈判交叉进行，经过反复较量，最后于宋庆历四年（1044）宋夏双方达成妥协，宋朝承认西夏的实际地位，每年赐给西夏大量银、绢、茶。这是宋辽订立"澶渊之盟"40年后，宋朝又和西夏订立的重要盟约，称为"庆历和盟"。庆历和盟之后，双方基本上保持了友好的关系。说到西夏在北宋时期的位置，西夏区域比较小，但是占的地方很关键，宋朝通往河西走廊的路线被西夏给堵死了，再往西边有回鹘、吐蕃。这是莫高窟409窟的西夏皇帝供养像（图2）。我们看这个人物的威仪，有伞、盖、扇，都是皇帝的规格。

后来元昊在宫廷内乱中被刺身亡，他做了11年皇帝，是为景宗。第二、第三、第四代皇帝都是幼年即

图2　莫高窟409窟西夏皇帝供养像

位，经过母后专权时期。第四、第五代皇帝都各自在位 54 年，是中国历史上在位时间很长的皇帝。此后进入西夏晚期，30 多年历经 5 代帝王，于 1227 年被蒙古所灭。

二、旷世天书——西夏文字和古籍

西夏统治者为了满足西夏社会发展的需要，与宋、辽相匹敌，使文化相对落后的党项族尽可能取得与汉族相等的地位，极力发展西夏文化。其中最突出的就是元昊在立国前创制番书，也称番文或番字，即后世所谓的西夏文。

元昊注重文教，立国前下令，由大臣野利仁荣主持创制西夏文，作为国字推行，形成了很多典籍。这个文字我们看起来比较繁复。《宋史》卷四百八十五载："元昊自制蕃书，命野利仁荣演绎之，成十二卷，字形体方整类八分，而画颇重复。"西夏文字创制"成十二卷"，是最早的西夏文典籍。西夏文字创制后便推行使用，《西夏书事》卷十二记载："元昊既制蕃书，尊为国字，凡国中艺文诰牒尽易蕃书。"西夏文是记录西夏主体民族党项羌语言的文字，属于表意性质的方块字，文字形式和汉字相近，共有 6000 多字。当时用西夏文一方面翻译汉文的一些著作，翻译佛经，同时，"艺文诰牒尽易蕃书"，即很多应用文字都用西夏文来写。

西夏字由横、竖、点、拐、撇、捺等笔画构成，斜笔较多，一般四角饱满，字体匀称。西夏文字的笔画多在 10 画上下，基本上没有 5 画以下的字，20 画以上的字也很少。西夏文书写自上而下成行，自右而左成篇。因文字笔画比较适中，笔画过多、过少的字较少，通篇看来字画均匀，舒展大方。其文字构成受汉字影响，有规律可循。这个规律借鉴了汉字的六书，又不完全同于六书。

已经发现的大量西夏文古籍表明，西夏文的使用有过黄金时代。西夏文的使用和传播有以下几个特点：

1. 应用范围宽。说它应用范围宽，当然不能和汉文比。在少数民族党项族中，在整个西夏地区流传。从上到下都在使用，不是那种装样子的文字，而是实用文字。使用的门类多，各种世俗文献、佛教文献，比如世俗的翻译作品，还有法律、文学、医学等各方面的都有。

2.使用地区广。西夏灭亡，元朝统治以后，因为西夏人的地位比较高，所以西夏文又走出了西夏原地区，在其他很多地方我们又见到了西夏文。比如说保定、邯郸等地都发现了西夏文，因为西夏人的后裔来到了这些地方。

3.延续时间长。其使用时间从西夏创造文字以后，一直到灭亡，都在使用。西夏灭亡以后，元朝的时候还在使用。一个原因是有西夏人后裔，另外一个是元朝时期，西夏人后裔的地位比较高，元世祖忽必烈就下令重新刻印西夏文《大藏经》。后来多次印了很多西夏文《大藏经》。居庸关有一个六体文字石刻，其中就有西夏文，说明元朝的时候还在使用西夏文。西夏的后裔传承到明代还在使用西夏文，所以西夏文使用了400多年。到清朝以后，才见不到西夏文了。说西夏语的人没有了，民族消失了。所以到了清末的时候，就不知道有西夏文这回事了。

4.与其他文字同时流行。西夏境内有很多汉族，其中有官员，也有普通百姓。汉族使用汉文。境内还有回鹘人，就是现在维吾尔族的前身，当时使用回鹘文，西夏地区有回鹘文。境内还有藏族，即当时的吐蕃，西夏地区也还有吐蕃文，就是古藏文。

5.有很多掌握双语的人。民族多就有民族交往，西夏有很多掌握双语的人，还产生了一些双语的著作。比如我们下面会提到的《番汉合时掌中珠》，是典型的最早的双语著作，应该说是达到世界之最了。

6.语文研究水平很高。有的少数民族有文献，但关于音韵学的著作很少或是没有。我们发现的西夏文献当中，有很多描写记录西夏语文的著作。西夏音韵书籍有多种，有韵书、字书、韵图、韵表。可见当时对西夏的语言，有专家进行研究和记录。我们现在看来，西夏文的研究水平达到了当时宋朝对语文的研究水平。当然我们应该认真地说，西夏文是接受了宋朝的小学研究成果和方法，是向中原地区学习的。

7.存世文献相当丰富。近代发现了大量的西夏古籍。在少数民族古籍当中，西夏文的文献存量是相当大的。当然，存世的少数民族文献最多的可能是藏文、满文，但是西夏文献也是相当丰富的。

西夏民族消亡以后，西夏文成为死文字，但是西夏文明是中华文明的一个部分，在我们这个大文化圈里。所以后来当西夏文献发现以后，经过百年的研究，把西夏文解读出来了，因此可以说西夏文明再生了。

三、扼腕之痛——西夏古籍的发现和流失

近代以来，我国的西夏古籍遭到多次掠夺，大量流失。

1. 八国联军掠夺西夏文文献

八国联军 1900 年入侵中国，法国是八国联军的一员。八国联军攻进北京后，各国司令官"特许军队公开抢劫三日"，实际上抢劫时间更长，北京陷于空前的战乱痛苦之中。这是中国首都首次为外国占领军洗劫。入侵者不仅抢劫金银财宝、古玩细软，还抢劫文物、典籍等。据记载，紫禁城、三海、皇史宬、颐和园被八国联军洗劫，古籍文献损失不计其数。

北京陷落之后，法国驻北京领事馆专员乔治·毛里斯（Georges Morisse）、费尔南·贝尔托（Fernand Berteaux）和伯希和（Paul Pelliot）在白塔下一堆凌乱的废纸和旧书里找到了六卷西夏文《妙法莲华经》。据记载，当时他们找到的经卷一共六册，被毛里斯和贝尔托瓜分，各得三册。1912 年前后，毛里斯把三卷书卖给了德国柏林图书馆。而贝尔托的那三卷后归法国吉美国立亚洲艺术博物馆所藏有（图 3）。这是西夏文古籍被历史的烟尘淹没后首次被发现、披露，并流失海外。

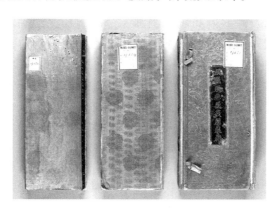

图 3　法国吉美国立亚洲艺术博物馆藏西夏文《妙法莲华经》

2. 俄国科兹洛夫探险队在黑水城的掠夺

20世纪初，随着清朝国门被列强打开，西方的所谓"探险队"纷纷进入中国。中国的文化遗产从此遭到空前的浩劫，尤以北部、西部边疆地区、少数民族地区受害最重。

以科兹洛夫（П.К.Козлов）为首的俄国"探险队"，受沙皇指派在1908年4月到达黑水城（今属内蒙古自治区额济纳旗）。当他组建蒙古—四川探险队时，便决心找到黑水城。黑水城是西夏的一个监军司所在地，当时叫黑水监军司。这个城市是由西夏建立，元朝时期还是一个重要的地方，称为亦集乃路，元朝灭亡后还存在了一段时间。后来明朝占领了这个地方，城市慢慢就毁掉了（图4）。

图4　内蒙古自治区额济纳旗黑水城遗址

俄国探险队在黑水城从1908年4月1日逗留到13日，科兹洛夫本人在日记中写道，他和他的手下"挖呀，刨呀，打碎呀，折断呀，都干了"。他们发现有30多本西夏文书籍、波斯文书籍，以及一些麻布画、绢画、金属碗和泥塑佛像等，运交圣彼得堡俄国地理学会。不久俄国地理学会通知科兹洛夫，认为此地是西夏国都，要科兹洛夫重返此城考察，以便获得更多的贵重文物。1909年5月底6月初，科兹洛夫按照地理学会的要求，回到了黑水城。他们在这里仍然和上次一样，肆无忌惮地挖刨。后来他们打开了一座黑水城外西边的大佛塔，发现了大量文献和文物，似乎找到了一个中世纪的图书馆和博物馆，仅文献就有数千卷，其中绝大部分是西夏文文献，也有相当数量的汉文及部分其他民族文字文献，还有佛像等文物（图5）。俄国探险队将这批珍贵文物席卷而走，他们用了40头骆驼，有些泥塑之类的大件运不走就埋在沙子里，现在还没有找到。1909 年秋，黑水城出土物运抵圣彼得堡，存放在地理学会。后文献资料存放在圣彼得堡亚洲博物馆，现为俄罗斯科学院东方文献研究所（图 6）。文物艺术品则存放在著名的艾尔米塔什博物馆。

典籍与文化 15

图 5-1 黑水城外出土西夏文物的佛塔（挖掘前）

图 5-2 黑水城外出土西夏文物的佛塔（挖掘后）

图6　俄罗斯科学院东方文献研究所藏西夏文献

黑水城遗址文献的发现是20世纪继甲骨文、汉晋简牍、敦煌文书以后又一次重大文献发现。这些文献成为后世研究西夏最重要的资料基础之一。

3.英国斯坦因步科兹洛夫后尘的拾遗

黑水城宝藏的丰富多彩，惊动了另一位资深的"探险家"，就是斯坦因（A.Stein）。斯坦因于1913—1916年第三次中亚探险，重访尼雅、楼兰遗址、敦煌，再次卷走大量文物。

这次探险期间斯坦因步科兹洛夫后尘，1914年特意赶赴黑水城，掘获不少文献。斯坦因在黑水城发掘5处遗址，从这些遗址中分别获得了数量不等的文献、文物。他做得比较细致、规范，基本上按出土地址标上号码。

斯坦因没有科兹洛夫那样幸运，未能一下子掘出一座文物宝库来，所得文献多数是些残页、残片，很少见成本成册的书籍，比起科氏所得少得多，只能说是小巫见大巫。其中仍以科兹洛夫掘获大量文物的"伟大的塔"遗址所出最多，为科兹洛夫所未取走的遗留。所以，英国的一些残片还能和俄罗斯的文献进行缀合。斯坦因记载："我们把塔底部和寺院里面地下室所堆积的沙土仔细清除以后，发现很多西藏文和至今尚未能辨认的西夏文的佛教写本和刊本典籍。"还在"城中那些很大的垃圾堆中，也找出不少用汉文、西夏文、回鹘文以及突厥字体书写、印制的各种残纸"。斯坦因得到了数千件残页，形成了英国国家图书馆的西夏文文献特藏和大英博物馆的黑水城出土藏品。这是我拍的英国国家图书馆藏的西夏文文献（图7）。斯坦因所获西夏文书与科兹洛夫的相比，无论是数量还是质量，都不可同日而语。

图7　英国国家图书馆藏西夏文文献书柜

4. 流失到瑞典、日本的西夏古籍

瑞典人斯文·赫定（Sven Hedin）也是一位老牌的探险家。1927年春，斯文·赫定率一个大型远征队第5次来华，准备去我国西北部进行科学考察，最后达成由中国和瑞典联合组成西北科学考察团，斯文·赫定和徐炳昶先生任团长，采集品全归中国所有的协议。黄文弼先生作为北大学者，参加了考察团。

1927年9月23日，考察团抵达黑水城。斯文·赫定测量了遗址，他们未在此发掘。黄文弼先生在这一带也得到了少许西夏文残片。当时还拍摄了黑水城的影片，一部保存在瑞典，一部保存在中国，现存中国社会科学院考古研究所。当时黄文弼先生带回了十几页西夏文残片，以及主要为元代的汉文残片和回鹘文残片。

对瑞典所藏西夏文典籍，日本西田龙雄教授曾于1976年在其著作中做过介绍和研究。但学术界一直未见过这些文献的真

131

面目。2010 年我到瑞典考察，在斯德哥尔摩民族学博物馆看到了这些西夏文典籍的原件（图8）。这批典籍应不是斯文·赫定在黑水城所得，而是瑞典人在甘肃等地收集所得。这批典籍皆为西夏文佛经，有的完整，有的残损。

图 8　瑞典斯德哥尔摩民族学博物馆

20 世纪 40 年代初，张大千在莫高窟北区发现了西夏文文献，后也流失海外，分别藏于日本天理大学附属天理图书馆和美国普林斯顿大学葛斯德图书馆。日本天理大学图书馆所藏西夏文典籍多为残片，如《大方广佛华严经》卷十四、卷二十二、卷三十三、卷五十一、卷七十三等残片以及一些契约残片。龙谷大学大宫图书馆藏有西夏文文献 4 页，为大谷探险队所得。日本国立民族学博物馆也藏有西夏文文献残页。日本东京大学附属图书馆所藏为梁素文旧藏，皆为小残片。宁夏灵武所出西夏文活字版《大方广佛华严经》卷一至卷十原藏仁和（今属浙江省杭州市）邵氏，后流失到日本，卷一至卷五存于京都大学文学研究科图书馆，卷六至卷十和卷三十六藏于京都大学人文科学研究所东亚人文情报学研究中心。

德国、美国也藏有西夏文文献，也是陆续流出去的。德国比较特殊，刚才我说的，法国的六册文献，1900 年流失到法国去的。后来法国在 1912 年，私人藏的三册卖给德国。二战时期，这三册就下落不明了，现在正在寻找这些文献。

四、西夏之旅——寻觅整理国内西夏古籍

这一部分谈谈我个人考察西夏遗址、西夏文物和西夏文献的一些经历。

1. 1962年与西夏结缘学习西夏文

我自1962年大学毕业后考入中国科学院哲学社会科学部（中国社会科学院前身）民族研究所的西夏文研究生，至今已过半个多世纪，可以说半生都在与西夏打交道，与西夏文典籍结下了不解之缘。我的老师是王静如先生，他在20世纪二三十年代就是著名的西夏学家，出版了三本《西夏研究》，是一位很了不起的西夏学家。当时中国、俄罗斯、日本都有专家研究西夏，形成了一次小的高潮。到了二战时，西夏研究都停止了。二战结束以后，日本、俄罗斯相继开展西夏研究，中国比较晚。

中国是20世纪60年代初期才开始恢复西夏研究，王静如先生开始招西夏文的研究生。我是老师当时招的第一个研究生，学习西夏文。第一次接触的便是西夏文—汉文对照的词语集《番汉合时掌中珠》的抄印本。当时对西夏文为何物茫然不知，老师王静如先生让我抄写此书，并以此为学习西夏文的读本，此书便成为我进入西夏学殿堂的启蒙书籍。这本书中每一个词语都有四项，中间两项是汉文和对应的西夏文。汉文的旁边有一行是用西夏文的读音给汉字注音，西夏文的旁边也有一行是用汉字给相应的西夏文注音，非常科学。我叫它双语双解的西夏文汉文对照的词语集。在当时恐怕全世界都没有这样的工具书，它创造了世界的第一。这本书有30多页，包括了西夏文常用的词语。

在学习期间，我看到了1932年出刊的《国立北平图书馆馆刊·西夏文专号》，以及其他一些有关西夏文典籍论著中的西夏文文献影印件。20世纪二三十年代，中国的大学者陈寅恪、王国维、赵元任都参与了西夏文的研究和解读。我的老师王静如是他们的学生辈。当时这些大家为什么钟情于参与研究这些？因为西夏文在中国古代文献中很有价值。

2. 1964年敦煌考察首次见到西夏文珍籍

1964年我随老师到敦煌考察。当时敦煌的保护神常书鸿先生任敦煌文物研究所的所长，他和我的老师在法国是留学同

学。当时认为敦煌的西夏洞窟只有六七个，西夏统治敦煌将近200年，怎么会只有这样几个洞窟呢？应该重新考察。洞窟里的西夏文，过去没有人研究，不知道洞窟怎么分期，不知道哪些是西夏洞窟。常书鸿先生跟我导师商量，两个人一拍即合，就组成了敦煌考察组。常书鸿先生和我的老师任考察组组长，我们参与了考察（图9）。当时请的顾问是现在我们考古学的泰斗宿白先生。我们在敦煌待了差不多三个月。除去考察洞窟以外，我们第一次看到了真正的西夏古籍。1958年，在莫高窟对面山上的一个塔里，发现了多部西夏文的经典，包括两种出图本《妙法莲华经观世音菩萨普门品》和《金刚般若波罗蜜多经》等（图10）。这是我第一次见到西夏文典籍原本。《妙法莲华经观世音菩萨普门品》是上图下文的，像连环画一样。这三部经典，都存在敦煌研究院，后被列入《国家珍贵古籍名录》。

图9　1964年我与导师王静如先生在敦煌考察

图10　敦煌出土西夏刻本《妙法莲华经观世音菩萨普门品》

这是我们在西千佛洞的照片，包括我的老师、常书鸿先生和我的同事白滨先生（图11）。

图11　1964年在西千佛洞

3.1973年整理国家图书馆藏西夏文文献

1970年，中国科学院民族研究所和学部其他研究所一道被下放到河南息县的干校。在干校后期，趁回京探亲之机，将过去出版的《国立北平图书馆馆刊·西夏文专号》和一套《辞源》带到干校。《西夏文专号》中有重要的西夏文文献介绍和研究，还有西夏文文献原件和录文。每一种文献篇幅不长，但文献种类不少。我每晚在宿舍二层床上落下蚊帐，在里面悄悄学习，抓紧时间恢复业务，熟悉西夏文文献。通过学习，丢失了四五年的西夏文字又在我的脑海中逐渐复活，对西夏语语法也多有新的体会。

1973年，我回到北京后利用当时的空闲时间开始有计划地、系统地收集西夏资料，为恢复西夏学做准备。当时想到首先要阅读、整理北京图书馆（今国家图书馆）所藏1917年宁夏灵武出土的西夏文文献。这些珍贵古籍早年曾先后经周叔迦、王静如先生整理、研究。当时北京图书馆黄润华同志为我提供了很多方便，专门给我一小间斗室。我几个月"潜伏"在里面认真阅览文献。根据我提供的目录和编号，每次提出部分典籍，每一包都用白色泛黄的包布包裹，里面摞着用类似油纸一样的韧纸包着的典籍（图 12）。当真正见到这些文献的真容时，眼睛为之一亮。这些典籍历经沧桑，只见微黄的韧纸上文字清晰、典雅、端庄，大都保存良好，有的经过修复。一些典籍页面左右下角，有因长期翻阅留下的污痕，显示出实用经典的历史沉积。我当时利用几个月的时间，在北京图书馆阅览了上百件西夏文典籍，先后见到大量不同类型的珍贵西夏文文献，做了详细笔记，将重要文献申请拍摄 23 张图片，收获颇丰。在 20 世纪 70 年代和 80 年代根据这些资料，写了多篇论文，也奠定了后来撰写《西夏佛教史略》的基础。这批文献绝大多数被列入《国家珍贵古籍名录》。

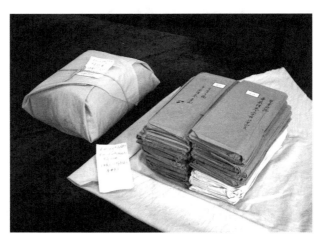

图 12　国家图书馆藏西夏文典籍包裹

别看俄罗斯藏的东西多，但从支撑西夏佛教几个重要文献资料来说，都在中国国家图书馆。比如说西夏译经的始末，就在我们国家图书馆藏的《过去庄严劫千佛名经》发愿文里面。这里面讲了西夏佛教发展的情况，西夏从什么时候开始译经，译了多长时间，怎么译的，是谁组织的等等（图 13）。我们国家图书馆藏的文献里面，还有一幅非常珍贵的《西夏译经图》。历朝历代译经都会开设译场，这应该是我们国家现存最早的一幅古代译经图。译经大师在中间，旁边这些僧俗是帮助他译经的助手，下边是皇帝和皇太后（图 14）。

图 13　国家图书馆藏西夏文《过去庄严劫千佛名经》

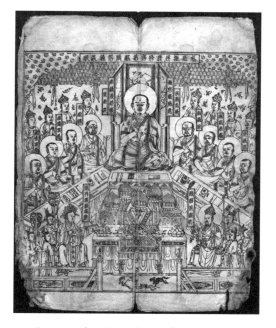

图 14　国家图书馆藏刻本《西夏译经图》

4. 1976 年到西夏故地寻觅考察

　　1949 年以后，随着文物考古事业的发展，西夏文献、文物也不断出土。仅就古籍而言，1952 年在甘肃武威天梯山石窟发现一批西夏文古籍，1958 年在敦煌莫高窟附近的塔中发现了重要西夏文古籍，1966 年在永靖炳灵寺石窟发现一些西夏文文献残页，1972 年在武威张义公社的小西沟岘一山洞中发现一批包括西夏文献在内的西夏遗物。为了熟悉西夏的地理环境，也希

137

望实地考察西夏故地的西夏文典籍和其他文物，我和同事白滨开始了这次艰难而有兴致的考察。我们从 1976 年 6 月出发，自东而西一路从北京过山西，入陕西，从西安、三原到铜川，入陕北，自延安向北进入西夏故地，一个县一个县地考察。

我们又从定边县过盐池，进入宁夏，那里的西夏遗迹更多，我们走访了银川南北一些地区，南越黄河，西北穿贺兰山，到腾格里沙漠。从宁夏进入甘肃，从兰州西北行入河西走廊，先后考察武威、张掖、酒泉等地，这里原是西夏重要的一翼。后来我们从酒泉北行，远涉戈壁，进入巴丹吉林沙漠，考察了向往已久的西夏黑水城遗址（图 15）。这里不仅有动人的神秘传说，有荒凉寂静的风情，还曾出土过震惊学坛的大批西夏文献、文物。从额济纳旗人民政府所在地达来呼布镇到黑水城遗址直线距离虽只有 25 公里，但并无真正的路可走，要穿行在戈壁和红柳包中间，不熟悉的司机可能会迷路。在黑水城遗址我们正巧遇上在这里考察的甘肃省考古队，他们在这里工作了数日，已经发现了一些西夏文文献，是西夏文字书《音同》的一些残叶。

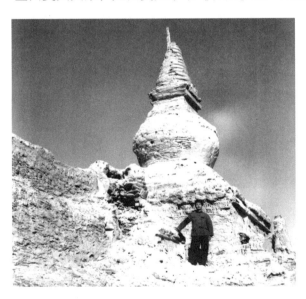

图 15　1976 年作者在黑水城遗址考察

此外，我们还向西北进入新疆的哈密，从西南走到青海的西宁，踏查了西夏的极边。这次考察，使我们眼界大开，收获很大。我们在西安市文物管理所意外地看到了西夏晚期泥金写经，绀纸金书，十分抢眼，我还是第一次见到这样高贵的典籍（图16）。在银川市见到宁夏回族自治区博物馆和罗雪樵先生收藏的活字本西夏文《大方广佛华严经》。在甘肃省博物馆见到了多种出自武威天梯山和小西沟岘山洞中的西夏文古籍，既有世俗文献，也有佛教文献。在武威，我们进山考察了曾存储多种西夏文献的小西沟岘修行洞。在张掖，我们瞻仰了西夏始建的西北地区最大的卧佛，并考察了西夏仁宗的汉文—藏文对照的《黑水建桥碑》。在酒泉，我们发现了西夏后裔镌刻的重要石碑——汉文和回鹘文合璧的《大元肃州路也可达鲁花赤世袭之碑》。

图16 西安博物院藏西夏文泥金写本《金光明最胜王经》

　　这次历经 3 个月在西夏故地长途跋涉，实地考察，不仅熟悉了西夏的地理环境，了解到西夏的山川形貌，还见识了更多的西夏文典籍和其他文物，搜集到很多有关西夏的重要资料，增加了对西夏的感性认识。通过此次考察，我们为得到这么多有形无形的资料而异常兴奋，为近距离了解到西夏而感到头脑充实。这也可能是西夏研究者第一次走出书斋，走上实地调查之路。

5. 20 世纪八九十年代以后的考察

　　20 世纪八九十年代之后，又陆续对西夏故地进行考察，也发现了不少资料。1983 年，甘肃省景泰县五佛沿寺石窟北壁维修时从填土中清出几件西夏文佛经残页。1983 年和 1984 年，内蒙古自治区文物考古研究所等单位对黑水城进行全面考察，发现了很多西夏文、汉文文书，这又是一批类型多样、价值不菲的重要文献。1987 年，在甘肃新华乡缠山村亥母洞遗址发现一批西夏文文献，共有 34 件。1987 年，甘肃省安西县（今瓜州县）文化馆工作人员在东千佛洞泥寿桃窟发现数件西夏文文献。1988 年至 1995 年，敦煌研究院在对莫高窟北区洞窟的整理发掘中，发现了不少西夏文文献，现皆藏于敦煌研究院。1991 年，在宁夏贺兰县拜寺沟内方塔塔心座中也发现了西夏文献数十种，现藏宁夏回族自治区文物考古研究所。2005 年，在宁夏贺兰山东麓山嘴沟石窟又发现了一批西夏文献。这些珍贵的西夏文文献我差不多都先后整理考察过。这些不同地点、不同类型、不同内容的西夏文文献，给西夏历史文化填补了新的资料，增加了新的亮点。

国内的西夏文文献分别藏于北京市的国家图书馆、故宫博物院、国家博物馆；宁夏回族自治区的宁夏博物馆、宁夏文物考古研究所、西夏博物馆以及个人收藏；甘肃省的甘肃省博物馆、甘肃省文物考古研究所、武威市博物馆、敦煌研究院、定西市安定区博物馆、景泰县博物馆；内蒙古自治区的内蒙古博物院、内蒙古文物考古研究所、额济纳旗文物管理所；陕西历史博物馆、西安市博物院、新疆吐鲁番文物保管所以及台湾等地，共 20 多个部门。国内藏的西夏文文献有很多属于孤本，有很高的学术价值，但查找阅览十分困难。由宁夏大学西夏学研究中心、甘肃省古籍文献整理编译中心联合国家图书馆、中国社会科学院西夏文化研究中心等二十几个文博、研究部门，共同协作，由我和宁夏大学校长陈育宁教授任主编，编辑出版国内所藏的出土西夏文献，名为《中国藏西夏文献》，2007 年由甘肃人民出版社、敦煌文艺出版社出版，全 20 册。由于西夏文文献的时代较早、内容稀缺，因此《中国藏西夏文献》中的绝大部分古籍先后列入《国家珍贵古籍名录》之中。

五、魂归故土——西夏古籍再生性回归

我重点讲一讲藏在俄罗斯的西夏古籍在中国出版、再生性回归的情况。对于从事西夏研究的"西夏人"来说，没有比考察俄藏西夏文文献更具有吸引力的了。

1987 年，我去苏联作短期访问，这是中国西夏研究者第一次踏上寻求黑水城文献的旅途。总共三周的访问时间，除来回

路过莫斯科作短暂逗留外，两周的时间我们都在入藏黑水城出土西夏文献的列宁格勒（今圣彼得堡）东方研究所查阅西夏文献。每天从上班到下班，我都在该所阅览室里如饥似渴地阅览资料。这里用 12 个高大、宽厚的书柜储藏着西夏典籍，共有 8000 多个编号，皆为难得的珍本，其学术价值很高。我手抚千年旧卷，心情激动，难以名状。我白天阅读、抄录资料，晚上在寓所整理笔记，短短十多个工作日，收获丰厚。然而，在那里只能摘录，不能照相、复印，加之时间短暂，所能见到的文献极为有限。我只能带着有限的满足和无限的遗憾离开那里。国内外西夏学者由于手中没有黑水城出土的西夏文文献材料，只能靠俄罗斯学者陆续刊布的一些材料，研究工作受到很大限制。

我有一个强烈的愿望，就是要使俄藏黑水城文献公诸于世，让中国乃至全世界的专家们足不出户，就能直接查阅、研究、利用这些文献。中国社会科学院院领导对藏于苏联的敦煌和黑水城出土文献十分重视。1992年院领导委托我与俄方联系，得到圣彼得堡东方研究所所长彼得罗斯扬、副所长克恰诺夫的联名正式答复，同意与中国社会科学院民族研究所合作，共同整理、出版藏于该所的黑水城出土的西夏文、汉文以及其他民族文字全部文献。我们获得了黑水城出土文献收藏部门圣彼得堡东方研究所的出版授权。1993 年 3 月，我们邀请俄方代表克恰诺夫教授来中国具体洽谈双方合作出版事宜。谈判进行得很顺利，出版物定名为《俄藏黑水城文献》，由上海古籍出版社出版。完成了两国三方协议的正式签署后，很快便根据协议开展工作，当年便由我牵头组团，10 月赴俄罗斯整理、拍摄文献。

根据协议，我先后 4 次率团赴俄进行整理、著录和拍摄工作，每次工作约两三个月（图 17）。我们在整理过程中，参考了俄国几代专家们整理的目录。我们对文献认真阅览、审读，每一件文献都详细登录。登录卡片上列有 40 多个项目，包括编号（原编、别编、新编）、文献名称（民族文字、汉文对译、汉译、所在位置）、著（译）者、时代（原录、推测、辨疑）、文献类别、文献特点（首行、末行、装帧、背面、题记、批校、序、跋、印章）、纸张（纸幅、纸数、纸质、纸色）、刻写特点（墨色、字体、每纸行数、每行字数、版口、版心、栏框）、拍摄要求等。我们的工作紧张有序。

图 17　作者在在圣彼得堡东方研究所阅览室整理西夏文文献

当时圣彼得堡东方研究所是上午 10 时上班，下午 4 时下班，为早日完成这一具有特殊意义又十分繁重的任务，我们向东方研究所要求增加工作时间，改为上午 9 时上班，下午 5 时下班，每天延长两小时工作时间。这样与我们有关的俄方工作人员也只能随我们延长工作时间。为了省时、省钱，我们自己做饭，早晨带午饭上班，工作到 12 点，匆匆吃完午饭，马上又开始工作。由于生活不适应，体力消耗较大，大家体重都下降较多，我轻了十几斤。大家工作很紧张，但都理解我们工作的价值和意义，因此心情都很愉快。

参加此项工作的无论是专业人员，还是编辑、摄影人员，无不为这批珍贵典籍的巨大数量所震撼。我们 4 次工作加在一起的时间差不多有一年，几乎把所能见到的黑水城出土的古籍都经眼、过手一遍。先后拍摄照片数万幅，包括文献约十多万面，计划出版 8 开本大型文献丛书 30 多册。

在整理、编辑俄藏黑水城文献时，有不少新的收获。这些收获包括：发现新的文献、补充新的页面、确定文献题名、断定版本时代、确定文献类别、鉴别书籍版本、缀合散乱页面等。

现在这些为学术界所瞩目的文化瑰宝已陆续公诸于世，流失海外近百年的国宝魂归故土。从 1996 年至今已经出版 8 开本特精装《俄藏黑水城文献》31 册。这批古籍陆续出版后，为西夏学术研究提供了大量崭新的、重要的资料，使过去百年来困扰着学界很难看到出土材料的局面得到彻底改观，为西夏研究开辟了广阔的前景，有力地促进了西夏学及相关学科的发展，是西夏学术界的一件大事。研究人员能研读远隔万里之遥的大量西夏文献，实现了几代人的梦想。俄藏黑水城西夏文献的出版意义重大，创造了流失古籍整体内容回归的一个范例。

当然做这些工作我也有很多具体收获。期间出版了《西夏社会》，后来我又获得国家社会科学基金的课题"西夏经济文书研究"、中国社会科学院重点课题"西夏军事文书研究"，其中《西夏经济文书研究》还入选了国家社会科学基金成果文库。2011年我又作为首席专家申报了国家社会科学基金特别委托项目"西夏文献文物研究"。国家的支持推动了西夏研究，认可了西夏学的进展。

英国国家图书馆所藏为斯坦因1914年在黑水城所得西夏文文献，有4000多个编号，多为残叶。英藏西夏文文献一直没有系统地全面介绍。2001年，我将在俄罗斯得到的部分英藏西夏文文献复印件做了初步翻译和考证，对其中价值较高的世俗文献和佛教文献分别做了介绍（《简介英国藏西夏文献》，《国家图书馆学刊》（西夏研究专号），2002年增刊）。《英藏黑水城文献》2005年由西北第二民族学院（今北方民族大学）与英国国家图书馆合作出版，为西夏研究又增添了一批重要资料，使西夏研究专家们有机会接触、利用这些资料进行西夏历史文化的研究。

近期，将由中国社会科学院西夏文化研究中心与法国吉美国立亚洲艺术博物馆合作，在中国出版西夏文《妙法莲华经三卷》，这是首次公开刊布这部珍贵古籍，使其以原始面貌重光于世，可以说是最早流失海外的一项中国文化遗产魂归故土，使学术界得以真切地看到有七八百年历史、遗失一个多世纪的珍贵古籍（图18）。

图18　作者在法国吉美国立亚洲艺术博物馆考察西夏文《妙法莲华经》

143

《国家珍贵古籍名录》是针对咱们国内藏的古籍。当然数量最大的是汉文的珍贵古籍，但是少数民族古籍也有一定数量。我参与负责少数民族古籍的整理。前四批《国家珍贵古籍名录》共有古籍 11375 种，其中少数民族文字古籍 908 种。第一批少数民族文字古籍 110 种，其中西夏文古籍 19 种；第二批少数民族文字古籍 266 种，其中西夏文古籍 20 种；第三批少数民族文字古籍 246 种，其中西夏文古籍 20 种；第四批少数民族文字古籍 286 种，其中西夏文古籍 6 种。四批中西夏文珍贵古籍共 65 种。甘肃、宁夏、内蒙古等地，以及国家图书馆的藏品基本上都入选《国家珍贵古籍名录》。这些古籍是西夏研究的基础，填补了 11—13 世纪西夏文文献的空白。这是近年在甘肃省华池县新发现的西夏文古籍文献（图 19）。所以，古籍的保护和修复任务非常繁重。《国家珍贵古籍名录》还在持续评选，还会有更多的西夏文古籍入选。

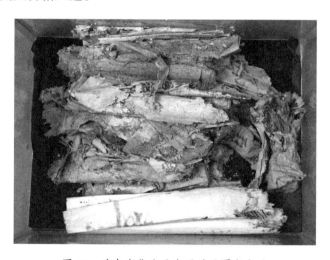

图 19　甘肃省华池县发现的西夏文文献

现在评审的《国家珍贵古籍名录》仅限于藏于国内的古籍，并未包括流失海外的古籍。如果将流失海外的西夏文古籍也包括在内，那么西夏文珍贵古籍的数量就会大量增加，要有数百种、几千卷册，将会改变我国珍贵古籍的格局。

西夏古籍潜力很大，西夏文献陆续出土。近 20 年刊布的新文献数量巨大，共有 8 开本精装书 50 多册，每年都有新文献问世。这些文献内容丰富，涵盖语言、文字、历史、法律、经济、文学、宗教、医学、历法等学科，学术价值极高，多为11—13世纪古籍、宋元时期珍贵版本。

西夏古籍是西夏研究长足发展的主要基础。西夏古籍和文物的刊布、整理及深入研究，使西夏各研究领域出现新进展，西夏逐步被揭开神秘的面纱，多有赖于西夏古籍和文物中丰富内容的利用和发掘。

六、西夏涅槃——西夏文古籍的研究和利用

近代西夏文献的发现大大丰富了西夏历史文化资料。近一个世纪以来，特别是近50年来国内外专家对这些文献的整理和研究，有力地促进了西夏历史文化的深入研究，使原来许多未知未解的问题得以了然，使原来神秘的部分变得明晰。可以说，西夏文典籍的发现和利用，在"重构"西夏历史社会中发挥着主干作用。实际上，刚才我已经谈到这个问题了，有了这些文献以后，才能够去研究它，去恢复西夏的历史。我们中国有整理古籍、保护古籍、研究古籍的传统，所以无论是汉文的古籍，还是包括西夏文古籍在内的少数民族文字古籍，都应该得到很好的保护和研究利用。保护古籍是第一位的，但是研究和利用也是我们的重要目的。西夏的古籍对研究西夏起了很重要的作用。我们现在一说起西夏的历史，西夏的语言文字研究、文化研究、佛教研究、法律研究等，都要借助于西夏古籍。比如刚才我提到的课题——"西夏经济文书研究"，通过对经济文书的研究，我们看到西夏经济和社会很生动的东西，看到了西夏黑水城地区老百姓怎么样生活，农业和牧业是什么样情况，以及土地占有情况，他们怎么春种，怎么浇水，秋天怎么收割，收割完了以后怎么样去交公粮。交公粮的一些具体情况，政府官员怎么收粮、收税，到了第二年春天，有些穷苦人家没有吃的喝的，去借粮、卖地、卖牲畜，有的卖了土地、牲畜还要租牲畜、租地等。此外，还有市场上的一些交易情况。虽然现在我们了解了很具体的内容，部分地恢复了西夏的历史，但是今后我们的任务还很多，应该说任重道远。

典籍与文化 15

我曾经做了《文海研究》，1983 年出版。《文海》就是西夏的韵书，这部书包括了所有的 6000 个字，对每一个字的字音、字形、字义都有解释。这是俄罗斯专家发表以后，我们跟着做的研究工作。我在 1986 年出版了《西夏文化》，1988 年出版了《西夏佛教史略》。1993 年我们集体做了《类林研究》，《类林》这本书是唐代于立政编的，汉文的版本失传了，保存在西夏文献中。西夏的法典《天盛律令》，也是我们翻译的。这是一部比较完整的法典。2000 年我们出版了《中国活字印刷术的发明和早期传播——西夏和回鹘活字印刷术研究》。历史上雕版印刷术、活字印刷术都是中国发明的，后来有人质疑。宋代沈括在《梦溪笔谈》里记录毕昇发明活字印刷术，是很确切的记载，但是有的外国人不太承认，说我们没有实物。但是西夏古籍中有实物，其中又有雕版又有活字印刷实物，活字印刷的实物很多。2007 年我出版了《西夏社会》，也是利用西夏的文献开展社会研究。2013 年我又出版了《西夏文教程》，这是我教学生时候的讲义，现在已经再版，也译成了英文出版，大家如果有意学西夏文，可以看这本书。

　　今天我就给大家介绍到这里，谢谢大家！

孙伯君

女真文碑铭文献及其研究概述

这一讲的题目是《女真文碑铭文献及其研究概述》。主要内容有五个方面：第一，介绍女真文及其性质；第二，介绍存世女真文碑铭文献；第三，介绍女真文文献研究概况；第四，介绍金代女真语及研究方法；第五，以《女真译语》为例，说明女真文文献对汉语北方话研究的价值。

一、女真文及其性质

首先我们介绍一下女真和金朝。女真族是我国北方民族中历史比较悠久的民族之一，先秦称肃慎，汉至晋曰挹娄，元魏称勿吉，隋唐谓之靺鞨，辽代为避兴宗耶律宗真讳而改称女直。女真世代繁衍生息在白山黑水之间。1115 年完颜阿骨打称帝，国号大金，建立了以女真族为主体的王朝，与南宋、西夏形成三足鼎立之势。金朝共历九代十帝，延祚 119 年，1234 年被蒙古所灭。金朝灭亡后，女真族除一部分与汉族、蒙古族等民族融合外，另一部分成为满族的主体。皇太极出于政治上的考虑，于崇祯九年（1636）改称努尔哈赤建立的后金为"大清"，改女真族族名为"满洲"。

女真古无文字，有的时候是刻木记事。辽代时因为受契丹人的统治，使用契丹大、小字和汉字。金朝在相当长的一段时间内一直沿用契丹字，直到金世宗大定年间（1161—1189），女真文才得以广泛应用。存世的契丹小字碑铭有三件刻于金代，其中有一件是《大金皇弟都统经略郎君行记》（图 1）。陕西咸阳的乾陵有武则天的无字碑，实际上无字碑上现在是有字的，《大金皇弟都统经略郎君行记》就刻在无字碑上。这块碑实际上是契丹小字的碑，刻写于金天会十二年（1134）。金朝的时候，一直沿用契丹大、小字，直到金明昌二年（1191）金朝国史院才正式下令罢专写契丹字者。

图 1 《大金皇弟都统经略郎君行记》碑

据史书记载，金朝建立后曾创制了女真大、小两种文字。最详细的记载是在《金史》卷七三《完颜希尹传》："金人初无文字，国势日强，与邻国交好，乃用契丹字。太祖命希尹撰本国字，备制度。希尹乃依仿汉人楷字，因契丹字制度，合本国语，制女直字。天辅三年八月，《字书》成，太祖大悦，命颁行之。赐希尹马一匹、衣一袭。其后熙宗亦制女直字，与希尹所制字俱行用。希尹所撰谓之女真大字，熙宗所撰谓之小字。"女真大字是金太祖命完颜希尹、叶鲁等创制的，于天辅三年（1119）颁行；女真小字是金熙宗创制，于天眷元年（1138）颁行。另外，据《金史》卷五一《选举志》记载："（大定）十六年，命皇家两从以上亲及宰相子，直赴御试。皇家袒免以上亲及执政官之子，直赴会试。至二十年，以徒单镒等教授中外，其学大振。遂定制，今后以策、诗试三场，策用女真大字，诗用小字，程试之期皆依汉进士例。"当时的科举考试，策、诗这样的考试是分着用字的，从这段记载来看，这两种文字在当时都在使用。但是，我们从现存的女真文碑铭和《女真译语》来看，金代女真文并不像契丹大、小字一样是划然有别的两种文

150

字。契丹大字是表意的，契丹小字是表音的。按照契丹大、小字的区别来说，女真大、小字也应该是一个表意的，一个表音的。存世女真文究竟是大字还是小字，两种文字从文字学角度看是表意还是表音，学界一直没有一致的结论。

根据史书的记载，学界也对女真大、小字的性质做过一些研究，比较重要的就是金光平先生《从契丹大小字到女真大小字》一文，他从契丹大小字的性质入手，明确说现存的女真文字是女真大字，并据《金史》卷五一《选举志》的有关记载，结合现存女真文字不适合写诗及契丹小字适合做诗押韵的特点，推测女真小字可能还没有发现，它就像契丹小字一样，是一种音节字母连缀成文的文字。1976 年，金代"国之诚"银牌在俄罗斯滨海地区的赛金古城发现，银牌上文字书写形式与契丹小字相近，每个词语构成一个书写单位，助词和语法形式单独书写，似乎印证了金光平先生的推测，但是这个"国之诚"银牌，因为字比较少，就三组字，所以还不能完全说明问题。20 世纪 80 年代，在山东蓬莱发现了"奥屯良弼诗刻石"。因为这个刻石是一首诗，所以发现以后大家很兴奋，似乎金先生的推测将会得到进一步印证。但是大家看到内容以后就有些失望，因为尽管是诗，但它的文字体系跟契丹小字不同，除了书写形式是以词分写外，文字系统与存世女真文系统毫无二致。所以关于女真大、小字性质，学界又开始重新思考。

目前来看，对于女真文性质的认识可以分为三种观点。第一种观点认为现存女真文是女真大字，持这种观点的学者以金光平、金启孮、乌拉熙春为代表。他们认为世界上没有任何文字属于"纯表意字"的范畴，存世女真文字既包括表音字，又包括表意字，其中表音文字主要用于充当表意文字的词末音节或词缀音节，这种文字形式就是女真大字。而女真小字应该具有与契丹小字类似的特点，即以表音为主，表意为辅。根据乌拉熙春的研究，女真小字的材料很少，仅包括三个符牌，即承德金银符牌、伊春金符牌和德惠银符牌。第二种观点认为现存女真文是女真小字，女真大字应该是纯表意文字，女真小字是在表意文字基础上增加许多表音字而成的意音结合的文字，存世女真文即女真小字。这种观点以道尔吉为代表。第三种观点认为现存女真文是女真大字和小字混杂在一起的文字体系。表意文字是大字，表音文字是小字，所谓熙宗小字实际上是增加了女真字表音成分和词缀的一种文字改革。这种观点以和希格为代表。从学界的观点来看，我比较同意第三种观点。存世的女真文确实是一种表意的大字和表音的小字相结合的文字。我们推测金熙宗并没有创制一种独立的女真小字，而是在女真大字的基础上创制了表音的词缀和语法附加成分。所以，存世的女真文实际上是大字和小字的混合系统，就像日文一样，大字像汉字，小字像假名。

需要说明的是，女真文字系统从金代到明代并不是一成不变的，到《女真译语》编定的时候，它已经在向音节文字转化。首先，有很多记录词干的女真大字已经被表音字所替换，而且这些表音字并不是固定不变的，表意的成分相对减弱，变成了音节文字的形式。第二，很多表意大字经过同音假借也变成了纯音节文字，说明在记录女真语的过程中，表意字还有转化为表音字的这个趋势。我们举个例子，图片中的"*bə"，本来是一个语法成分，是处置格后置词，是一个纯表音字，或许就是金熙宗创制的小字（图2）。本来这个字只是用作词缀后置词，但是后来"墨、恶人"这些词中，它已经变成了记录词根音节的一个形式。所以我们推测，到《女真译语》时代，有些表意字已经变成了纯表音的音节形式。女真文字一开始是一个表意和表音结合的系统，但是到《女真译语》时代，有向音节文字转化的这样一个趋势。我们可以设想一下，建立清朝之前，如果女真人不改用蒙古文，继续使用女真文，且成为清朝的官方文字的话，很有可能女真文就变成了一种音节文字。

(c)**史** bə，处置格后置词，还可用作纯表音字。

女真文	女真语（拟）	汉义
歹灰夐亥史	ʤao-la-mai　weilə- bə	**奏事**
任史导史	ʤisu-ra　ərə- bə	作歹
布史钮厸冄	xəlsə　bə　dondi-lu-sui	闻言
史矢	bə-xə	**墨**
导史仟	əxə-bə nialma	恶人

图 2　女真语 bə 的使用

二、存世女真文碑铭文献

存世女真文碑铭文献相对来说比契丹文碑铭文献略少，因为女真文没有真正地在金朝推行起来。现存女真文资料按照载体可分为三类：碑铭、文献、牌印墨迹等。

（一）女真文碑铭主要有 10 余种

1.《大金得胜陀颂碑》。这是一张远景的照片，现在已经无法这样拍了（图 3）。因为为了保护这块碑，在原地建了一个博物馆。《大金得胜陀颂碑》刻于金大定二十五年（1185），发现于吉林省松原扶余市徐家店乡的石碑崴子。这个地方也是因这块碑而得名。这块碑是一个纪功碑，女真人在金朝建立之前和契丹打了一仗，这场战争起了一个决定性的作用，从此，女真人渡过拉林河，向北方内地挺进，灭了辽，建立了金朝。所以这块碑在金代的历史上是一块非常重要的碑。这块碑还是汉文和女真文合璧碑，碑阴上存女真文 1500 余字，可以说是现存女真文字数最多的一个石刻。因为有汉文对照，所以它的解读相对来说比较容易一些。

图 3　大金得胜陀颂碑

2. 女真进士题名碑，又称"宴台女真国书碑"（图 4）。刻于金哀宗正大元年（1224），距离金朝灭亡就剩十年的时间了。总

153

存1100余女真字。这块碑发现于河南省开封市的曹门外宴台河，曾存于开封市文庙，现存开封市博物馆。相对来说，这块碑保存得比较好，上半部分基本完整，解读得也比较好。从碑额可以看出它的名称是"进士题名碑"，我们根据这张图可以看到女真文的语序，直译过来是"进士的名录刻石"，也就是"进士题名碑"（图5）。

图4　女真进士题名碑

女真文：　进士　　　的　　名　　录　　刻　　石

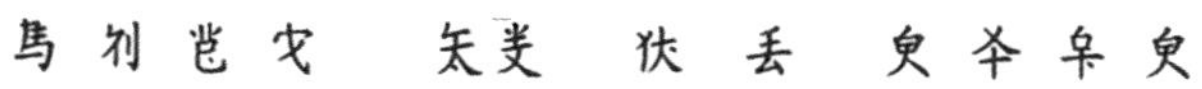

对　译：　进士　　　的　　名　　录　　刻　　石

译　文：进士题名碑

图5　女真进士题名碑对译

3. 奥屯良弼诗碑。这块碑的刻写年代不详，正面刻女真文，上下款各一行楷书，共27字；正文是行书，共11行，100余字。此碑是现存唯一一块行书体的女真文石刻，全碑是一首七言律诗（图6）。

图 6　奥屯良弼诗碑

4. 奥屯良弼饯饮碑，或称"泰和题名残石"。这张拓片是罗振玉的旧藏，现藏国家博物馆（图 7）。碑高 85 厘米，宽 67 厘米。碑心实际上是奥屯良弼的汉文题字，书写于金泰和六年（1206）。左侧有 3 行女真文，总 60 余字，是奥屯良弼的友人卜修洪所书之跋。跋语书写的时间比汉文正文稍晚一些，是在金大安二年（1210）。

5. 庆源郡女真国书碑。1918 年发现于朝鲜咸镜北道庆源郡东原面禾洞佛寺，后移至汉城博物馆。1919 年发行的《朝鲜金石总览》上卷收有此碑拓片（图 8）。这块碑折为两段，仅存下段，所存部分高 194 厘米，宽 58 厘

图 7　奥屯良弼饯饮碑

米。碑身四面刻女真文，无汉字译文，第一面 7 行，200 余字，第二面 4 行，50 余字，全碑存女真文 500 余字。学界对此碑做过解读，大概判断它是修建佛寺的一个功德碑。

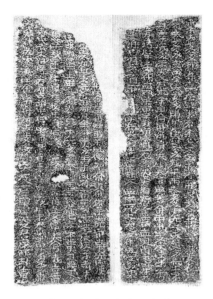

图 8　庆源郡女真国书碑

6.海龙女真国书摩崖。发现于吉林省梅河口市小杨乡庆云堡村北半截山南坡（图9）。现在还在那里，如果大家有机会去梅河口旅游的话，可以去看看这个摩崖。它全部是女真文，没有汉文。金光平、金启孮先生认为它刻于金大定七年（1167）。字面高200厘米，宽110厘米，共8行，99字。

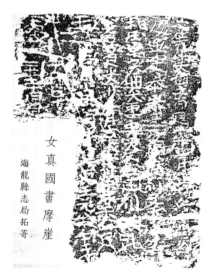

图 9　海龙女真国书摩崖

7. 奴儿干永宁寺碑。原立于黑龙江下游东岸特林，后来被沙皇俄国移至海参崴博物馆，俄语称作符拉迪沃斯特托克博物馆（图 10）。这块碑建于明永乐十一年（1413），高 180 厘米，宽 85 厘米，阳面刻汉文，额题"永宁寺记"。碑阴刻女真文和蒙古文各 15 行，存女真字 700 余，为碑阳汉文的节译。碑两侧还用汉文、蒙古文、女真文、藏文四体刻写了"唵嘛呢叭咪吽"六字真言。这块碑的政治意义要大过它的内容，因为它是明代政府所立，说明这块碑所在的地方当时是属于中国明朝政府的。

图 10　奴儿干永宁寺碑

8. 蒙古国九峰石壁纪功碑。1986 年发现于蒙古国肯特郡巴彦霍特克县的九峰山。现在还在一堆乱石丛中，不太容易找到，得仔细辨别才行。首次报道见于发现者之一苏密亚巴托所著的《元朝秘史》一书。后来日本加藤晋平等学者到蒙古国考古的时候再次发现了这个碑，做了报道，并根据《女真文辞典》对碑文第一、第二行做过解读。这个考古团队里还有一位著名的学者、考古学家白石典之。他在离这块碑大概 20 米的地方又发现了一块汉文碑，汉文碑和女真文碑是同时刻写的，内容也相近，都是记载发生在金章宗时期完颜襄率领的金国军队在斡里札河大胜阻卜的一次重要战役。这块碑的内容和《金史》卷九四《内族襄传》的记载正相合，所以这块碑对于补充或证明这段历史有重要的作用。它刻写的时间是金明昌七年（1196），女真字有140余。这张图是白石典之对这块碑的摹写和解读（图11）。

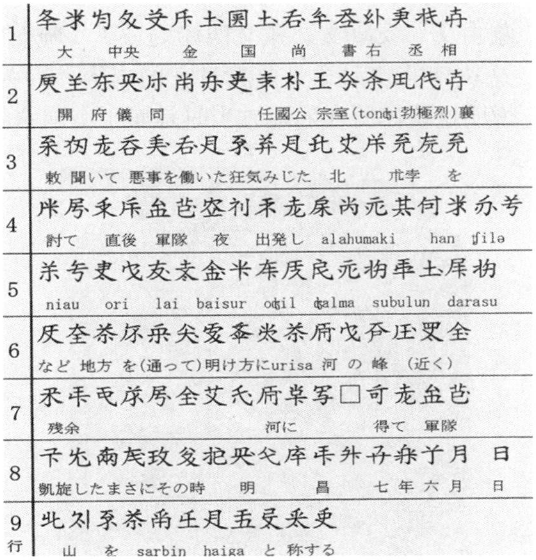

图11　白石典之对蒙古国九峰石壁纪功碑的摹写和解读

9. 神木县花石崖女真文石刻。发现地是在陕西省榆林市神木县南边60公里的花石崖镇的一处崖窟外壁（图12）。旁边还有一面同样大小的汉文题刻。从女真文所述内容看，当与汉文题刻同时刻写。但两方题刻并非互译关系，女真文题刻更像是颁给弥川县丞的一道圣旨。女真文残损严重，但是汉文的题刻比较完整，明确写着刻于金正大五年（1228）。该题刻的发现，意义也比较重大，是国内在西安以北的古代金、夏、蒙边境首次发现的女真文文物，对补充金末女真文的使用以及金元交替时期的历史史实非常有帮助。这块碑直至2015年才为学界所知，当地人虽然知道它的存在，但不知道它是女真文，所以一直也没有见于报道。2015年，陕西省的考古学界在做石窟普查的时候发现了这块碑。

图 12　神木县花石崖女真文石刻

10. 阿尔哈拉河女真文墨书题记。2003 年，俄罗斯阿穆尔国立大学教授安德烈·帕夫洛维奇·扎比亚卡在对阿尔哈拉河流域岩画进行实地考察时，发现了女真文墨书题记，他在 2014 年至 2018 年又进一步对它进行了考察。经与乌拉熙春合作考证，认为这些文字是刻于金天会五年（1127），是迄今为止在阿尔哈拉河沿岸发现的最早的文字样本。它的内容揭示了金帝国时代女真迁徙的历史，以及他们在东亚以及东北亚相邻区域的文化传播的过程（图 13）。

图 13　阿尔哈拉河女真文墨书题记

11. 黑龙江省宁安市出土女真文残碑。这块碑是宁安市附近的一个农民在锄地的时候发现的。本来是一整块碑，被砸掉只剩下一角，作为顶棺材的一块石头。农民在耕地的时候刨出来的。据我们研究，碑左侧两行写的内容是"四月朔戊申七于"，也就是四月初七，这个日子可能是墓主人下葬的日期。金代四月初七为戊申日的只有两年，一是金天会三年（1125），二是金明昌三年（1192）。我们推测这个碑可能是金明昌三年的一块碑。最后三个字可以解读成"爱因失里"，可能是立碑人的名字（图14）。

图 14　黑龙江省宁安市出土女真文残碑拓片

12. 呼和浩特市武川县西乌兰不浪镇磁窑村金界壕磁窑边堡新发现女真文钵底。这件文物是最近发现的，不止一个，好几个钵底都写着同样的女真字。这个女真文是"祥瑞"的意思，读音是"撒必"（图15）。女真文钵底的发现实际上确认了这个金界壕磁窑边堡是金代的遗存，它的考古学价值可能比它的文字价值更高一些。去年我写了一篇文章，对它发现的时间以及它的价值等问题做了一点说明。

图 15 女真文钵底

13. 白塔女真文题记。大家如果去呼和浩特路过机场的话，会看到附近有座白塔，这座白塔又叫万部华严经塔，它的内部有六行女真文题记，但不是特别清楚。如果大家去参观这座白塔，可以留意一下这个题记。

14. "国之诚"银牌。1976年发现于俄罗斯滨海地区的赛金古城，女真文汉义为"国之诚"。第一个字，是御押。按照《女真译语》的记音，第一组字表示"国"，读音是"国伦"，第二组字表示"的"，读音是"你"，第三组字表示"诚"，读音是"哈达温"。所以这个银牌"国之诚"，读作"国伦 你 哈达温"。

（二）女真文的文献

女真文的文献非常少，概括起来就三种。一是《女真译语》，二是西安碑林发现的女真文残页，三是圣彼得堡藏女真文草书残页。

1.《女真译语》

《女真译语》是存世的唯一一本女真文辞典，上述碑铭能够解读仰赖的就是这个辞典。《女真译语》对研究女真碑铭、女真语都很重要，非常珍贵。明清两代中央政府均设有联络或者接待外国和少数民族的专门机构，明代称作"四夷馆"和"会同馆"，"四夷馆"用来翻译往来的文书，"会同馆"接待使臣。这两个机构都需要掌握外语或少数民族地区的语言文字。出于日常翻译参考、培养生员和对外交往的需要，两馆曾经编写过一批汉语和外语及民族语对译的辞典。"四夷馆"因为翻译表文，所以编定的字书一般都有民族文字。而"会同馆"因为是口译，不需要掌握文字，所以编定的《译语》一般没有民族文字。这两个馆在清代合称作"四译馆"。学界把明清时期编订的这批辞典和上贡的表文，总称作"华夷译语"。

"华夷译语"系列资料存世较多，总分为甲、乙、丙、丁四种。甲种本是明洪武二十二年（1389）火源洁等编定的汉语和蒙古语对译本《华夷译语》。所以，"华夷译语"有狭义和广义两个概念，狭义的概念就是指甲种本汉语和蒙古语对译本《华夷译语》。乙种本是明永乐五年（1407）开设鞑靼、女真、西番、西天、回回、百夷、高昌、缅甸八馆所译的译语。存世有多种，如记录蒙古语的《鞑靼译语》、记录回鹘语的《高昌译语》、记录女真语的《女真译语》即属此种。《女真译语》因为是明代永乐年间编的，所以有时候我们也叫它《永乐译语》，分"杂字"和"来文"两部分。"杂字"为女真语和汉语对译词汇集，每个词包括汉字对音、女真文和汉义三部分。"来文"则是移录当时进贡的表文。这部《女真译语》，国家图书馆也有收藏（图16）。学界对《女真译语》的研究比较多，我就不再详细介绍。丙种本是明会同馆编纂的，记录女真语的《女真译语》属此种，我们一般称作《会同馆女真译语》。清代的四译馆编纂的各种译语一般被称为丁种本。丁种本尽管存世的也很多，但是没有了《女真译语》，都是其他语言的，如藏语、嘉绒语等，甚至还有西洋馆的弗剌安西雅话（法语）、拉氏诺话（拉丁语）等译语。

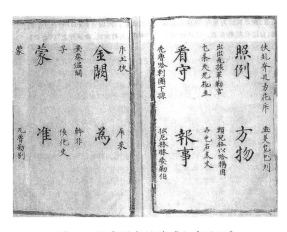

图 16　国家图书馆藏《女真译语》

现存全部"华夷译语"有 80 余种，其中涉及中国境内少数民族语言的有 50 余种。这些文献可以认为是明清两代编纂的"语言简志"或"双语字典"。可以根据明代编纂的"译语"中的民族文字和对音汉字，通过总结其中的对音规律，系统研究明代北方汉语音系。

2. 西安碑林女真文字书残页

1973 年，陕西省文管会、博物馆在西安碑林《石台孝经》碑的卯眼内发现、整理得 11 件残页，大片高 21 厘米，宽 45 厘米，其中 4 页两面书写，7 页单面书写。11 页共有女真字 237 行，约 2300 字。刘最长、朱捷元曾以《西安碑林发现女真文书、南宋拓全幅集王〈圣教序〉及版画》（《文物》1979 年第 5 期）为题做过报道。金启孮《陕西碑林发现的女真字文书》（《内蒙古大学学报（哲学社会科学版）》1979 年第 1 期）根据其内容颇似汉字启蒙读物，推测为金代《女真字书》的抄写习作。它与《女真译语》有些不同，保留的女真大字表意的成分更多一些。

3. 圣彼得堡藏女真文草书残页

圣彼得堡藏女真文草书残页整理得三页，1968 年西夏学者克恰诺夫在翻检俄罗斯科学院东方文献研究所收藏的西夏文手抄本的时候发现的。克恰诺夫当时在报道的时候，共报道了两页，第一页编号是 3775-1，第二页编号是 3775-2。3775-1 共有六行半，3775-2 共有五行半。它的背面出现了西夏神宗的年号光定七年（1217）七月十六日。正面书写的时间应该早于背面。后来克恰诺夫在这张残页中发现了"和"字。有"和"字的金代年号只有"泰和"，后边还有"七年"字样，所以这个文书可能书于金泰和七年（1207）。经过我们解读，这后边还有金大安三年（1211）的年号，我们推测书写的历史时间可能发生在泰和七年和大安三年之间。从它的内容看，似乎是记载这一期间发生的一些历史事件。我要感谢史金波先生把这些照片转赠给我（图 17）。

图 17　圣彼得堡藏女真文草书残页

　　另外，明代王世贞的《弇州山人四部稿》正稿和明万历年间方于鲁的《方氏墨谱》里边载录了一个有女真文的墨锭。女真文共有两行 14 个字，是"明王慎德四夷咸宾"八个汉字的女真文译文。它的书写形式也很有意思，有点像"国之诚"银牌。

三、女真文文献研究概况

　　女真文文献研究的发端始于 19 世纪初。1829 年刘师陆写过一篇《女直字碑考》，首次对"宴台女真进士题名碑"进行研究。但比较可惜的是他把碑上的女真文误推作女真小字，1833 年又撰《女直字碑续考》，由《女真进士题名碑》为女真小字，推认乾陵无字碑上为契丹小字的《大金皇弟都统经略郎君行记》为女真大字。刘师陆的研究尽管可以说是对这两块碑的误判，但是他对女真文首先关注并研究的历史作用是不可磨灭的。

　　国外的女真语文研究始于英国人伟烈（A.Wylie）。他写过一部《古代女真文石刻》，尽管他说是古代女真文石刻，却出于误会，把居庸关石刻中的西夏文误认成了女真文。所以严格意义上，他的研究不是对女真文的真正研究。但是，他的研究引起了国外学者对女真文的关注，这是他的价值所在。

　　女真文献研究的真正开拓者是德国的葛鲁贝（Wilhelm Grube）。他于 1896 年出版了一部书，叫《女真语言文字考》，对柏林所藏的《女真译语》率先做了分类、考订和标音，让西方学界真正认识到女真文及《女真译语》对于女真语研究的价值。葛鲁贝的贡献是非常大的。

20 世纪初，国内女真文研究的代表人物是罗福成。他从 20 年代开始搜集女真文碑铭文献并发表了考释和研究文章。他的研究内容非常丰富，我们罗列了一些文章，比方说《宴台金源国书碑考》《宴台金源国书碑释文》《女真国书碑考释》《女真国书碑跋尾》《女真国书碑摩崖》，还有《奴儿干永宁寺碑补考》《明奴儿干永宁寺碑女真国书图解》等等。他比较重要的贡献是从德国辑录了《女真译语正·续编》，正编全录柏林本《女真译语》"杂字"，续编搜录"来文"79 通，为研究《女真译语》提供了非常精审的本子。实际上，国内很长一段时间研究女真文都是根据罗先生这个精抄的《女真译语》。

另外，20 世纪初比较重要的女真文研究的代表人物还有王静如。他曾经对"宴台女真进士题名碑"做了考释，获得了学术界非常高的赞誉。

日本研究女真文比较重要的人物是田村实造。他是研究金史和辽史比较著名的学者，写过《大金得胜陀颂碑之研究》。学界把他的释读和王静如对"宴台女真进士题名碑"的释读称为"女真译文之双璧"。

国外这一时期比较重要的研究者还有匈牙利的李盖提（Louis Ligeti）。他曾经写过《简论女真小字的解读》，在葛鲁贝的基础上，提出了女真文解读的方法和原则。直到现在仍对我们研究女真文具有指导意义。

韩国比较著名的学者是李基文。他于 1958 年发表《中古女真语的音韵学研究》，利用历史比较法拟定了《女真译语》辅音和元音系统，对《女真译语》译音汉字进行音韵分析，确定了代表音值。他的这篇文章黄有福先生有翻译，如果大家看不懂韩文的话可以看翻译文本。

20 世纪 80 年代，女真语言文字研究在国内取得长足进展是以金光平、金启孮《女真语言文字研究》的问世和金启孮《女真文辞典》的出版为标志的。《女真语言文字研究》不仅总结了前期有关女真文资料的研究成果，还充分利用这些资料对女真语语音、语法和文字的构成做了翔实的分析，堪称是一部关于女真语文研究的扛鼎之作。《女真文辞典》则以辞典形式，汇集了《女真译语》及碑铭所涉及的女真文字和词汇，每一字除了详尽地注明出处外，还分析了字形、字源，极大地方便了女真文献研究。

这一时期在日本也比较侧重通过研究《女真译语》解构女真语言文字，最有代表性的论文是美籍日本学者清濑义三郎则府写的《女真音的构拟》。此文选择明代徐孝所著的《重订司马温公等韵图经》作为汉字的语音基础，构拟明代女真语的音韵体系，然后根据历史语言学方法，对金代女真语音进行推定。后来清濑义三郎则府在他的论文基础上又出了一部书，叫《女真语言文字研究》，对永乐《女真译语》进行了全面研究。

女真语研究在 20 世纪 80 年代后逐渐走向深入。道尔吉、和希格《〈女真译语〉研究》在前人的基础上系统而全面地研究了《女真译语》的"杂字""来文"，根据《女真译语》对音汉字归纳了明代女真语的语音系统，使人们基本清楚了女真语的语言面貌，代表了 20 世纪 80 年代女真语研究的前沿水平。

另外，我们还要提到这一时期比较重要的女真语文研究者康丹先生（Daniel Kane），他可以说是西方了解女真语文研究的一个窗口。他是澳大利亚人，汉语非常棒。他有关契丹文和女真文研究的著作非常多，也致力于向西方学界介绍这些文献及其研究。他著有《明会同馆〈女真译语〉研究》，这部书对明会同馆《女真译语》做了全面系统的研究，同时，他还对女真文文献及相关的研究做了全面的介绍，可以说这部书是 20 世纪 80 年代末国外女真文研究的一部非常难得的力作。他于 2021 年去世，是女真语文研究的重大损失。

四、金代女真语及其研究

金代除了留下一些碑铭之外，并没有留下字典。据史书记载，当时可能编定了一些译语类的字典，但是都没有留下来，所以研究金代的女真语我们只能通过存世的这些碑铭，以及《女真译语》来研究。具体的研究，实际上是从女真语语言性质的确定开始的。女真语属于阿尔泰语系满—通古斯语族古代语言，是满语的祖语。清代学者早就给它定性了。他们早期开始用满语来校订考证金代女真语，对史籍中记载的女真语人名、姓氏、地名及部落名所蕴含的词义参证满语做了考证。乾隆年间编定了几部书，包括乾隆三十九年（1774）的《日下旧闻考》、乾隆四十二年（1777）阿桂撰作的《满洲源流考》、乾隆四十七年（1782）编订的《钦定辽金元三史国语解》中的《金史·国语解》等，尤其是《金史·国语解》广泛搜集了《金史》中用汉字标音的人名、地名这些专有名词。校定的时候，就是用当时的满语来考证它的音，推求词义。所以，有关女真语和满语之间的关系、女真语的性质，从清代开始到现在一直是没有什么疑义的。

对于资料缺乏的金代女真语来说，研究方法就非常重要了。概括起来，我们说有三种方法：第一种，语音逆推法，以道尔吉、和希格的《〈女真译语〉研究》和清濑义三郎则府的《女真音的构拟》为代表；第二种，音位拟定法，以李基文的《中古女真语的音韵学研究》为代表；第三种，音韵分析法，我本人写的《金代女真语》就是运用这种方法。

首先，我介绍一下语音逆推法。语音逆推法主要是根据《女真译语》来推定金代女真语。先是分析明代《女真译语》语料，通过对它的注音汉字进行音值的复原和构拟，参证满语语音规律，从而拟定明代女真语音的元音和辅音系统。之后，再去分析《金史·国语解》所收的金代女真词汇的对应汉字，与明代的女真语进行比较，逆推金代女真语的语音系统。

第二，音位拟定法。这个方法也分为两个步骤，首先，根据与阿尔泰语系其他古代语言及满—通古斯语族现代语言的比较研究，设定明代及古代女真语的音位体系，然后依据对《女真译语》等明代文献资料和《金史·国语解》的对音汉字所做的语音分析，逐一检验拟订，包括辅音和元音系统，从而得出明代乃至金代女真语的语音规律。如《金史》"谋克之副"义"蒲里衍"，与满语 feniyen 相当，"蒲里衍"又对译为"拂涅"，赫哲语"辅助"义为 bolaci，说明金代女真语已经有 *p->f- 演化的迹象。由此可推知，女真语 *p->f- 的规模性演化应该是在元代或元代以后。还有一些规律，如中古女真语与近代女真语的区分可以 *ti>*či、*di>*ji 的演变为标志，这种演化明代女真语尚未发生，李基文认为满语 *ti>či 的演化发生在中古女真语之后，满语书面语产生之前，即 16 世纪前后。道尔吉在考察了《大金喇嘛法师宝记》碑文之后，认为在清初的满语里已经发生 *di>ji 的演变，但是在金代女真语里还没有发生这种演化。

第三，音韵分析法。音韵分析法和前两种不一样的地方是从金代的女真文献入手的。首先，搜集《金史·国语解》以及各种宋元史籍中记载的女真语词语；然后，再搜集《金史》及宋元其他史籍中用汉字译音的女真人名和地名，把它们作为一个语料；第三步，对搜集的这些语料进行会注，利用《金史·国语解》以及宋、金、元的历代笔记，明代包括《女真译语》在内的语言文献资料，以及清代关于女真词汇的源流考证等史料加以会注，会注之后建立一个大的金代女真语的词表；第四步，对所选的这些词语全部的对应汉字做音韵分析。声母按照发音部位归类，韵母按其等呼，拟音主要参照元代周德清的《中原音韵》，同时参考《蒙古字韵》《元朝秘史》等书进行语音调整，归纳出汉语译音字和金代女真语的对应规律，并在此基础上得出金代女真语语音的辅音与元音系统，以及音节搭配规律等等。

五、《女真译语》对汉语北方话研究的价值

存世女真文文献除了对金代女真语或者说明代女真语，甚至满语的历史演化有用之外，对研究北方汉语也有很大的价值。因为很多文献或者是合璧的，或者是有汉字对音的。《女真译语》的体例就是这样，一组字分三行，最右一行是女真文，中间的是汉译，最左侧是用汉字对女真文读音的标注。这一组里既有对女真文词义的解释，又有对女真文读音的记载。反过来我们通过女真文的读音，也可以知道最左侧的记音汉字的读音。辽金时期是北方汉语发展最快的一个时期，也就是说从《切韵》到《中原音韵》这两部韵书的中间，语音变化非常快，可汉语的资料比较少，少数民族语言尤其是北方契丹文和女真文这些资料，可以佐证以北京话为主体的北方话的一些发展规律。

我们举几个例子。这张图片中"都堂"这三个女真字译作"都塔安"，都塔安就是"都堂"的译音（图 18）。它是一个汉语

借词，我们现在读成"堂"，为什么女真人读成"塔安"？"塔安"就是"*tan"。下边的御史、都督，都是汉语借词，似乎跟汉语完全一样。"总兵"对音汉字作"素温必因"；"厅"对音汉字作"替因"；"侍郎"对音汉字作"侍刺安"；"都统"对音汉字作"都塔安"。这两组词有一个共同的规律，就是把汉语 ang 和 ing 读成了 an 和 in。用鼻音韵尾 -n 对 -ŋ，后鼻音读成了前鼻音。还有"总兵"的"总"，读成了"素温"，汉语 ts-、tsh-，均读作 s-，这是一个规律。另外，我们再看这一组，"玛瑙"，对音的时候"瑙"对成了"纳敖"，"学"对成"下敖"，如果按下敖这样对的话就是 xiao 了。东北人现在还说"学（xiao）习"。这个"xiao"，它的读法和我们现在普通话的读法不一样，和《切韵》的音也不太一样。

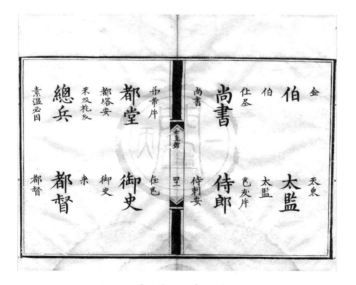

图 18 《女真译语》对音示例

总结起来，我们在《女真译语》里得到如下规律：第一，汉语的宕摄、梗摄、通摄字的韵尾 -ŋ，女真人用 -n 来替代。这一规律实际上不是汉语的演化，是女真人的一个变读，女真语里的音节可能不像汉语的 ang、ing 等那么丰富，所以用前鼻音 -n 来替代 -ŋ。第二，"学"注音汉字是"下敖"，"敖"是"效"摄字，我们可以推出汉语的江摄入声韵尾 -k 用元音 -u 来替代。在契丹小字的一些碑铭文献里也有这样的规律。第三，擦音 s- 替代汉语塞音 ts- 和 tsh-。"总兵"，注音汉字"素温必因"，其中精母字"总"的声母用心母字"素"对音；精母字"子"用心母字"撒"对音。同时，该女真文既用于表示汉语精母字"子"（瓦子）、从母字"皂"的声母，又可用于为"都司"的"司"标音。据此，可知中古女真语齿音只有 s-。第四，汉语的双元音 au、ui、ai 等借词，《女真译语》用两个汉字注音，同时用两个女真字表示。如骡子读成"老撒"，女真人读汉语的复元音有时会发生语音易位的情况。

刚才我们讲的第一个规律，在辽代的一些诗文用韵里也可以得到佐证。辽寿昌四年（1098）沙门方偶撰写的《易州兴国寺太子诞圣邑碑》："清净法界，无视无听。应根示现，有形有声。欲酬宿愿，拟利含灵。历阎浮界，居迦毗城。金团选处，净饭所生。九龙沐体，七步莲英。箭堕箭井，象没象坑。足履四门，目视三屯。私离万乘，逾城五更。苦行六年，克果三身。根应万类，教设五乘。化缘将息，跋水归真。"这首诗里"听、声、城、英、它、屯"，和"真"同时押韵，就证明它是把后鼻音 -ŋ 和前鼻音 -n 读混了，说明辽金时代，契丹人、女真人对汉语的读法是有一致性的。另外，刚才说"学"的读法，在契丹小字碑铭里也有体现，就是入声音节 -k 尾，变成了同部位的元音。《辽史·国语解》记载"挞领"作"挞林"，并释曰："挞林，官名。后二室韦部改为仆射，又名司空。"可知辽代北方话"领""林"不分。又据宋余靖《武溪集·契丹官仪》记载："其东北则有挞领相公，掌黑水等边事。"原注："胡人呼'挞'字如'吞'字，入声，'领'音近'廪'。"可知契丹人可能把北方汉语的 -ŋ 与 -m 韵尾弄混了。

汉字的八思巴文和契丹小字标音显示，北方官话的语音特征在辽代汉语中已然确立，带 -k 入声音节复元音化，-k 读作 -u，如为宕摄入声字"略""药"标音的契丹小字韵母均有**芳又**，而这两个原字同为效摄字"尧""赵""少"的韵母标音。《女真译语》"宫室门"之"学"，注音汉字作"下敖"，"学"（匣母江摄二等入声字），中古时韵尾作 -k，"敖"是"效"摄字，韵尾作 -u，"学"读作"下敖"，说明汉字"学"的韵尾 -k 在口语中读作了 -u。

近代北京话入声字的这些变化，实际上是受了阿尔泰语

170

口语的语音系统的影响。阿尔泰人包括契丹人、女真人读入声字，-k、-t 韵尾不够丰富，于是把塞音结尾的这些入声字都读成了元音结尾。所以说《女真译语》可以帮助我们认识北京话的语音变化。这些入声字的变化，并不是一种演化，而是受了契丹人、女真人说汉语时发生语音变读的影响。如在河北和辽宁一带姓岳的，还说是姓 yao 的，入声字的这些白读音即是辽金变读音的遗存。这些白读后来影响了通语的读音，在北京话里沉积下来，形成了现在的面貌。

　　辽朝《重修白带山云居寺碑》押韵字有"哀、才、灰、开、回、月、哉、来"，《耶律庆嗣墓志》押韵字有"阀、大"，"月"和"阀"两个山摄入声字与蟹摄一二等字相押，其读音应该是变读作 -ai，说明带 -t 入声音节在辽代北方汉语中复元音化了，即 -t 读作 -i。此外，"德""国"等带 -k 尾德韵入声字也有复元音化读作 -i 的情况。这些变化是从辽金时期就开始了的变化。所以，《女真译语》如果结合着金代的碑铭文献还有契丹的这些资料综合来看的话，可以对我们研究北方话的一些语音变化提供资料。

叶尔达

蒙古族古代文字及其文献概览

　　叶尔达，中央民族大学中国少数民族语言文学学院教授、博士生导师。中国人民大学国学院卫拉特学·托忒学研究中心主任，中国蒙古史学会副会长。内蒙古师范大学蒙古学学院国际蒙古文文献研究中心主任。主要从事蒙古文文献研究工作。出版的专著有《准噶尔的文字世界：伊犁河流域所藏托忒文文献研究》等5部。作为主编出版的大型丛书有《伊犁河流域厄鲁特人民间所藏托忒文文献汇集》（1–50卷）、《"一带一路"沿线国家蒙古文文献研究》、《海外所藏蒙古文古籍影印汇集》、《中国馆藏托忒文文献汇集》等。在国内外学术刊物上公开发表论文数十篇。多次完成省部级以上及国际合作项目。在研的项目有2018年度国家社会科学基金重大项目"伊犁河流域厄鲁特人民间所藏托忒文文献搜集整理与研究"。

今天我们讲的是《蒙古族古代文字及其文献概览》。历史上，蒙古族使用过的文字较多，如回鹘式蒙古文、八思巴文、阿里嘎里文、托忒文等。不仅仅是蒙古族，我国历史上的北方游牧民族对文字改革的例子很多，其中也有很多共同点值得我们研究，如维吾尔族、契丹族、满族、哈萨克族等。北方民族历史上曾使用多种文字，这也是他们的一个共同特点。

蒙古族何时开始有了自己的文字？学界争论不休，目前还没有定论。蒙古族使用过的文字符号在其创制方面具有两大特点。其一，在古代，蒙古族基本上采纳和借鉴了阿尔泰语系民族与汉藏语系民族使用的文字符号，在此基础上创制了自己的文字，即我国最大的两大语系均与蒙古族的文字有紧密的关系。其二，蒙古族除了借鉴和采纳上述兄弟民族的文字符号之外，还不断对现有的蒙古文文字符号进行完善。这也是蒙古族古代文字史上的重要特点。下面从两个大的方面逐一介绍蒙古族使用过的古代文字及其相关文献，一是阿尔泰语系民族与蒙古族文字，二是汉藏语系民族与蒙古族文字。

一、阿尔泰语系民族与蒙古族文字

由于蒙古语属于阿尔泰语系，所以历史上阿尔泰语系对蒙古文字的影响很大。阿尔泰语系民族横跨欧亚两洲。作为同一个语系，阿尔泰语系民族语言对蒙古族文字的产生起到过深远的影响。因为其影响，蒙古族文字在历史上出现了回鹘式蒙古文、阿里嘎里文、托忒文、瓦根达尔文等。这些文字主要源于古代的回鹘文，所以古代的回鹘文对蒙古族的文字产生了很大的影响。

1. 回鹘式蒙古文

该文字是蒙古族根据古代回鹘文所创制的。那么蒙古族何时创制了回鹘式蒙古文？学界仍有争议。有人说 8 世纪已经创制了回鹘式蒙古文，但是目前我们发现的文献主要是 13 世纪之后的，之前的回鹘式蒙古文文献还没有发现。那为什么有人说是 8 世纪呢？因为国际语言学界有一个理论，成熟的书面语一般需要 200 年的历史来发展。目前发现的《蒙古秘史》、"成吉思汗石"都是利用成熟的回鹘式蒙古文书写的，所以学者认为应该是 8 世纪创制的。还有一个说法是 1204 年，这个说法出自《元史》的记载。1204 年，蒙古部落打败乃蛮部落的时候，抓住了一个叫塔塔统阿的人，让他给成吉思汗的黄金家族教授文字。所以很多学者也认为 1204 年是回鹘式蒙古文的开端。目前，国际蒙古学界对此还没有一个统一的、权威的认识。

比起埃及的象形文字以及我国的汉字等，蒙古人的文字产生时间是较晚的。回鹘文来自古代中亚的粟特文，粟特文又是从阿拉米字母演变而来，故回鹘式蒙古文的源头不只局限于阿尔泰语系民族，甚至还关系到西亚文明。这里我们就不展开讨论了。

回鹘式蒙古文有 5 个元音字母，14 个辅音字母，是一种字母文字即拼音文字。分词首、词中、词末 3 种变体。拼写时一般以词为单位，上下连书。字序从上到下，行序从左到右。这也与古代粟特文和回鹘文的书写传统有关系，所以这三种文字看起来就很相似。如果不懂文字的话，刚开始看就分不清到底是粟特文，还是回鹘文，还是回鹘式蒙古文。

在蒙古族的历史上，回鹘式蒙古文是蒙古族使用过的文字当中历史最为悠久的，从 13 世纪至今一直用回鹘式蒙古文，所以也是遗留下来文献数量最多的文字。目前在我国境内生活的蒙古族主要是使用回鹘式蒙古文，尤其是在内蒙古、青海、甘肃、东三省。90 年代开始，新疆的蒙古族也逐渐开始使用回鹘式蒙古文。回鹘式蒙古文文献内容极其丰富，有语言、文学、历史、法律、天文历法、哲学、医学等等。下面将对回鹘式蒙古文主要文献进行简单介绍。

（1）13—14 世纪回鹘式蒙古文文献

我们现在发现的最早的回鹘式蒙古文文献就是 13 世纪的。现在介绍一下 13—14 世纪的回鹘式蒙古文文献，这一时期的回鹘式蒙古文文献颇丰，有碑文、文书、牌符、钱币，以及各类书籍等。

图 1 是发现最早的回鹘式蒙古文文献，我们把它称作"成吉思汗石"，又称"移相哥勒石"。为什么称作"成吉思汗石"？因为碑文第一行的人名就是成吉思汗，所以国际蒙古学界就把它称作"成吉思汗石"。但是这个碑的主要内容跟成吉思汗是没有关系的，记载的是移相哥。成吉思汗的弟弟合撒儿箭术很有名，成吉思汗建立蒙古帝国的时候，他的弟弟合撒儿的功劳是非常大的。移相哥就是合撒儿的儿子，跟他的父亲一样，他的箭术也很厉害。在成吉思汗征服花剌子模回来的路上，为庆祝胜利就举行了那达慕，在这次大会上，移相哥射箭射 335 步之远。现在有人换算出来，有 500 多米。为了纪念移相哥的神力，就立了这个碑。但是现在国际蒙古学界还对立碑的时间有争议，因为碑上没有记载具体的时间。成吉思汗征服花剌子模的战争是 1224—1225 年，所以国际蒙古学界认为此碑大概立于这个时间。但是也有学者说发现这个碑的地方没有这样的石头，在几百公里以外的地方才有这样的石材，所以认为此碑不一定是在

1224—1225 年所立。这个碑中间是断裂的，是一个农民在开垦的时候发现了这块碑，用拖拉机拖的时候给弄断了。此碑现藏俄罗斯的圣彼得堡。

13 世纪时期还有很多碑，比如"少林寺蒙汉合璧圣旨碑"（图 2）。这上面有回鹘式蒙古文、八思巴蒙古文，还有汉文。这上面的回鹘式蒙古文是蒙古帝国的最后一个汗——蒙哥汗的圣旨，还有忽必烈汗的八思巴文圣旨，以及汉文的翻译，所以是蒙汉合璧，也是三种文字合璧的圣旨碑。1992 年我们才知道少林寺有这个珍贵的碑文，是日本学者发现的。

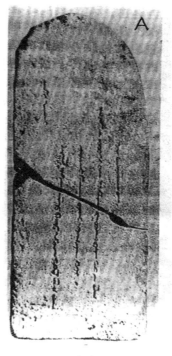

图 1 成吉思汗石

177

图 2   少林寺蒙汉合璧圣旨碑

图 3 是 13—14 世纪的牌符，一面是回鹘式蒙古文，一面是汉文。图 4 是伊尔汗国的金币，伊尔汗国是当时蒙古四大汗国中的一个，也是处在最西边的汗国。此金币一面是阿拉伯文，一面是回鹘式蒙古文。图 5 是伊尔汗国银币，也是一面是阿拉伯文，一面是回鹘式蒙古文。伊儿汗国的金币、银币上海博物馆收藏的比较多。

图 3   牌符

178

图 4　伊尔汗国金币

图 5　伊尔汗国银币

自 19 世纪开始，经过考古挖掘，发现了不少 13—14 世纪的回鹘式蒙古文文献。比如刚才介绍的"成吉思汗石"，正是 1818 年俄国人发现的。还有很多在吐鲁番出土的回鹘式蒙古文文献，也是比较珍贵的。1902—1914 年，德国考察队受柏林民族学博物馆委托，由阿尔伯特·格伦威德尔与阿尔伯特·冯·勒柯克率领的四次以吐鲁番和库车地区为中心的考察，发现了不少珍贵的古籍，其中不仅有蒙古文，还有汉文、梵文、藏文、波斯文等其他文种的文献，震惊了世界，现在大部分都收藏在柏林图书馆。元代蒙古文文献流传下来的数量少，可以说，吐鲁番出土回鹘式蒙古文文献是元代蒙古文文献最重要的发现之一。

图 6 是 1312 年北京白塔寺木刻版古籍，也是在吐鲁番发现的。这部古籍的前半部分丢失了，这是后半部分，是目前发现的最早的回鹘式蒙古文木刻文本。当时刊刻了 1000 部，数量不少。白塔寺就是现在北京阜成门的妙应寺，在元代时是木刻的重要基地。图 7 是在吐鲁番发现的《大黑神颂赞》，是一首诗歌。

这个很有趣，这首诗歌是用四行韵头的形式写的。以前传统的13、14 世纪的蒙古文的诗歌不是四行韵头的，四行韵头的形式是通过佛教在蒙古地区的传播带来的。四行韵头的蒙古文诗歌对蒙古文诗歌影响深远，一直到现在，还有很多人用四行韵头写诗。目前发现最早的四行韵头的蒙古文诗歌就是《大黑神颂赞》。

图 6　1312 年北京白塔寺木刻版古籍

图 7　《大黑神颂赞》

13—14 世纪，有一种重要的回鹘式蒙古文文献——《金帐汗国桦皮书》。这也是一个重大发现，在回鹘式蒙古文的历史上占据重要地位（图 8）。《金帐汗国桦皮书》是 20 世纪 30 年代在苏联的伏尔加河流域发现的，是目前发现的最早的蒙古文桦皮书文献，也是最古老的桦皮书文献。它的内容是一对母子的对唱，儿子要当兵参战，母亲祝愿儿子平安回来。当时，一位农民在挖菜窖时挖出坟墓，在其中发现 25 叶桦皮书文献，有回鹘式蒙古文、八思巴文和回鹘文，还发现了砚台、骨笔等。由于伏尔加河流域是蒙古四大汗国之一——金帐汗国的故里，故国际蒙古学界命名为《金帐汗国桦皮书》。关于此书的成书年代，学界一致认为这是 13 世纪末或 14 世纪初期的文献。为什么定在这个时期? 这上面其实也没有记载年代，但是这上面有八思巴文。八思巴文是 1269 年创制的，所以学者认为《金帐汗国桦皮书》是 13 世纪末或 14 世纪初期的文献。桦树皮也是蒙古文文献中独特的一种载体。比如南方民族傣族，他们在树叶上写字，北方的树叶也可以写字，但是无法保存。因此北方的一些民族是在桦树皮上写文字，这在人类书籍文明史上也是一个很有特点的文化。蒙古高原生长的桦树比较特殊，很多地方的树，一剥皮就进虫子或者死了，但是桦树剥皮以后树皮会重新长出来。所以蒙古族在纸张缺乏的时候，就用桦树皮作载体，在上面写字。桦树有三四层皮，最软的一层皮上可以写字，在桦树皮上无论是什么样的笔都可以写。

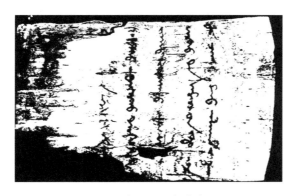

图 8　金帐汗国桦皮书

　　13—14 世纪的文献，我们还有一个重大发现，内蒙古自治区额济纳旗黑水城出土的元代蒙古文献也比较多。黑水城是古代西夏国的古城，是 1227 年成吉思汗打败西夏国以后留下来的。图 9 是黑水城遗址的照片，外面全是沙漠。1908—1926 年，科兹洛夫率领俄国皇家蒙古—四川地理考察队在西夏古城黑水城进行三次考察，不仅收集到难以计数的原始文献，还挖掘出诸多文物，并运回俄国。据说，还有很多未能运回的东西，埋在黑水城附近。其中，举世闻名的是 8000 余种西夏文刊本和抄本，所以目前俄罗斯收藏的西夏文文献在全世界是最丰富的。西夏学也是因为他的考察而开始的，已经有 100 多年的历史了。其中也发现了很多回鹘式蒙古文的古籍。除了俄国人科兹洛夫以外，英国人斯坦因也在黑水城进行了考察。但是斯坦因发现的东西比较少，所以斯坦因也非常生气，很多东西都被科兹洛夫带走了。除了黑水城，敦煌也发现了不少元代回鹘式蒙古文的题记，以及很多古籍的残叶。

图 9　黑水城遗址

　　13—14 世纪回鹘式蒙古文书籍也不少。比如说元代抄本《佛陀十二传》（图 10），为什么把它称作《佛陀十二传》呢？它把佛陀释迦牟尼一生的功德分为十二章写，所以称为"十二传"。这部书最主要的特点是下面是文字，上面是图，这是很珍贵的一部古籍，目前收藏在俄罗斯的圣彼得堡。图 11 是 1307 年蒙汉合璧本《孝经》，是目前发现的最早的儒家经典之木刻，是故宫博物院收藏的孤本。我们现在还不清楚回鹘式蒙古文的木刻是什么时候开始的，但是刚才提到的 1312 年白塔寺木刻和 1307 年的《孝经》，都是现存较早的回鹘式蒙古文木刻。据汉、藏、波斯语文献史料记载，13—14 世纪回鹘式蒙古文文献数量庞大，由于战乱等诸多缘故其大部分已经遗失。

图 10　元代抄本《佛陀十二传》

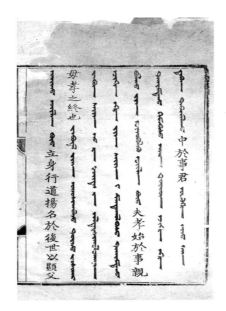

图 11　1307 年蒙汉合璧《孝经》

（2）明代回鹘式蒙古文文献

　　明代也是回鹘式蒙古文文献进一步发展和传承的重要历史阶段。如明代汉译的《元朝秘史》，也叫《蒙古秘史》，是一部非常珍贵的古籍，在蒙古文化史上占据重要的地位，是 13 世纪蒙古族历史的百科全书。1989 年，联合国教科文组织将其列为世界名著。目前对《元朝秘史》的成书年代有争论，最权威的说法是 1228 年，还有一个说法是 1240 年。对《元朝秘史》的作者也有争论，跋文里面并没有写作者。遗憾的是用回鹘式蒙古文写的《元朝秘史》丢失了，没有流传下来。明洪武年间把《元朝秘史》翻译成了汉语，所以我们可以知道到明代的时候回鹘式蒙古文《元朝秘史》一直是存在的。而且明代的翻译很科学，比如"合罕"，就是把蒙古语词用汉语音写，在旁边写一个"皇帝"，这个"合罕"的汉文意思就是"皇帝"。这是两种翻译方式。后面还有一段汉文的翻译，就是把前一段的内容做一个整体的翻译（图 12）。现在就没有这种翻译方式了。所以明代汉译《元朝秘史》是一个非常科学、系统的翻译工程。如果没有这个翻译版本的话，《蒙古秘史》就永远看不到了。民族文化的交流在保护文化方面是有很大贡献的，所以我们现在看到的很

183

多蒙古文的《元朝秘史》就是根据汉文翻译复原成 13 世纪回鹘
式蒙古文的。这是蒙汉两种文化交流的典型例子。图 13 是多文
种合璧的木刻《诸佛菩萨世尊妙相名号》，有汉文、回鹘式蒙古
文、藏文，还有很多图案。

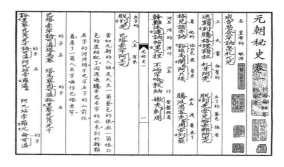

图 12 《元朝秘史》的汉译

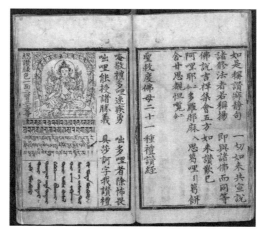

图 13 《诸佛菩萨世尊妙相名号》

经过考古发掘，发现了不少这一时期的回鹘式蒙古文文献。
比如位于内蒙古自治区达尔罕茂明安联合旗的敖伦苏木城遗址
回鹘式蒙古文文献的发现。20 世纪 30 年代至 40 年代，日本学
者江上波夫等人先后考察了敖伦苏木古城，发现了 15—16 世纪
珍贵的回鹘式蒙古文文献。江上波夫是一位大学者，也研究过
匈奴的历史，在中国北方游牧民族的研究方面做出了重要的贡
献。他不仅研究游牧民族的历史，还参与考古发掘与考察工作，

其中一个重大发现就是敖伦苏木古城的回鹘式蒙古文。这是在一个老鼠洞里发现的，有 100 多叶 15—16 世纪回鹘式蒙古文文献残叶。目前我们所知的 15—16 世纪回鹘式蒙古文的文献数量是很少的，因此江上波夫的这个发现是比较重要的（图 14）。这批 15—16 世纪的文献现藏日本横滨欧亚博物馆，保存得很好，但因为是在老鼠洞里发现的，所以破损非常严重。还有一些日本学者认为，江上波夫去世之前把一部分回鹘式蒙古文文献捐赠给了欧亚博物馆，他家中还有一些。但是他去世以后，并没有找到。有一个德国的学者叫海涅士，他在 20 世纪 70 年代专门研究过敖伦苏木的古籍。

图 14　敖伦苏木发现的古籍

还有一个重大发现是 1970 年俄罗斯和蒙古国联合考察队在蒙古国布尔干省哈喇布罕·巴尔嘎松的一座半坍塌的佛塔基座中发掘出 1400 多块写有蒙古文和藏文的桦树皮。这是迄今为止蒙古文桦皮书的最大发现。刚才我们介绍的《金帐汗国桦皮书》是最早的，属于 13—14 世纪，在发现年代上也是最早的，在 19 世纪 30 年代。之后，蒙古桦皮书的最大发现就是 1970 年。这批桦皮书文献破损得也很严重，尤其是桦树皮干了以后很难修复，目前桦树皮的修复技术，德国和日本是比较好的。所以蒙古国国立图书馆就把它拿到德国全部修复了，而且前两年也全部彩色影印出版，这也是近几年蒙古文古籍研究最重要的一个成果。图 15 是其中的一张，一看便知，这就是一个线装的桦皮书，很珍贵。由此也可得知，17世纪时桦树皮可以和纸张一样，用线装的形式装订起来，在上面写作。虽然是桦树皮，但是把桦树皮当作纸张来使用，其制作方法跟纸张是一样的。它也是蒙古文古籍的一个重要载体。一般在春天的时候剥桦树皮，因为春天剥皮比较容易，树在发芽的时候，树皮和树芯之间水分较多，所以很容易把树皮剥下来，在其他的季节就很难。关于桦树皮的古籍、桦树皮文化，我们和日本学术振兴会做过一个项目，在我国内蒙古的呼伦贝尔和新疆的阿勒泰，还有蒙古国的西部进行考察，还专门在春季的时候实践怎么剥桦树皮。

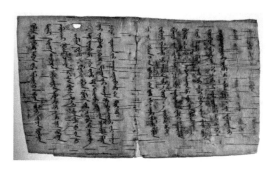

图15　线装本桦树皮

经过我们的调查，一直到20世纪六七十年代，像阿勒泰地区，因为生活条件的局限，很多当时上小学的学生回忆，也曾经用桦树皮写过字。因为缺纸，所以就把桦树皮当作纸来用。这个传统一直延续到20世纪六七十年代，蒙古很多地区的家庭在塑料、铁器问世之前，把桦树皮作为生活用品。

明代回鹘式蒙古文文献巅峰之作是《甘珠尔》的翻译。自元代开始，蒙古族从梵、汉、藏、回鹘文翻译《甘珠尔》。但是元代的翻译不够系统，比如翻译了《金光明经》，可能是必用的一些《甘珠尔》的经文就选择性地翻译了，到了明代才完成全部翻译。比如明代俺答汗时期，当时的席力图固什是威望最高的喇嘛，他带领翻译家在1602—1607年间，完成最初108函《甘珠尔》的翻译工作，但是完整的版本找不到了，只有少部分流传至今。俺答汗之后，林丹汗是蒙古帝国最后的大汗，他在1628—1629年间再次命人对蒙古文《甘珠尔》进行编译，完成了瓷青纸泥金写本113函。为什么有108函和113函的区别呢？

当时林丹汗信仰的是红教，而俺答汗供奉的是黄教，黄教的《甘珠尔》是 108 函，而红教的是 113 函。林丹汗《甘珠尔》是否有流传下来，还有很多争议，目前内蒙古社会科学院图书馆收藏有 20 部左右金文写的林丹汗《甘珠尔》，跋文里面有林丹汗的名字，但是其他部分也丢失了。还有，日本人曾经带走过金文《甘珠尔》，但是也有人说在日本的《甘珠尔》已经没有了，在大地震以后就丢了。

《甘珠尔》是蒙古族历史上最大的抄本，非常珍贵。明代《甘珠尔》的翻译与佛教再次在蒙古地区传播有直接关联。蒙古族到底是什么时候开始和佛教产生关系，目前还没有明确的时间，也有很多争论。但是元代的时候蒙古族和佛教的关系是非常密切的，尤其是忽必烈时期。蒙古族以前信奉萨满教，后来就改信藏传佛教。尤其是忽必烈把西藏萨迦派的八思巴封为国师，又创制八思巴文，所以元代蒙古族的佛教信仰发展很快。到了明代，佛教依然很发达，比如刚才讲的俺答汗，他是 1578 年邀请当时的藏传佛教格鲁派领袖索南嘉措来到青海，并赠与他"圣识一切瓦齐尔达喇达赖喇嘛"的称号。"达赖喇嘛"的称号就是从俺答汗时开始使用的。他称三世达赖，俺答汗邀请三世达赖到蒙古地区弘扬佛法。三世达赖最后也在蒙古地区圆寂。四世达赖在蒙古地区转世，也是俺答汗黄金家族的后裔。所以当时蒙古地区的佛教特别发达，因此也需要翻译佛经。《甘珠尔》就是在这种历史背景下翻译的。这是《甘珠尔》的图片，是回鹘式蒙古文抄写的《甘珠尔》（图 16）。

图 16 《甘珠尔》经

除了《甘珠尔》，还有著名的阿尔寨石窟。阿尔寨石窟位于内蒙古自治区鄂尔多斯市，我们把它称作草原的敦煌，为什么

187

这么说？因为这个山里有 80 多个窟，这里面有很多的佛像，并带有题记，很多是蒙古文的题记。这张图片就是阿尔寨石窟墙上的题记（图 17）。但很遗憾，这些题记破损严重，直到 20 世纪 80 年代以后才开始保护，所以洞里的很多佛像都没有了，尤其是墙上的很多回鹘式蒙古文的东西也没了，非常遗憾。

图 17　阿尔寨窟题记

　　明代重要的回鹘式蒙古文的文字遗产还有"绰克图台吉摩崖诗"，这个摩崖诗由三个内容组成。这是上方题记，左面是藏文，中间是汉文，右边是回鹘式蒙古文（图 18）。这个保存得非常完整，而且字迹规整清楚。这是绰克图台吉写的诗，这是中间的内容和下方题记（图 19、图 20）。这首诗是绰克图台吉在 1621 年到杭爱汗山的策策尔利格北山打猎的时候作的即兴诗。1624 年，由他的两个侍卫岱青和勇士固扬刻在岩石上的。该摩崖目前保存在蒙古国境内。

图 18　绰克图台吉摩崖诗（上方题记）

图 19 绰克图台吉摩崖诗（主要内容）

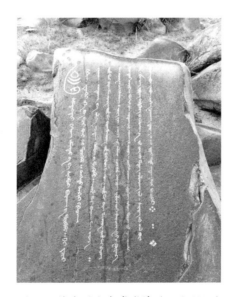

图 20 绰克图台吉摩崖诗（下方题记）

　　此外，1407 年的《普渡明太祖长卷图》也很重要。目前收藏在西藏博物馆，上面有回鹘式蒙古文、藏文、汉文、察合台文和回鹘文，五种文字合璧。因为这是明太祖朱元璋去世以后，明成祖朱棣专门邀请西藏的噶玛巴做法事，所以非常珍贵。上面有文字，还有图案，长达 50 米（图 21）。

图 21   普渡明太祖长卷图

（3）清代回鹘式蒙古文文献

清代的回鹘式蒙古文文献是比较重要的，因为清代留下的相关文献数量是最多的，清代也是回鹘式蒙古文文献发展的一个重要阶段。清代是回鹘式蒙古文文献木刻最发达的时期，其中的代表就是北京木刻。现在我们看到的很多木刻版都是北京版，非常精美。所以清代的回鹘式蒙古文得到了进一步的发展，尤其是木刻技术达到了巅峰。

1717—1720 年，北京木刻朱印本《甘珠尔》问世，是首部木刻《甘珠尔》经。刚才说了，蒙古族在元代的时候开始翻译《甘珠尔》经，到了明代的时候才完成了《甘珠尔》经的全部翻译工作，但是一直没有木刻。从元代到清代《甘珠尔》经过了400 多年历程，才翻译刻印完成。这也是蒙古族文化史上非常重要的事情。前几年在内蒙古也是把《甘珠尔》用彩色影印出版了，去年重新再版，目前全套的《甘珠尔》全世界只有 6 套。里面有很多珍贵的佛像图案，不仅可以用来研究清代的佛教，还可以研究蒙古族艺术等方面的价值。

蒙古文《甘珠尔》木刻后不久，即 1742—1749 年 7 年间，北京木刻朱印蒙古文《丹珠尔》问世。《甘珠尔》《丹珠尔》为 2 亿字的典籍，是蒙古族历史上最大的翻译作品，是最大的抄本和木刻版，是蒙古族书籍文化史上的里程碑，也是东方各民族文化交流的代表作之一。我们要研究东方各个民族文化的书籍交流史的话，研究《大藏经》基本就能出来，这种大型的书籍文化交流在整个人类历史上也是罕见的。所以《甘珠尔》《丹珠尔》的翻译和木刻非常重要。这是国内收藏的《丹珠尔》，目前世界范围内只有 3 套（图 22）。

图 22　国内藏《丹珠尔》

这一时期，蒙古族历史文献也得到空前的发展。《白史》《蒙古源流》《蒙古黄金史》等诸多编年史著作诞生。尤其是《蒙古源流》，它是《蒙古秘史》以后蒙古族所写的最重要的历史文献，还被翻译成汉文、满文木刻出版过。

这一时期，文献最大的特点之一就是多语种碑文、辞书等颇多。还有其他多语种古籍，有的是两种文字、三种文字、四种文字，有的甚至是六种文字以上，清代的时候都比较多。这也对多民族文化交流，尤其是对研究多民族文字、文献非常重要。

这一时期，《西游记》《水浒传》《三国演义》《红楼梦》等诸多经典名著被翻译成蒙古文，丰富了回鹘式蒙古文文献。清代汉文、藏文的翻译非常发达，蒙古文的《西游记》也有本土化的特点，比如唐僧坐在蒙古包里，白龙马拴在外面。这对于研究多民族文化的交流也非常重要。

这是卷子装的《蒙古源流》，72 米长的抄本。目前我们发现的蒙古文文献里面，它应该是最长的（图 23 ）。

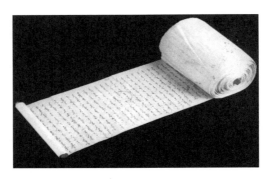

图 23　卷子装《蒙古源流》

这是 1763 年武英殿木刻六种文字合璧的《西域同文志》，也非常珍贵。当时的西域包括现在的青海、西藏、新疆等地。清朝征服西域以后，就需要做一个地理考察，然后就把西域的很多地名用六种文字写出来，其中也有西域的很多官名和贵族的名字，里面有托忒文、藏文、维吾尔文、满文、汉文，还有回鹘式蒙古文。目前研究西域地名和西域历史的都离不开《西域同文志》（图 24 ）。

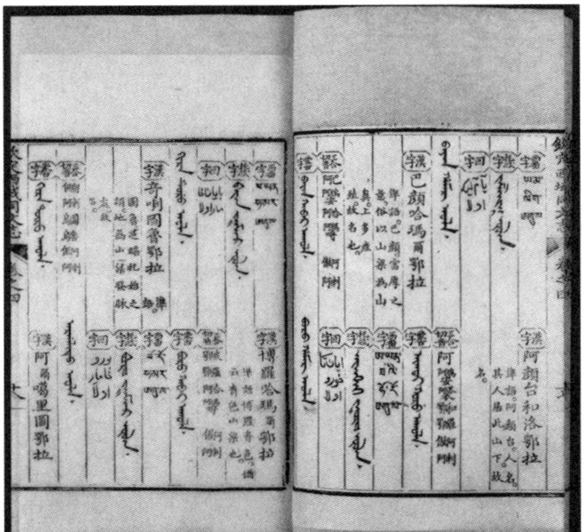

图 24　武英殿刻本六种文字合璧《西域同文志》

我们刚才讲过，回鹘式蒙古文是从回鹘文来的，回鹘文又是从粟特文来的，粟特文是从阿拉米字母来的，而回鹘式蒙古文还影响了兄弟民族的语言。1599 年，额尔德尼和嘎盖借鉴回鹘式蒙古文创制了满文。1632 年又通过改进，创制出带点的满文。所以，我们现在看到的满文就是根据回鹘式蒙古文创制的。后来我国另一个少数民族——锡伯族借鉴满文创制了锡伯文。现在懂锡伯文的锡伯族主要是在伊犁，那里有一个察布查尔锡伯自治县。就全国而言，他们的满文也是最好的，也是唯一一个保留满文的重要地区。所以回鹘式蒙古文影响了满文，满文又影响了锡伯族。各个民族间文字的交流、借鉴、学习等，回鹘式蒙古文是很好的一个例子。

蒙古族文字改革的又一个重要特点为改善回鹘式蒙古文。在回鹘式蒙古文的基础上又创制了阿里嘎里文、托忒文、瓦根达尔文等文字。所以第二个我们讲阿里嘎里文。

2. 阿里嘎里文

在 16 世纪末 17 世纪初，漠南、漠北、漠西蒙古族相继皈依佛教，因此也需要翻译佛经，并开始对文字进行改革。因为回鹘式蒙古文表达不了一些梵文和藏文的名词术语，所以 1587 年明代著名僧人阿尤喜固什奉三世达赖喇嘛之命创制了阿里嘎里文。阿里嘎里文主要就是为了记录梵文和藏文的名词术语。阿里嘎里文虽然是在明代创制的，但是影响很大，尤其是清代的《甘珠尔》《丹珠尔》翻译的时候也用了阿里嘎里文。所以我们在研究清代佛教典籍时，如果不懂阿里嘎里文，特别是碰到一些名词术语的时候就会觉得很难。1648 年，卫拉特蒙古创制托忒文时又参考了这一文字。

3. 托忒文

托忒文也是回鹘式蒙古文的一个分支，是为改善回鹘式蒙古文而创制的。其创制于 1648 年，是清代蒙古族进行的又一次文字改革，当时卫拉特高僧咱雅班第达奉和硕特部拜巴噶斯汗之子鄂齐尔图台吉和阿巴赖台吉之令所创制。拜巴噶斯汗是 1616 年带领四卫拉特皈依藏传佛教的重要领袖，他的两个儿子为了佛经的翻译命人创制了托忒文。其创制的目的主要是为了弥补传统回鹘式蒙古文的一些不足。因为回鹘式蒙古文元音、辅音，比如第四、第五、第六、第七元音的符号基本是一样的，还有一些辅音虽然读音不一样，但字形是一样的。托忒文就是为了改良这些。"托忒"在蒙古语里是"清楚"的意思，托忒文就是清楚的文字。托忒文经历了370多年的历史，无论是使用的时间长短还是所遗留下来的文献数量，仅次于回鹘式蒙古文。虽然还有八思巴文等其他文字，但是这些文字使用的时间比较短，留下的文献也比较少。托忒文现在已成为一种濒危文字。因为托忒文主要是居住在新疆的卫拉特人在使用，从20世纪70年代开始，他们对这种文字进行了改革，并行使用回鹘式蒙古文和托忒文，到了90年代基本淘汰了托忒文，在学校里基本是用回鹘式蒙古文。所以现在新疆的蒙古族里面，基本是50岁以上的才懂托忒文，50岁以下的基本不懂托忒文了。

托忒文文献种类较多，有碑文、档案文书，包括语言、文学、历史、天文历法、医药、哲学等内容。这是汉、满、托忒、藏四种文字合璧的《格登碑》，是我国目前最西端的一个多种文字合璧的碑。它是清朝平定准噶尔部叛乱后立的碑，在新疆伊犁，正好在中哈边境上（图25）。

图25　汉、满、托忒、藏四种文字合璧的《格登碑》拓片

这是托忒文《西游记》。蒙古族在清代就开始翻译《西游记》。在蒙古族地区，有很多版本的《西游记》，最重要的当然是回鹘式蒙古文《西游记》。但是托忒文《西游记》只有一种（可能还有其他版本，但是已经失传了）。这部是内蒙古大学图书馆收藏的。托忒文《西游记》继续研究的空间很大，这也是《西游记》在蒙古地区传播的一个重要环节，而且托忒文《西游记》里面还有插图，非常精美（图26）。

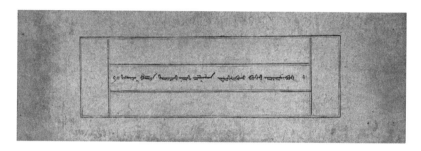

图 26-1　托忒文《西游记》

图 26-2　托忒文《西游记》插图

这是托忒文的石经，在托忒文或者整个蒙古文的文献里面还是比较珍贵的。它的一个重要特点就是有页码，这块写的是36。所以可以知道这个石块就是经文书籍的第36页。在整个蒙古文书籍的历史上，把一块石头当成一张纸，这样的例子是没有的，而且在整个人类历史上，将石头当成一张纸，刻上页码，也是很罕见的。这是在伊犁河流域发现的，遗失的情况也比较严重（图27）。

图 27　托忒文石经

这是 1742 年木刻托忒文《八千颂》。目前托忒文的木刻文献是比较少的，单数达不到 30 部，复数也就 100 部左右。这部《八千颂》是托忒文里面最大的一部，有双面 382 页，也是目前收藏在我国最大的托忒文木刻。据我们所知，在国际上只有 3 部（图 28）。

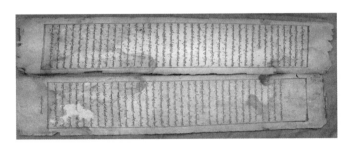

图 28　1742 年木刻托忒文《八千颂》

这是 17 世纪中叶抄本托忒文《四部医典》，破损也比较严重。《四部医典》主要是咱雅班第达从藏文翻译的（图 29）。这是故宫博物院收藏的咱雅班第达鎏金铜像，铜像金刚座的下面有托忒文的刻字（图 30）。

图 29　托忒文《四部医典》

图 30　故宫博物院藏咱雅班第达鎏金铜像

4. 瓦根达尔文

回鹘式蒙古文和托忒文的余波持续到 20 世纪初期。1905年，俄罗斯境内的布里亚特蒙古族根据回鹘式蒙古文和托忒文的符号创制了瓦根达尔文。其留下的文献不多，到目前仅发现十几种。

二、汉藏语系民族与蒙古族文字

汉藏语系主要分布在中国、越南、老挝、柬埔寨等亚洲各国，是世界上最大的语系之一。汉藏语系也影响了蒙古文字的符号，关系到此话题的文字有：八思巴文、素永布文等。八思巴文借鉴了藏文字母符号，素永布文则是借鉴和仿造藏文梵字而创制。

1. 八思巴文

1269 年，奉忽必烈之命，国师八思巴根据藏文字母创制了这一文字。比起回鹘式蒙古文，八思巴文未能长期使用。1294年，元朝的缔造者元世祖忽必烈病逝。尤其是到 14 世纪上半叶，蒙古族逐渐恢复使用回鹘式蒙古文，从而淘汰了八思巴文。虽然八思巴文使用的时间较短，但是留下的文字遗产不少，至今，在全国各地或世界的角落不断发现八思巴文文献。

这是八思巴文圣旨，是用八思巴文写的，但上面的印章是汉文，当时元朝的皇帝就是用汉文的印章（图31）。这是一个元代塔遗址，上面的塔已经没有了，但是下面门的两边刻有六种文字，包括汉文、藏文、回鹘文、梵文、八思巴文。这也是北京的一处元代文字遗产（图32）。八思巴文的碑刻也很多，浙江、云南等地都发现过。有些学者甚至认为八思巴文的符号还影响了朝鲜文的创制。

图 31　八思巴文圣旨

图 32　元代塔遗址

2. 素永布文

1686 年，喀尔喀人扎那巴扎尔仿造藏文梵字，创制了素永布文，共有 90 个字母，左起横书。素永布文文献数量不多，使用的范围也小。这是素永布文的字母（图33）。据说素永布文也印过《甘珠尔》《丹珠尔》，但是目前我们还没有发现。这是素永布文的木刻，比起八思巴文、回鹘式蒙古文、托忒文，素永布文古籍数量是比较少的（图34）。

图 33　素永布文字母

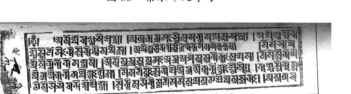

图 34　素永布文木刻

典籍与文化 15

199

叶尔达

托忒蒙古文及其文献
——以伊犁河流域厄鲁特人民间收藏为中心

现在讲的是《托忒蒙古文及其文献——以伊犁河流域厄鲁特人民间收藏为中心》。目前我国收藏的托忒文文献主要在民间，而伊犁河流域是民间收藏托忒文文献最多的地域。历史上蒙古族使用过的文字比较多，而且从 13 世纪开始，蒙古族在不断地对文字进行改革。蒙古族使用过回鹘式蒙古文、八思巴文、阿里嘎里文、托忒文等近 10 种文字，形成了多文字的蒙古文文献。

一、托忒文的创制及其传播

在蒙古族的历史上，托忒文属于重大文字改革之一，影响深远。托忒文的创制时间比较晚，创制于 1648 年。当时的四卫拉特是蒙古族的一个部落。现在我国的卫拉特主要分布在新疆、青海、甘肃、内蒙古的西部地区以及东三省。在 17 世纪初期，四卫拉特首领为赫赫有名的拜巴噶斯汗，其长子为鄂齐尔图台吉，幼子为阿巴赖台吉。在鄂齐尔图台吉与阿巴赖台吉的倡议下，卫拉特蒙古著名高僧咱雅班第达根据传统的回鹘式蒙古文，创制了托忒文。托忒文有 7 个元音字母、16 个辅音字母，书写格式与回鹘式蒙古文相同。为什么称作"托忒文"？"托忒"一词在蒙古语中是"清楚"的意思。传统的回鹘式蒙古文很多符号读音虽不一样，但形状却是相同的。托忒文就是为了克服这些缺陷，把回鹘式蒙古文中很多元音和辅音的同形符号进行了革新，每个元音和辅音都有一个独立的、不重复的符号，所以就称为托忒文，意思是清楚的文字。

托忒文创制已有 370 多年的历史，在蒙古族文化史上，无论是使用的时间还是所遗留下来的文献的数量，都仅次于回鹘式蒙古文。托忒文的文献数量虽没有回鹘式蒙古文多，但是相对于其他蒙古文文字还是非常多的。据不完全统计，目前国际上收藏着上万部托忒文的古籍，所以在蒙古族的历史文化史上，托忒文占据着重要的地位。

托忒文是清代准噶尔部所使用的文字。其传播，当时以现在的新疆为中心，往东到北京。当时清朝有些文书就是用托忒文写的，还有承德的避暑山庄有四种文字的碑，其中一种文字就是托忒文。清政府与西域联系的时候，除了满文、汉文，也用托忒文写文书。当时的青藏高原地区有时候也用托忒文。蒙古国的西部有部分卫拉特蒙古人生活在那里，也使用托忒文。还有俄罗斯，当时与准噶尔部来往的文书里面也有很多托忒文文书。1609 年，当时生活在中国的土尔扈特部，从额敏和和布克赛尔开始西迁，到 17 世纪 20 年代末，他们到达伏尔加河流域生活，1771 年东归回到了中国的新疆。今年正好是土尔扈特部回归 250 周年。当时生活在伏尔加河流域的土尔扈特部也是使用托忒文。所以托忒文在 17、18 世纪的影响是非常大的，几乎是横跨欧亚大陆的一种文字。当时中亚的很多重要的外交文书也以托忒文写成。但是现在托忒文已经成为一种濒危文字。因为伏尔加河流域的卡尔梅克人到了 20 世纪 20 年代对文字进行改革，使用了基里尔文。20 世纪 40 年代蒙古国西部的卫拉特人也对文字进行了改革，他们也是使用基里尔文。还有中国新疆生活的卫拉特人，从 20 世纪 70 年代开始对文字进行改革，并行使用托忒文和回鹘式蒙古文，到了 90 年代，就全面淘汰了托忒文，学校的教育上统一使用回鹘式蒙古文。所以现在在新疆生活的蒙古族，大概 50 岁以上的人才懂托忒文，年轻人就不懂托忒文了，托忒文变成了一种濒危文字。

目前，中国、蒙古国、俄罗斯是国际上收藏托忒文文献最多的三个国家。除此之外，德国、日本、匈牙利、捷克等也收藏着不少托忒文文献。遗憾的是，目前中国、蒙古国、俄罗斯等收藏托忒文古籍的国家没有专门的目录。古籍研究最基础的工作就是目录，但是我们的目录还没有做成。在我国馆藏里面，比如中国第一历史档案馆收藏的托忒文文献主要是档案文书，最早的是 17 世纪末期的，主要是清政府和准噶尔部来往的文书，其数量较可观，但是目前还没有整理完，很多还没有影印出版。这些文书对研究 17—18 世纪中央王朝与地方政府的联系和交往有很高的价值，但是很遗憾，很少有人做这方面的研究，没有研究的原因就是很多档案文书还没有公开。故宫博物院也收藏有少量的托忒文文献，其中有特别珍贵的古籍，有些托忒文书使用金字抄写，特别精美。国家图书馆、民族文化宫图书馆、中央民族大学图书馆也收藏有托忒文文献。还有北京的孔庙有用六种文字刻的碑文，其中一种文字就是托忒文。

除了北京，在内蒙古，比如内蒙古自治区社会科学院（前身是内蒙古历史语言文学研究所）图书馆收藏的托忒文古籍是比较多的，主要原因就是 20 世纪 50 年代，新中国成立之初全国各地兴起了收集古籍的浪潮，当时内蒙古历史语言文学研究所的一位工作人员墨尔根巴托尔，前往新疆伊犁、巴音郭楞等蒙古族居住的地方收集托忒文古籍。而且 20 世纪 50 年代全国刚刚解放，当地的政府也很支持这项工作，收集工作很顺利。他把很多书籍带了回来，现在仍由内蒙古自治区社会科学院图书馆收藏。内蒙古大学图书馆的古籍不多，但是也有几部托忒文古籍，比如镇馆之宝——托忒文《西游记》。包括《西游记》在内的四大名著在蒙古地区是广泛传播的，但是在新疆的蒙古族之间是怎么传播的我们还不太清楚。内蒙古大学图书馆所藏的《西游记》就是在新疆巴音郭楞蒙古自治州发现的。当时是内蒙古大学著名教授确精扎布先生，在 20 世纪末从新疆带到内蒙古大学图书馆的，这个还没有得到全面的研究。这部《西游记》的第一卷和第二卷已经遗失了，第三卷和第四卷被带到内蒙古大学图书馆，而且有几幅珍贵的插图。内蒙古大学图书馆收藏有一部医学典籍——《兰塔布》，该古籍流传的数量不多，目前我们知道的只有三四部。内蒙古师范大学图书馆也有少量古籍。内蒙古自治区图书馆和地方的一些图书馆、档案馆，如阿拉善盟档案史志馆、额济纳旗档案史志馆、塔塔统阿蒙古文字博物馆等单位也收藏有托忒文文献。

河北的承德市可能也有很多托忒文古籍，承德的小布达拉宫、普宁寺有托忒文的碑文。西藏自治区档案馆也有少量托忒文的档案，这些已经公开出版了。前几年西藏自治区档案馆的负责人在整理蒙古文、满文档案的时候也把托忒文的古籍整理出版了。甘肃省拉卜楞寺也收藏着少量托忒文古籍，但是这些很少有人能看到，也没有开始整理。很多托忒文的文献没有人研究，学者数量也比较少，其中最重要的原因就是很多馆藏的托忒文文献还没有得到全面的整理，没有整理，就很难进行下一步的研究。

目前国内馆藏托忒文古籍最多的是新疆维吾尔自治区少数民族古籍搜集整理出版规划领导小组办公室（以下简称"新疆古籍办"），大概收藏了300部，在国内馆藏里面算是数量比较多的。除了新疆古籍办，还有新疆巴音郭楞蒙古自治州少数民族古籍搜集整理出版规划领导小组办公室也收藏了70多部，据不完全统计，可能是除了新疆古籍办以外，国内收藏比较多的地方了。新疆维吾尔自治区档案馆的古籍也比较多，少量是18世纪的托忒文古籍，更多的是19—20世纪的托忒文文书。这些档案文书也很重要，数量也很多，对研究19—20世纪新疆蒙古族的社会变迁、新疆多民族的交往交流交融史非常重要，但是很遗憾目前还没有人整理研究。新疆维吾尔自治区的一些博物馆也收藏着一些托忒文古籍，这些博物馆里面最重要的古籍是托忒文的石刻文献。它们是20世纪80年代博物馆的工作人员到伊犁的尼勒克县搜集到的，这些古籍也没有得到全面的整理研究。和静县东归博物馆、博尔塔拉蒙古自治州博物馆、昭苏县圣佑庙、和布克赛尔蒙古自治县档案馆等单位也收藏着少量托忒文古籍，这些古籍大部分也没有得到整理和研究。所以目前我们的托忒文古籍的搜集、整理和研究都是比较落后的。

有趣的是，比起这些馆藏，我国民间所藏托忒文古籍数量更多，内容更加丰富，而且有多部是馆藏所没有的珍贵版本。近几年，我们在开展国家珍贵古籍名录的工作，其中很少做民间收藏的古籍。其实我国民间有很多馆藏没有的珍贵版本，尤其是伊犁河流域厄鲁特人生活地区是我国民间收藏托忒文文献的中心地带，也是国际上民间收藏托忒文文献最多的地域。

伊犁河上游大概有3万厄鲁特人生活在这里。他们是目前国际上收藏托忒文古籍最多的人群，据我们的田野调查，这里大概有上千部托忒文古籍。伊犁河主要有三个源头：喀什河、巩乃斯河、特克斯河。这三条河流汇合以后就是伊犁河，注入巴尔喀什湖。厄鲁特人生活的地方在中国的最西端，正好在边疆地区。到伊犁的话可以看到哈萨克斯坦的村庄。伊犁河流域附近有昭苏县、特克斯县、尼勒克县、察布查尔锡伯自治县、伊宁市、伊宁县等，是民间收藏托忒文古籍最多的地域。这是

《格登碑》，是汉文、满文、藏文、托忒文四种文字合璧的碑，就在格登山的脚下，正好在中国和哈萨克斯坦的边境上（图1）。这也是我们目前发现的我国最西边的多语种合璧的碑。这个碑是清朝平定准噶尔部叛乱以后，1760年立的。

图1　格登碑碑亭

伊犁河流域生活的卫拉特人主要是准噶尔部的原住民，厄鲁特人大概有3万人。1771年土尔扈特部东归的时候，咱雅班第达的弟子们也回到新疆，当时清政府就把他们安置在伊犁河流域的特克斯，现在他们分布在两个县——特克斯县和巩留县，大概有8000人。还有少数的察哈尔人，当时清朝边疆设立了很多的卡伦，这些察哈尔人就是卡伦人的后代。

二、伊犁河流域厄鲁特人民间
收藏托忒文文献概述

1. 托忒文文书

托忒文的文书我们发现的不多，都是一些民国时期寺庙之间的托忒文文书，破损也很严重。托忒文文书民间收藏不多，主要是馆藏。比如说中国第一历史档案馆、新疆维吾尔自治区档案馆、西藏自治区档案馆等。

2. 托忒文史学著作

托忒文史学著作民间收藏的比较多，目前馆藏的托忒文史学著作很少。伊犁河流域厄鲁特人民间收藏有几部托忒文的历史著作，比如传记——《咱雅班第达传——月光》(以下简称《月光》)，咱雅班第达就是托忒文的创制者，他的一部传记被个人收藏。目前馆藏中还没有发现咱雅班第达的传记，所以迄今我国只发现了一部咱雅班第达的传记，很珍贵。这部《月光》蒙古国和俄罗斯收藏了几部，我国只有一部。以前收藏在特克斯县的一个寺庙中，一直到 20 世纪 70 年代转到个人手中。《月光》成书于 17 世纪末期，几乎记录了整个 17 世纪准噶尔卫拉特人的历史，记载了 1599—1691 年近 100 年的历史，为研究 17 世纪卫拉特历史提供了最可靠的史料，几乎可以说是 17 世纪卫拉特的百科全书，但是目前伊犁收藏的版本还没有公开出版。古籍保护最重要的手段就是影印出版，给学界提供最可靠的版本，但是很遗憾，因为是个人收藏，而且是移动的文物，迄今还没有公开。

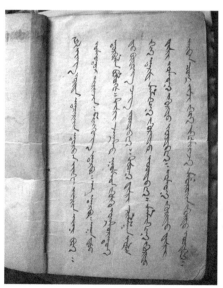

图 2　蒙克瓦图本《准噶尔远古史》

还有一部历史著作是政教史，叫作《准噶尔远古史》。它有三部，比如这个是蒙克瓦图本，蒙克瓦图是昭苏县的一名医生。他收藏的《准噶尔远古史》缺了跋文部分，是一个线装的本子(图 2)。《准噶尔远古史》很珍贵，只有伊犁河流域民间有收藏，在我国的馆藏中还没有发现，蒙古国、俄罗斯等其他国家的档案馆、图书馆也没有发现。这位是我的好朋友浩特勒特古斯，在伊犁昭苏县种马厂工作，很遗憾前几年因为疾病突然去世了。他前面的箱子里就放了 30 多部珍贵的托忒文古籍，其中有 3 部历史古籍（图 3）。这些古籍是他父亲收藏的。他父亲当时是一个寺庙的喇嘛，在当地很有名气。他父亲去世后传给了他的叔叔，他叔叔去世后就传到了他手里，现在到了他儿子手里。所以古籍的收藏也是薪火相传，父传子、兄传弟，在伊犁河流域这种现象很多，很多古籍都是以家族为中心传承下来的。

图 3 托忒文古籍收藏人

《蒙古溯源史》也是浩特勒特古斯收藏的。近几年我们又在昭苏县发现了《蒙古溯源史》的另一个版本，也是只在伊犁河流域有收藏（图 4）。还有已经遗失的《六苏木史》。清政府平定准噶尔部以后，就把昭苏县分成了六个苏木，现在昭苏县的厄鲁特人也把自己叫作六苏木厄鲁特。当时清政府把昭苏分为六苏木之后，又在新疆设立伊犁将军管理厄鲁特人。20 世纪 70 年代，从北京来了一位学者，把《六苏木史》带走了，迄今也没有公开出版，也没有研究。我们也采访了相关人士，目前还不清楚带走《六苏木史》的北京学者是谁。

图 4 《蒙古溯源史》

3. 托忒文佛教典籍

除了这些史学著作和少量的档案文书，托忒文的佛教典籍数量比较多，因为蒙古族信仰佛教。目前我们还不清楚蒙古族是从什么时候开始信奉佛教的，但是从元代，尤其是忽必烈开始进行改革，其中一个重大改革就是信仰改革。成吉思汗的时候蒙古族信奉萨满教，到了忽必烈的时候，改为藏传佛教了。到了明代以后，蒙古各个部落还是信奉佛教。俺答汗是继忽必烈之后影响佛教在蒙古地区传播的另一位重要人物。他在1578年邀请三世达赖喇嘛，而且封给他达赖的称号，在蒙古地区传播佛教。喀尔喀跟随他再次兴起皈依佛教的浪潮。然后就是卫拉特人1616年在拜巴噶斯汗的带领下重新皈依格鲁派。所以无论是托忒文还是回鹘式蒙古文文献，佛教古籍数量是很多的，几乎大部分都是佛教典籍。这是一个托忒文的佛经（图5），是特克斯县的喇嘛沙·吾布力增所收藏，很珍贵。回鹘式蒙古文的金字古籍比较多，但是托忒文的金字古籍是比较少的。目前我国只发现三部，其中一部在故宫博物院，另外两部在伊犁的特克斯县和昭苏县，都是价值连城的国宝级古籍。伊犁河流域民间还收藏有托忒文《金光明经》《法华经》，托忒文《法华经》在馆藏机构中没有收藏，我国目前发现的只有一部，而且上面的图案都是金色画的，特别精美（图6）。它们都是17世纪翻译的，不仅对研究托忒文的古籍和蒙藏文化的交流有很重要的价值，对研究当时准噶尔部的艺术也有非常大的帮助。

图 5　托忒文金字佛经

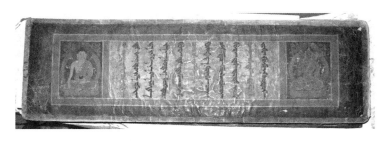

图 6 托忒文《法华经》

目前我们发现了三四十部托忒文的《金光明经》，都在民间。回鹘式蒙古文《金光明经》的数量也比较多。《金光明经》在蒙古文献中很常见，但是我们发现的版本很珍贵，因为这是木刻的版本。目前国际上发现的木刻本单数不到 30 部。托忒文的木刻是从 18 世纪上半叶开始的，根据我的研究，托忒文最早的木刻是 1735 年的。全世界不到 100 部，所以每一部托忒文古籍的发现都属于重大发现。我们现在介绍的《金光明经》是一个特殊的版本，这个关系到 1771 年带领土尔扈特部东归的渥巴锡（图 7）。跋文里面清楚写到这部《金光明经》的施主就是渥巴锡的父亲——当时伏尔加河流域土尔扈特部首领敦罗布喇什。这个版本很珍贵，因为这是目前发现的土尔扈特部最大的木刻。德国收藏有少量伏尔加河流域木刻的《金刚经》，但是《金光明经》比《金刚经》更大，而且据我们研究，木刻《金光明经》不仅仅在我国，在世界范围内也只有一部，价值连城。虽然目前在蒙古国又发现了一部木刻，但它是我国这部的再版。这部《金光明经》也是沙·吾布力增的收藏，他们几代传承下来。《金光明经》是应该纳入到我们国家珍贵古籍名录级别的古籍。但是很遗憾，这些古籍都是民间收藏，又是移动文物，又在边疆地区，收藏条件也让人担心。比如跋文的最后一页是用学生的作业本修复，有的用透明胶修复，有的用报纸修复，这样等于又破坏了古籍。现在国际上很多古籍是用和纸修复，但是边疆地区没有这个条件，虽然是国宝级的古籍，但是民间没有修复能力，这是非常遗憾的事情。

典籍与文化 15

211

图 7　卡尔梅克木刻《金光明经》

　　这部古籍是《八千颂》。我在伊犁河流域发现了至少 6 种《八千颂》的木刻本和抄本。这个木刻本很珍贵，因为这是 1742 年的木刻本，是我国收藏的唯一一部 1742 年的《八千颂》。在世界范围内只有三部，蒙古国收藏两部，也是国宝级的古籍。而且大家可以看到，这就是用透明胶粘贴修复的，达不到古籍修复的标准。这部书有 700 多页，是我们发现托忒文木刻里面页数最多的，也是最大的一部托忒文古籍。它是校正刊刻的古籍。校正刊刻是佛教的一个传统，一部古籍翻译时间比较长了，后面的人多次抄写时会出现一些错误，人们就把它跟藏文原本校勘以后，重新木刻或者抄写。这部《八千颂》就是校正以后重新刊刻的，也是目前我们发现的校正刊刻最大的托忒文古籍。它的破损情况也很严重，惨遭水浸虫噬（图 8）。

图 8　木刻本《八千颂》

　　目前我们在伊犁河流域发现了 4 部《八千颂》的抄本，但是其他 3 种有一半都遗失了。这是唯一一部完整的抄本，是价值连城的国宝级的古籍，也是迄今为止发现的最大的托忒文抄本（图 9）。它的开头和跋文都有佛像。这个抄本的收藏者特布吉尔格力在 20 世纪 60 年代的时候，把这部书藏在了天山山脉里面。现在是他的儿子特尔蒙克收藏，流传到了第四代。他们也是以家族为中心保护古籍，非常了不起，为保护和传承边疆少数民族的古籍做出了巨大的贡献。这三位都是收藏古籍的人，当地还有念经的风俗习惯，念经跟古籍的传承是非常有联系的（图10）。

图 9 《八千颂》抄本

图 10　古籍收藏人

这部是珍贵的木刻本《度母颂赞》（图11），几乎每页上都画有度母像，而且刻得特别精致，也是 18 世纪的木刻。中国、俄罗斯、蒙古国各收藏有两部，全世界共计六部。我国馆藏中

没有，全部在伊犁河流域。这是 1795 年的木刻《金刚经》（图
12），是特克斯县的老人月·裴力娃收藏的。这部书目前新疆
古籍办也有一部，全世界只有这两部，一部是馆藏，一部在民
间。这是 18 世纪最后的一个木刻。19 世纪至 20 世纪末期的木
刻，馆藏几乎没有，很多都是民间收藏，目前我国是收藏托忒
文木刻最多的国家，而且这些木刻大部分都在民间，有遗失的
风险。

图 11　木刻本《度母颂赞》

图 12　1795 年木刻本《金刚经》

4. 托忒文习俗文献

还有一些托忒文习俗文献也很重要，当地人称《祭祀山水
书》，内容是当时卫拉特人生活的准噶尔部的山水、地名，里面
有几百个地名。他们在祭祀敖包的时候，要念这部古籍，包括
阿尔泰山和布克赛尔、博湖等很多山水的名字。

5. 托忒文石刻文献

托忒文的石刻文献，以前我们知道的比较少。近几年经过
田野调查，我们不断地发现石刻文献，也很珍贵。天山山脉中
央有一个河谷，在昭苏县南大概 40 公里的地方，叫阿合牙孜
河谷，是 200 万年前形成的一个河谷。这个河谷里面有一块摩

崖（图13），上面有一些佛像，还有一些乌龟、羚羊等动物的图案，并有三行托忒文，这面还有一行托忒文，三行藏文。这些都是六字箴言，佛像是药师佛。下面还有佛教吉祥八宝的图案。它非常珍贵，因为目前发现的最大的托忒文摩崖在哈萨克斯坦，而我国发现的刻有托忒文的摩崖只有两处，都在伊犁河流域。我们现在看到的是唯一一块完整的，破损不算很严重。这块摩崖目前还没有得到很好的研究，因为它位于天山山脉深处，以前没有路，很难进去，近几年路修了，出租车都可以到这个地方。上面还有很多古代的岩画，是一块古代岩画和佛教摩崖合体的巨石，对研究西域文化有很高的价值。

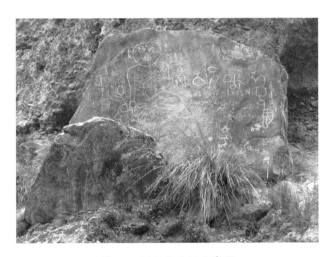

图 13　阿合牙孜河谷摩崖

6. 托忒文语言文学类文献

托忒文语言文学类的文献，有《格斯尔传》抄本。《格斯尔传》是中国少数民族三大史诗之一。目前国内发现的托忒文抄本比较少，但我们在伊犁河流域发现了至少六种不同的《格斯尔传》抄本。

7. 托忒文医学典籍

托忒文的医学典籍有《四部医典》。《四部医典》是 8 世纪藏族著名的医学著作，但是馆藏《四部医典》几乎没有，这是我们在伊犁河流域发现的，非常珍贵（图14）。尤其是这部古籍，是《四部医典》的第三部，《四部医典》是四部组成的，目前第三部国际上还没有发现。最珍贵的是《四部医典》的木刻，2019年我们在昭苏县进行田野调查的时候发现了《四部医典》第一部的木刻（图15）。蒙古国收藏了《四部医典》第四部的木刻，但是第一部的木刻还是首次发现，是国际上的孤本，也是国宝级的古籍，价值连城。目前《四部医典》的第一部和第三部木刻都有发现，第二部和第四部是不是还有木刻，我们暂时还没有发现。这是卫拉特历史上唯一的一部木刻医学典籍，所以价值很高。

图 14 《四部医典》

图 15 木刻本《四部医典》

8. 伊犁河流域民间所藏托忒文古籍多的原因

伊犁河流域民间为何收藏这么多的托忒文古籍？原因如下：

（1）诵经习俗。伊犁河流域有一些普通的念经人，当地人把他们叫作"哈日巴哈什"，这跟民间信仰也有密切的关系。正因为念经的民间习俗，而传承了古籍。这些古籍可以一个人念，比如一些小的古籍，有人病了，或者孩子要上学，或者搬新家，或者有人结婚，都会念佛经。这幅图一看就知道他肯定不是佛教人士，不是喇嘛，就是一个普通的人，他念的就是《金光明经》（图16）。

图 16　诵经

（2）抄经习俗。有人需要收藏古籍的时候，可以找人抄写，拿回家。还有就是木刻，现在内蒙古地区会木刻的人是非常少了，可能他就是我国唯一一个还能木刻蒙古文古籍的人（图17）。

图 17　蒙古文古籍木刻人

（3）藏经习俗。当地还有收藏古籍的优良传统，这位收藏人后面的两个箱子里面全是托忒文的古籍，有两部《格斯尔》，还有中国收藏的唯一一部1742年的木刻，也是托忒文最大的木刻《八千颂》（图18）。他去世以后，他的儿子还有在乌鲁木齐生活的女儿女婿，继承他的遗志，继续保存这些古籍。他也是说唱江格尔的人，懂很多民间口头文化，是一位传奇性的人物，非常了不起。另外一位收藏人叫浩克，他的爷爷、父亲都是当地有名的收藏家。这是用驼绒做的，是收藏古籍的一个包，这种的不多见，是在20世纪初期做的（图19）。他们家有70多部古籍，他也是边收藏古籍边抄经。他们把这些古籍放在房子的最高处，供奉起来。因为有信仰，这些古籍才传承到现在。

图 18　托忒文古籍收藏人

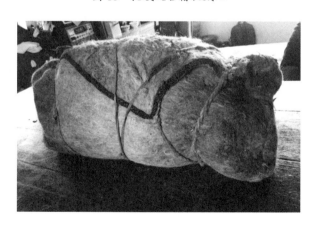

图 19　驼绒古籍收藏包

　　因为有念经、抄经和收藏古籍的信仰民俗，而且这些信仰民俗有很多必须遵守的规则。

　　我们做田野调查的村庄里面有很多古籍，他们就生活在天山山脉脚下。现在交通条件很好了，以前我们是骑摩托车进入到村庄里，有时候也骑牛，因为马长期在雪里面会走不动，所以有时候也骑牛进去，但是现在这种情况没有了。社会发展很快，以前很多地方都没有电，我们用充电器充电，几乎是带一个星期的电，然后回到县城再充电。现在做田野调查的时候，几乎每家每户都有电了。这就是他们的冬营地，在这个冬营地里面我发现过 30 多部古籍，这几乎是没有人去的地方（图 20）。

图 20　当地人冬营地

9. 今后的工作展望

我们今后需要做的工作还有很多，因为伊犁河流域厄鲁特人民间收藏了上千部的古籍，而且这些古籍几乎是馆藏都没有的孤本。

（1）必须完成伊犁河流域民间收藏托忒文古籍的目录。目录是古籍研究的基础，因为大家不可能都到伊犁去看古籍。把目录做出来以后，大家就知道所需要的古籍是不是在伊犁，需不需要去伊犁，所以目录很重要。现在我们也正在做，但是目录的制作也很困难，因为伊犁河流域的古籍主要收藏在民间，调查完所有古籍是不可能的，有些人因为各种原因不给我们看，有些古籍我们去的时候因为已经被请到别人家里而看不到。各种原因导致做出完整的伊犁河流域民间古籍目录是不可能的，但是大体的目录工作还是可以做的，所以下一步我们工作的重点就是完成伊犁河流域民间收藏托忒文古籍的目录。

（2）影印出版伊犁河流域民间收藏托忒文古籍。影印出版也很重要，因为这些民间收藏的古籍有遗失的可能。伊犁河流域的古籍到乌鲁木齐、和丰等其他地区的比较多，影印出版是最好的一个方法，别人也方便使用。前几年，我们也得到了国家出版基金的资助，出版了50册的托忒文古籍。虽然经费紧张，但是我们坚持彩色影印出版，收录600多部古籍。中国社会科学出版社也给我们彩色影印出版了几卷托忒文的古籍。近几年我国出版业发展很快，所以蒙古文古籍的影印出版也得到了迅速发展。目前在影印出版方面，我国做的是最好的，50册托忒文古籍的彩色影印出版在其他国家是不可能的。

（3）建立文献资料中心。这是非常必要的，如果有条件可以专门建立伊犁河流域厄鲁特人民间文献资料中心。

（4）制作缩微胶卷。我们以前和日本丰田集团合作，制作过微缩胶卷，当时是1万张图片的微缩胶卷。

（5）运用网络技术公开文献图片。数字化是古籍未来发展的重要方向，把古籍做成数据库公布在网络上，这样的话只要有网，在世界上的任何地方都能够看见，如果能完成这样的工作就更好了。

（6）人才的培养。目前，无论是我国还是其他国家，研究托忒文古籍的人比较少，所以必须培养人才。

（7）进一步加强田野调查工作，继续搜集古籍。我在这个地域大概做了20年的田野调查，虽然看到了一些珍贵的版本，但是还有很多没有看到，所以加强田野调查也是非常重要的工作。而且伊犁河流域是高原地区，正好在天山山脉的旁边，牧民夏天就进山了，我们到天山山脉深处去每家每户进行调查的机会很少。不仅是伊犁河流域的厄鲁特人，还有当地部分哈萨克族牧民也收藏有托忒文的古籍，所以进一步加强田野调查，进一步搜集古籍，这个工作也很重要。

（8）采取切实可行的古籍保护措施。在这些民间古籍的修复保护上，他们基本是用透明胶粘或是用报纸或者学生的作业本修复，这样等于又破坏了古籍，所以古籍保护也是迫在眉睫的工作。

（9）古籍散失严重，如何保护和传承是迫在眉睫的首要任务。古籍的保护和传承应该怎么办？因为它是移动文物，所有权都在个人手里。近几年有很多人都到过伊犁，拿走古籍的现象也比较普遍。而且民间的古籍有很多都非常珍贵，以后怎么传承下去是必须考虑的问题。人类历史上珍贵古籍遗失的惨痛教训有很多，当地的牧民很有决心将古籍传承下去，但是下一代或者下下一代能不能有这个决心，能不能传承下去，我们也是不清楚的。蒙古族历史上最著名的一部典籍就是《蒙古秘史》，《蒙古秘史》是明代汉译的。现在用回鹘式蒙古文写的《蒙古秘史》已经看不到了，如果明代没有将《蒙古秘史》汉译的话，这部书就失传了。目前我们看到的蒙古文的《蒙古秘史》都是根据明代的汉译本重新复原成回鹘式蒙古文的。所以古籍的保护传承，不管是个人的收藏还是机构馆藏，没有很好的设备，以后失传的可能性很大。我们也应该注意用什么方法把它保存下来，更好地传承下去，这也是我们今后必须考虑的事情。

乌兰

《元朝秘史》的特征及版本流传

　　乌兰，中国社会科学院民族学与人类学研究所研究员。1978年毕业于内蒙古大学蒙古语言文学系，留该校蒙古史研究所工作，后调入中国社会科学院工作。曾在内蒙古大学蒙古史研究所师从蒙古史学家亦邻真教授、周清澍教授学习硕士研究生课程，后师从导师亦邻真教授攻读博士研究生课程，1997年博士研究生毕业，获历史学博士学位。主要学术著作有《〈蒙古源流〉研究》《元朝秘史》（校勘本）、《〈蒙古源流〉库伦本之拉丁音写本》（合著），发表《蒙古征服乞儿吉思史实的几个问题》《Dayan与"大元"——关于达延汗的汗号》《印藏蒙一统传说故事的由来》《〈元朝秘史〉"兀真"考释》《关于蒙古姓氏的研究》《关于成吉思汗"手握凝血"出生说》《从新现蒙古文残叶看罗桑丹津〈黄金史〉与〈元朝秘史〉之关系》《〈八旗满洲氏族通谱〉蒙古姓氏考》《〈元朝秘史〉版本流传考》《蒙古族源相关记载辨析》等数十篇论文。

大家上午好！首先感谢国家图书馆给我这个机会，跟大家分享我在《元朝秘史》研究当中的一些收获。我今天讲座的题目是《〈元朝秘史〉的特征及版本流传》。

《元朝秘史》有时候也称作《蒙古秘史》，在蒙古族人当中是家喻户晓，在其他民族的读者当中也有很广泛的知名度，一说到《元朝秘史》或者《蒙古秘史》，大家不会感到特别陌生，但是围绕这本书的一些相关问题，却不是一两句话能够说清楚的，因为有些研究到现在还没有一个定论。既然介绍一本文献，就离不开文献学方面的一些问题，比如说它的作者、成书时间、主要形式、内容、风格、价值和版本流传等。下面围绕这些问题，给大家做一个简单介绍。

一、《元朝秘史》的形式

我们首先来看这本书的形式。

（一）《元朝秘史》的书写特征

这是我们现在最常用的《四部丛刊三编》本，1936 年上海商务印书馆出版的（图 1）。首叶第一行写着"元朝秘史卷一"，下面写"忙中豁仑纽察脱察安"，然后正文每一个格里有两行，大字的在左边一侧，小字的在右边一侧，如第二行大字写"成吉思合罕讷忽札兀儿"，其中"成吉思"对应的右边一侧小字写"名"，左侧"合罕讷"对应右侧"皇帝的"，下面左侧"忽札兀儿"有个连线，右边写"根源"。我们直接念"成吉思合罕讷忽札兀儿"，是什么意思呢？汉语不成话。往下看这一单元都是这样的情况，然后接下来左边半叶低行有很多小字，这一部分就是通顺的汉语，是对上面一段文字的大致汉译："当初元朝的人祖。是天生一个苍色的狼。与一个惨白色的鹿相配了。同渡过腾吉思名字的水来。到于斡难名字的河源头。不儿罕名字的山

225

前住着。产了一个人名字唤作巴塔赤罕。"前面大字部分是蒙古文原文的汉字音译，比较难读，没有经过一定训练的人读不懂。

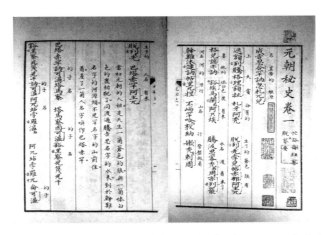

图 1 《元朝秘史》（1936 年上海商务印书馆《四部丛刊三编》本）首叶

这部书到底怎么给它定位呢？我的导师亦邻真先生是著名的蒙古史学家，他说这本书是"特殊形式的汉字史籍"。亦邻真先生 1987 年出版过一部《元朝秘史》的畏吾体蒙古文还原本，前面有一篇非常著名的导言，讲到这本书文献学方面的相关问题。他认为这是一部特殊形式的汉字史籍。说它是"汉字史籍"，因为是用汉字写成，采用从右向左竖行书写的汉籍传统形式，装帧也是线装的。但是前面又加了一个"特殊形式"，因为正文书写的不是汉语，而是用汉字音写的蒙古语。"成吉思合罕讷忽札兀儿"都是汉字音写的蒙古语。该书在构成的形式上也分成了三个部分：音译正文（汉字音写蒙古语）、旁译（汉字汉语）、总译（汉字汉语）。"成吉思"对应"名"，"合罕讷"对应"皇帝的"，"忽札兀儿"对应"根源"。"名""皇帝的""根源"，就是旁译。"成吉思"是专名，"合罕"是"皇帝"，"讷"是"的"，"忽札兀儿"是"根源"。这就是这句话的蒙古语意思。接下来，"格儿该"是"妻"的意思，"亦讷"的意思是"他的"，"豁埃"的意思是"惨白色"，"马阑勒"的意思是"鹿"，"阿只埃"是判断词，表示"是"（旁译"有来"）。"腾汲思"是水名，此处连线连错了，应该从"客"开始，不是说水名叫"腾汲思客"，水名是"腾汲思"，下面的"客秃勒周"是动词，意思是"渡着"，"亦^舌列罢"

是"来了","列"字左上肩有个小的"舌"字，用来表示舌尖颤音。总译和现代汉语不太一样，有点像元代汉语白话。

（二）《元朝秘史》为什么采用这种特殊形式

根据前人的研究成果，这本书应该是学习蒙古语的一种教材，是明朝初年制成的。目前学界比较一致的意见是：明初翰林院为了培养蒙古语译员，利用元代蒙古文文献编译出教材，后来刻版印行，就成了我们现在看到的《元朝秘史》。《元朝秘史》所根据的元代蒙古文文献，应该是蒙元时期（蒙古史学界一般用"蒙元时期"来指代蒙古汗国和元朝时期）用畏吾体蒙古文所写的"脱卜赤颜（又译脱必赤颜）"即"国史"中的一部分，而脱卜赤颜已经散佚了。也就是说，《元朝秘史》所根据的畏吾体蒙古文原文现在已经见不到了。畏吾体蒙古文的出现，据史书记载应该是在 13 世纪初以后，当时有个畏吾儿人在乃蛮部为官，名叫塔塔统阿，于 1204 年蒙古灭乃蛮部时被俘，后来成吉思汗命他用畏吾儿人的文字来记写蒙古语（以畏兀字书国言）。因此后人称这种记写蒙古语的文字为"畏吾体蒙古文"，也有学者称作"回鹘式蒙古文"，都是一种文字形式。但是畏吾体蒙古文的叫法更严谨，因为回鹘是唐朝时候的译名，而宋朝的时候译名已经用畏吾儿或者是畏吾了。制作该书时，先对正文即蒙古文原文进行汉字音写，这是为了方便学习蒙古语的发音；继而对音译的正文加注旁译，这是为了方便掌握蒙古语的词义，其中表示数、格、时制、语态、人称变位等现象的特定用字，是为了便于正确理解文中的语法意义；最后配加总译，这是为了便于对某一段原文内容有一个总的、大致的了解。但是不经过专门的学习和训练，只懂汉字、汉语的人是看不懂全文的。而且总译往往是缩译，有时候前面的音译正文很长，但是总译很短，没有逐字逐句地去译。比如说"格儿该亦讷^中豁埃马^舌阑勒阿只埃。腾汲思客秃勒周亦^舌列罢"，这是两句话，是拿汉字拼的蒙古语，其中"格儿该"是"妻子"的意思，"亦讷"是"他的"意思，是蒙古语物主小词，第三人称单数，一般在名词的后面。"他的妻子"要是用物主小词形式表示就成"妻子他的"，蒙古语是倒着说的。"豁埃马阑勒"的意思是"惨白色的鹿"。"阿只埃"为蒙古语动词的一种形式，表示"是"的意思，放在表语的后面。"腾汲思"一词的旁译是"水名"，明初翰林院的人把"腾汲思"理解成了一个专名。学者们对这个词的意见也不一致，比较合理的看法是视作普通名词，即当"大湖"解。"客秃勒周"是"渡着"的意思，动词的词干就是渡过的"渡"，"着"表示中顿，是一个接续式，一般汉语就用这个"周"字来表示蒙古语的 –ju，–jü。"亦^舌列"是动词词干"来"，"罢"是动词的一种过去时形式，旁译用"了"，表示"来了"。整个前面的这句话就是在讲成吉思汗家族的起源，可以汉译为："成吉思合罕的祖源，是应上天之命出生的孛儿帖赤那。其妻是豁埃马阑勒。［他们］渡过大湖而来。在斡难河源头不儿罕山扎下营盘，生的儿子名叫巴塔赤罕。"看来明初的总译跟原文是有些出入的。《元朝秘史》的第一节，讲的就是成吉思汗的祖先是怎么回事，从哪儿来的。这种形式的书，如果不经过几代人研究的话，读起来就会很费劲。

二、关于《元朝秘史》的书名

下面我们讲一下这部书的书名。

（一）明初制作完成的"特殊形式的汉字史籍"的书名

我们现在知道有"元朝秘史""蒙古秘史""元秘史"三种书名。如果提到"元朝秘史""蒙古秘史""元秘史"，指的都是这部特殊形式的汉字史籍。

1．"元秘史"是明初汉字本最初的书名

最初制成汉字本的时候，是根据蒙元时期的脱卜赤颜。脱卜赤颜的一部分内容被做成教材的时候，最初起名叫"元秘史"，《明太祖实录》洪武十五年（1382）的一条记事里提到了"元秘史"的书名。另外，明洪武年间刻本的中缝处也刻着"元秘史"这三个字。

2．"元朝秘史"是"元秘史"的后来异名

最初定名是"元秘史"，但是后来把它收入到《永乐大典》后，名字又变了，加了个"朝"字。证据之一是《四部丛刊三编》本是从顾广圻校本来的，顾广圻校本又是间接从明洪武刻本来

的。《四部丛刊三编》本一共有十二卷，每卷卷首写的都是"元朝秘史"，但是中缝处写的是"元秘史"。这就是洪武刻本特征的遗存。所以有前辈学者推测，明朝永乐初年编修《永乐大典》的时候，入选的"元秘史"被改名为"元朝秘史"，原来的十二卷也被改分为十五卷。

3. "元朝秘史""蒙古秘史"二者的关系

"蒙古秘史"的说法是从哪儿来的？我们从汉字本上看不到"蒙古秘史"这四个字。《四部丛刊三编》本根据的是顾广圻校本，而19世纪初完成的顾广圻校本根据的是张祥云家藏的抄本。这个抄本卷首的标题下就有"忙中豁仑纽察脱察安"八个字，实际上拼的是蒙古语 Mongqol-un Ni'uča To［b］ča'an，即"蒙古之秘史"。

关于"忙中豁仑纽察脱察安"跟"元秘史"之间的关系，我简单介绍一下现在学界的几种看法。（1）把"忙中豁仑纽察脱察安"看成书的名字，后来翻译成了"元秘史"或者"元朝秘史"。（2）该书原文本无书名，明初制作汉字本时题蒙古语书名，汉字音写为"忙中豁仑纽察脱察安"，又汉译为正式书名"元朝秘史"。（3）"元朝秘史"是明人加上去的，又被返译成蒙古名，用汉字音写为"忙中豁仑纽察脱察安"。（4）明初制作汉字本时题"元秘史"，并用汉字音写其对应蒙古名为"忙中豁仑纽察脱察安"。我的推测就是洪武年间制作汉字本的时候题"元秘史"，并返译成蒙古语，汉字音写为"忙中豁仑纽察脱察安"，洪武年间刻本正式书名是"元秘史"，下方用小字标出来汉字音写的返译名"忙中豁仑纽察脱察安"。到了永乐初年修《永乐大典》的时候，就把"元秘史"改成了"元朝秘史"。因为一般是后朝为前朝写史，明朝称前朝为"元"，但是这个"元"实际上就是指蒙古。所以"元朝秘史"跟"蒙古秘史"当时看着就是一样的，汉字写"元"，音写蒙古语就写"忙豁仑"（"仑"是带属格助词的形式）。

4. 关于"秘史"之语

蒙元时期的文献中，基本不见用作书名的"秘史"之语。"秘"（蒙古语的"纽察"），估计是明初翰林院的人员根据蒙元时期国史"至秘"的情况添加进去的。因为《元史》里面，还有元代其他文献里面有记载，例如《元史》卷一八一《虞集传》

里就写道："又请以国书脱卜赤颜增修太祖以来事迹，承旨塔失海牙曰：'脱卜赤颜非可令外人传者。'遂皆已。"还有许有壬《元故右丞相怯烈公神道碑铭并序》载："……国史曰脱必赤颜，至秘也。"也就是说这个书是藏在宫廷里面，不许外人看的，包括汉族大臣也是不能看的。所以可能就是根据这个原因加了一个"秘"字。

（二）《元朝秘史》原文的书名

先讲《元朝秘史》原文的书名，因为它与后面的书名是有关系的。

1. 蒙元时期的国史之称

蒙元时期的国史，蒙古语统称 Tobčiyan，汉字音写成"脱卜赤颜"，文献里就是直接这么用的。1362 年汉蒙合璧的西宁王忻都公神道碑（碑额《大元敕赐西宁王碑》）里有一处，汉文一边是"史"，蒙古文一边用 tobčiyan。元朝时期说 tobčiyan，指的就是皇家的历史。蒙元时期全部的脱卜赤颜已经见不到了，只有最初的一部分在明初被改制成语言教材，以《元朝秘史》之名流传到现在。

2. 蒙元时期的国史是否有其他具体名称

也有学者们探讨过这方面的问题。第一，是不是可能叫"黄金史"？tobčiyan 在明代以后逐渐变为 tobči，–yan 这一部分就脱落了。亦邻真先生《〈元朝秘史〉畏吾体蒙古文复原》绪论认为，Altan Tobč 可以理解为"黄金家族的史书"，即"皇家史乘"，如果《元朝秘史》的畏吾体蒙古文原文有书名的话，最有可能的应该是 Altan Tobčiyan（黄金史）。17 世纪以后，出现了两部《黄金史》，一部作者佚名，还有一部是罗桑丹津参与编写的。据此返观，如果说元朝时候脱卜赤颜有具体书名，则很可能就叫作 Altan Tobčiyan（阿勒坛脱卜赤颜，黄金国史）。还有，14 世纪初蒙古伊利汗国拉施都丁主编的《史集》里面多次提到汗廷金匮中的《阿勒坛迭卜帖儿》，"阿勒坛"是"黄金"的意思，"迭卜帖儿"是"册"的意思，合起来即"金册"或"黄金史册"。这也有助于推测脱卜赤颜可能没有什么更具体、固定的名称，如果有，则很可能就称为 Altan Tobčiyan，即"黄金国史"。这是我导师的意见。第二，"成吉思皇帝的根源"的问题。

目前所存十二卷本系统诸本的第 1 节正文第一行作 "成吉思合罕讷 忽札兀儿 / 成吉思皇帝的根源"（Činggis Qa'an–u Huja'ur），行下有空格，第二行重新顶格书写。第一行的文字似乎可以视为独立的存在。有人认为这应该是《元朝秘史》畏吾体蒙古文原书的书名，还有人认为这是第 1—268 节部分（不包括窝阔台汗的历史）的标题。亦邻真先生认为 "成吉思合罕讷忽札兀儿"（成吉思汗的家世）只是第 1—68 节的标题，是一个历数成吉思汗 22 代祖先的家谱。

不过，目前所存十五卷本系统诸本的第 1 节正文第一行无空格，"成吉思合罕讷 忽札兀儿 / 成吉思皇帝的根源" 之语下面接写后续的内容。那么与下面的文字连起来读，"成吉思合罕讷 忽札兀儿 / 成吉思皇帝的根源" 就成了整个句子的主语，汉意为 "成吉思皇帝的根源，是应上天之命出生的苍狼"。这与该节总译中的 "当初元朝的人祖，是天生一个苍色的狼" 是一致的。有学者认为 "成吉思合罕讷 忽札兀儿" 单独占行，不过是出于元代行文体例而为之（方龄贵，《关于〈元朝秘史〉书名问题之再探讨》，2005）。因十二卷本系统之祖本洪武刻本的首叶已散佚，不好确认其第 1 节正文第一行的真实情况。但是从总译的情况来分析，明初翰林院的译员们是将 "成吉思合罕讷 忽札兀儿 / 成吉思皇帝的根源" 作为首句的主语来理解的。

三、《元朝秘史》的内容及结构

第三个问题讲一讲这部书的内容及结构。

（一）《元朝秘史》主要内容

该书的内容当来自元朝 "脱卜赤颜" 即 "国史" 中的一部分，最初的部分。最初的一部分主要就是成吉思汗及其继任者窝阔台汗历史的那一部分。实际上，成吉思汗这一部分往上，还有成吉思汗之前一共 22 代的先祖系谱和简单的事迹。苍色的狼或孛儿帖·赤那到成吉思汗的父亲也速该·把阿秃儿的历史比较短，从第 1 至 58 节。成吉思汗部分的分量比较重，从第 59 至 268 节。窝阔台汗部分，从第 269 至 281 节，内容较少。在每部分当中，基本上都是按照时间顺序写的。每一个包括音译正文、旁译和总译的单元，称作"节"。一共是282个节，学界一般就用符号"§"来表示节。这些节的内容和字数是不一样的，有的节文字很少，有的节文字很多。第282节是很简单的一个跋文。

（二）《元朝秘史》分卷情况

目前流行的版本分成了两个系统，一个系统是十二卷本，就是出自我们刚才看到的洪武刻本，另一个系统是十五卷本，出自《永乐大典》抄本。这两个系统的本子内容上是一样的，节的划分也一样，都是282节，只是分卷不同。十二卷本系统是洪武刻本的版式，所以诸本基本上都是一样的，总共608叶，平均每卷50叶。正集是10卷，续集是2卷。续集基本上就是窝阔台汗的历史了，但也包括成吉思汗的部分历史。十二卷本的叶数可以统计出来，但是十五卷本就不好统计了。因为十五卷本系统诸本的版式不一致，叶数不一。

四、《元朝秘史》的成书时间

书中没有给出明确的写作或完成的时间，只是在第282节跋文内写道："此书〔，〕大聚会着。鼠儿年七月。于客鲁涟河阔迭额阿剌勒地面处下时。写毕了。"（总译）这里涉及两个时间，一个是《元朝秘史》所据脱卜赤颜相关部分完成的时间，另一个是《元朝秘史》制成的时间。

（一）《元朝秘史》原文即脱卜赤颜的写作年代

最后一节即跋文提到了一个"鼠儿年"，还有"大聚会"。了解蒙古史的人知道这个大聚会就是"也客忽里台"，国家的大事都要由这样一个忽里台大会来决定。鼠儿年的七月，在"客鲁涟河"畔召开了一次这样的大聚会。客鲁涟河就是现在的克鲁伦河，大部分在蒙古国境内。"阔迭额阿剌勒"是蒙古语，那个地方现在还叫这个名字，在克鲁伦河的上游一带，蒙古国首都乌兰巴托市东南方向。跋文里提到的这个鼠儿年，应当视为《元朝秘史》原文即脱卜赤颜最初部分的完成时间。关于这个"鼠儿年"的公历推算，学术界存在几种不同的结论，主要有：

232

1.1228 戊子年说

这一说法的基本观点是，"鼠儿年"指 1228 戊子年，在这一年先写成了《元朝秘史》前面的大部分内容（成吉思汗史部分），卷末的一小部分内容（窝阔台汗史部分）是后来续写的，而本为前一部分内容所做的跋文后来被移到了新的卷尾。这一观点反映出相关方面的研究已经有了阶段性的深入，结论似乎更为接近实情。将 1228 戊子年视为该书主要部分的完成时间，存在一定的合理性。

（1）符合跋文中所说时间、地点、事件内容之条件要素的，只有 1228 戊子年。《元朝秘史》第 269 节记载："成吉思既崩，鼠儿年，右手大王察阿歹、巴秃，左手大王斡赤斤，同在内拖雷等诸王驸马，并万户千户等，于客鲁连河阔迭兀阿剌勒地行大聚会着，依成吉思遗命，立斡歌歹做皇帝。……"第 269 节的记载与跋文的内容相呼应。一方面，《圣武亲征录》《元史》《史集》记窝阔台于 1229 年（己丑、牛儿年）在大忽里台上被推戴为大汗。另一方面，《世界征服者史》《蒙古源流》同《元朝秘史》一样，亦记窝阔台于戊子年 1228 年即位。另据《圣武亲征录》《金史》的记载，或许可以认为窝阔台 1228 年在大聚会之后就留在了成吉思汗的大斡耳朵所在地，并于次年在那里即位。小林高四郎、植村清二、亦邻真、罗依果等学者倾向认可《元朝秘史》的相关记载。

（2）罗桑丹津《黄金史》间接收录的与《元朝秘史》相近的内容，也止于第 268 节。这有助于说明《元朝秘史》第 1—268 节原本就是自成一书的，书后有跋文。

（3）十二卷本的"正集""续集"的安排，看来也不是随意划分的。"正集"基本上就是第一、二部分的内容，"续集"基本上是第三部分的内容。由于后来续加内容制成新书，原有跋文就被移至新成之书的末尾，成了现在的第 282 节。那么，以第 268 节为划分前后两部分的界线，也应该是合理的。

不过，从现存《元朝秘史》包含个别 1240 年以后的史事，以及所反映出的畏吾体蒙古文的成熟程度来分析，其所据原文不会是一次完成的，形成初稿后应该经历了不止一次的修改和重新抄写。

2. 1240 庚子年说

持这一说法的学者比较多，且多数为研究早期的学者。另外，韩泰华旧藏本、陆心源旧藏本、丁丙旧藏本在卷十五最后一节总译第 1 行叶眉都写有"太宗十二年庚子"的字样，当出自鲍廷博的眉批。这一观点的主要依据是：窝阔台 1241 年去世，而该书没有提到他的去世，他在位期间的鼠年只有 1240 庚子年。由于以往不少学者认为此鼠儿年当即 1240 年，蒙古国于 1990 年召开了纪念《蒙古秘史》成书 750 周年的国际学术会议。在此前一年的 1989 年 6 月，联合国教科文组织在巴黎召开执委会第 131 次会议，就纪念《蒙古秘史》成书 750 周年通过决议，号召会员国对该书举行广泛的纪念活动。

3. 1252 壬子年说

持这一说法的学者有格鲁塞（《蒙古帝国史》，1941）、余大钧（《〈蒙古秘史〉成书年代考》，1982）等人。

4. 1264 甲子年说

持这一说法的学者主要有洪业（《〈蒙古秘史〉源流考》）等人。

5. 1276 丙子年说

持这一说法的学者主要是姚从吾和札奇斯钦（《汉字蒙音〈蒙古秘史〉新译并注释》，1960—1962）。

6. 1324 甲子年说

持这一说法的学者是冈田英弘（《〈元朝秘史〉的成立》，1985）。

然而，史书中并未见到有关 1240 年或 1252 年、1264 年、1324 年召开大忽里台（也客·忽邻勒塔 yeke qurilta，即"大聚会"）的记载。

（二）《元朝秘史》的成书年代

这部"特殊形式的汉字史籍"的制作年代，根据《明实录》洪武十五年的记载，应该是在 1368 年至 1382 年之间。洪武十五年春正月丙戌条记载："命翰林院侍讲火原洁等编类《华夷译语》。……复取《元秘史》参考，纽切其字，以谐其声音。"在洪武十五年编《华夷译语》的时候，参考了《元秘史》，所以这个时候《元秘史》已经有了。但是从《华夷译语》和现存的

《元朝秘史》的实际情况看，《华夷译语》明显不如《元朝秘史》成熟、讲究。陈垣先生很早就发现了这个问题，他在《〈元秘史〉译音用字考》中分析《元朝秘史》的翻译完成是在《华夷译语》编成之后。估计《元秘史》在《华夷译语》成书后又经历过提高、完善，然后才刻版印行。我们现在看到的洪武刻本是在《华夷译语》参考了最初的《元秘史》编成以后，《元秘史》又翻过来有了新的改进，所以更讲究、更成熟。《华夷译语》现存最早的刻本是 1389 年的，以这个为参考，《元秘史》的刻本应该与《华夷译语》基本上是同一时间的或者稍晚一些。《元秘史》洪武刻本已经几乎全部遗失了，仅有 40 多枚残叶幸存，于 1933 年从故宫内阁大库里被发现，后来文物南迁的时候随迁，现存台北故宫博物院图书馆。

五、《元朝秘史》的作者

原书跋文中没有给出作者的姓名，正文里也看不到有关作者的直接信息。长期以来，人们就作者人选所展开的种种猜测一直不断。1805 年，顾广圻在顾校本的跋文中说卷首标题下的"忙中豁仑纽察脱察安"几个字"必是所署撰书人名衔"。顾广圻这一误解的影响在中国学者中持续了近一个世纪，先后为李文田、叶德辉等人所沿袭。20 世纪初，那珂通世、沈曾植分别指出这几个字是"蒙古秘史"的音译，至此顾广圻误解的影响才告一段落。

现在学术界对作者的猜测，主要分为五类：塔塔统阿说、失吉忽秃忽说、镇海说、蒙力克说、集体创作。塔塔统阿是我们刚才说到的乃蛮部的一个官员，他本身是畏吾儿人。失吉忽秃忽为成吉思汗的养子。镇海也是一个大的书记官。蒙力克是成吉思汗的义父。现在看来，不可能是某一个人写成的，集体创作说还是比较合理一些。早在 1866 年，俄国学者巴拉第·卡法罗夫在其《元朝秘史》俄译本中就提出该书不可能出自一人之手，大概是事件的亲历者或者是距成吉思汗时代不远的人们，将各自生动的故事合在一起，由某个有学问的蒙古人执笔整理而成（《关于成吉思汗的古代蒙古传说》）。日本学者小林高四郎在分析了前人的一些推测后，说把作者限定为一个人是不妥当的，他还是认为巴拉第的见解最为稳妥（《〈元朝秘史〉研究》）。苏联学者潘克福说《元朝秘史》可能是据某人口述写成的，但是也有可能是由几个人共同撰写的（《元朝秘史（蒙古秘史）十五卷本》前言，1962）。

这些说法还都只能停留在推测阶段，在缺少直接证据的情况下，很难就实际的作者形成定论。亦邻真说："企图找出《秘史》的作者是徒劳无功的，因为没有任何史料线索。《秘史》不是一次修成的，所以不可能只有一个作者。当时畏吾人当必阇赤的很多，执笔人未必非是蒙古人不可。《秘史》是由一批耆老们回忆和口述，必阇赤们记录、整理加工的产物。当时的蒙古人，文化还没有发展到由一个人独自撰史的水平。"（《〈元朝秘史〉畏吾体蒙古文复原》绪论）当时应该是这样一种情况。

六、《元朝秘史》的撰写风格

我们说一下《元朝秘史》的撰写风格。以前也有学者认为它不是一部史书，是一部文学作品。但是我们认为，本质上它还是一部史书。

（一）本质还是一部史书

从《元朝秘史》的基本内容来看，记载的就是历史，是成吉思汗先人的世系谱、成吉思汗的历史还有窝阔台汗的简史。它的素材来源于蒙古人当中口头流传的故事，还有参与者的亲历口述和少量的文字资料（圣旨、圣训等）。而且"脱卜赤颜"这个称呼，也说明它就是一种史书，因为脱卜赤颜本身就是史的意思。它之所以称脱卜赤颜，肯定被认为跟史有关。

作为一种史书，它具有编年史的特征，叙事的顺序是按照年代来的，采用十二属相动物纪年法，自 1201 年鸡儿年开始标记明确年份，但是由于书中大部分素材来自世代口耳相传的口头作品和当事人的口述，为了保证叙事的集中和完整性，时常出现将历经几年的事集中于一年记述，导致史事年代错乱的现象。

236

（二）文学色彩浓厚

从整体风格来看，它的文学色彩比较浓厚，所以有的人说它文史不分。主要表现为故事性强、文学描述成分较多。许多人物和事件，一般都经过了艺术处理，使得整个故事更为完整和合理。具体叙述也大多经过了文学加工，文学性的语言多见，还大量使用了韵文，而韵文本身也是口传历史的一种特征。在尚无文字的时代，口头作品总是借助便于记忆的韵文存在。与叙述方式的文学性相对而言，《元朝秘史》的叙事也有其质朴的一面，写实性较强，生动逼真，不少场景的描述让人有一种身临其境的感觉。文学描写本身也反映着当时蒙古史家的历史倾向性，"在某种意义上，《秘史》的文学描写是代替评论的"（亦邻真《〈元朝秘史〉畏吾体蒙古文复原》绪论）。

（三）口传历史痕迹明显

作为蒙古人最早的史书，《元朝秘史》显示出更多口传历史的痕迹。在拥有文字之前，人类一般都经过了口传历史的阶段，而口传历史的内容大都包括祖源传说以及先祖系谱事迹。《元朝秘史》开篇即讲成吉思汗家族的起源，接着交代自始祖孛儿帖赤那以来 22 代先祖的系谱，并穿插一些事迹。这一部分经过代代的口传，已经成为一种成熟的传说故事。

典籍与文化 15

（四）草原气息浓郁

《元朝秘史》写的是蒙古游牧民族的历史，其内容带有蒙古游牧民族生产生活方式以及社会道德、思想意识的烙印。从人物的语言、形象到反映出来的社会生活，处处洋溢着草原的气息和韵味。在思想意识方面，萨满教的作用明显可见，遵从长生天的旨意及代天行道之首领的命令，就是人们行为的最高准则。

（五）编纂体例尚嫌不足

由于当时还处在蒙古人历史编纂的早期阶段，在编纂的体例章法方面尚嫌不足，还不知划分卷、章节，并设立目录。现存《元朝秘史》即明初汉译本划分为 282 节，此外又有卷（十二卷和十五卷）的划分，但是从罗桑丹津《黄金史》及西藏阿里残叶分析，最初的原文即蒙元时期的脱卜赤颜是不分卷和章节的。尽管写有跋文，但其内容仅交代了成书的年份和地点，没有明确涉及书名、作者姓名及写作宗旨等方面。

总之，《元朝秘史》是蒙古人最初的历史作品，是蒙古人首次用自己的语言和方式、从自己的视角和观念撰写的自身的历史，直接反映了当时蒙古人对自身历史以及历史作品的认识，尚未受到过多外来因素的影响，蒙古成分含量高，代表了早期草原蒙古史家的撰史特点。

七、《元朝秘史》的学术价值

苏联学者符拉基米尔佐夫在他的《蒙古社会制度史》中说了这样一段话："《秘史》叙述着成吉思汗所出生的氏族，自由而奔放地绘出草原生活的图象，为推断 12—13 世纪蒙古人生活的各个方面提供了极为丰富的资料。……如果可以说在中世纪没有一个民族像蒙古人那样吸引史学家们的注意，那么也就应该指出没有一个游牧民族保留下像《秘史》那样形象地详尽地刻画出现实生活的纪念作品。"《元朝秘史》不仅是蒙古人，也是整个欧亚大陆游牧民族值得骄傲的精神、文化财富。

从学术角度来讲，《元朝秘史》具有多方面的研究价值。因为欧亚大陆其他游牧民族都没有记叙下来这样大部头的作品、这样生动的生活的历史。

第一，《元朝秘史》是古代蒙古史的基础史料。它是记载古代蒙古人历史的最早的一部史书。书中记载了包括成吉思汗的先祖谱系和成吉思汗一生的事迹，还有窝阔台汗在位时期的一些事迹。后来的《圣武亲征录》《史集》《元史·太祖本纪》等，都是从这里出来的。它是研究蒙古早期历史、成吉思汗家族史、蒙古汗国建国史的基础史料来源。

第二，《元朝秘史》是古代蒙古社会历史的百科全书。它所记载的内容非常丰富，涵盖许多方面，可以称得上是古代蒙古社会历史的百科全书。书中可以看到古代蒙古社会人们生产、生活的生动记录，以及社会组织发展和变化的情形。书中还提供了古代蒙古社会结构包括行政、军事建制方面，以及游牧生产中人与人的社会经济关系方面的珍贵资料。书中所反映出的古代蒙古的社会心理、伦理道德观念、宗教信仰等，也成为相关方面历史研究的重要依据。

第三，《元朝秘史》是一部优秀的蒙古文学经典作品。书中有大量的韵文、俗语，人物记述多采用文学描写，经过了艺术加工。反映出当时的蒙古人作为草原民族的文化传统和文学成就，是一座丰富的蒙古古典文学宝库。

第四，《元朝秘史》是古蒙古语独一无二的典范文献。《元朝秘史》所据原文是以畏吾体蒙古文写成的，记写的语言是古蒙古语，因其篇幅和纯蒙古色彩，成为古蒙古语独一无二的典范文献，也是蒙元时期唯一的长篇蒙古语作品。它是真正用蒙古语思维、用蒙古文撰写的。一方面，书中保存了大量的古蒙古语词语，而其中有些词语现在已经消失，有些词语已经转义。另一方面，书中保留了不少古蒙古语特有的语法现象，有些现在也已经消失或发生了变化。这些词语和语法现象被脱卜赤颜使用和记录下来，并通过《元朝秘史》的注音和汉译得以基本准确保全原音原义，为后人了解、研究古蒙古语提供了不可多得的第一手资料和权威参考。

八、《元朝秘史》的版本流传

简单说说《元朝秘史》的版本流传，了解一下我们现在所能看到的这些版本是一个什么状况。在介绍《元朝秘史》的版本之前，有必要先把《元朝秘史》的蒙古文原文即脱卜赤颜的版本讲一下，因为它们之间是有关系的，做研究的时候也要兼顾这方面的参考价值。

（一）《元朝秘史》之蒙古文原文的版本流传

《元朝秘史》之蒙古文原文即蒙元时期的国史——脱卜赤颜，在元末明初形成了两个流传方向。落入明廷的，在被作为底本改制出"特殊形式汉籍"《元朝秘史》后不久散佚；随元廷回到蒙古草原的，继续以畏吾体蒙古文的形式流传，但留存了一段时间后也遭遇散佚，幸而在流传过程中逐渐产生出了一些异本。

这些异本中的一些部分被后来的历史著作收入其中，已知17世纪蒙古文史籍罗桑丹津《黄金史》收有成吉思汗史的部分。

目前可知属于脱卜赤颜异本一类的实物，还有内蒙古自治区达茂旗鄂伦苏木古城遗址出土的蒙古文残叶（存损毁严重的两幅）、西藏阿里托林寺出土的蒙古文残叶（目前公布有 24 幅影印件）。

1. 内蒙古自治区达茂旗鄂伦苏木古城遗址出土蒙古文残叶

内蒙古鄂伦苏木古城遗址出土的蒙古文残叶，仅存两面且损毁非常严重，每面只留几行文字（图 2-1）（图 2-2）。这两幅残叶最初收在海西希教授整理出版的《内蒙古鄂伦苏木蒙古文手抄本残叶（16—17 世纪）》中，但是他没有释读出来，归在"未解读残叶"部分。然而年轻的学者蒙古夫经过准确识读把它们跟罗桑丹津《黄金史》和《元朝秘史》联系起来了。这是罗桑丹津《黄金史》的影印件（图 3）。罗桑丹津《黄金史》的成吉思汗部分，好多内容跟《元朝秘史》是吻合的。蒙古夫对两份残叶进行考证，认为出自《元朝秘史》（当指脱卜赤颜）15 世纪末至 1628 年之间某异本，并通过准确解读证实罗桑丹津《黄金史》与《元朝秘史》某些文字上的差异出现在前者成书之前，即在脱卜赤颜传抄过程中产生的异本中已经存在。（《鄂伦苏木蒙古文献遗存中的两份残叶之解读——〈蒙古秘史〉与罗桑丹津〈黄金史〉的关系》，《蒙古学问题与争论》第 2 辑，2006）这一研究首次以实物证实了脱卜赤颜和罗桑丹津《黄金史》之间确实存在异本。

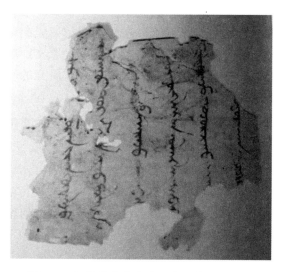

图 2-1　鄂伦苏木古城遗址出土蒙古文残叶

240

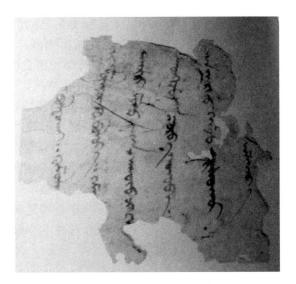

图 2-2　鄂伦苏木古城遗址出土蒙古文残叶

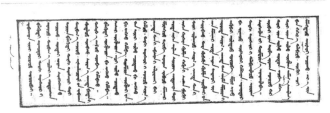

图 3　罗桑丹津《黄金史》影印件（相当于《秘史》§90 处）

2. 西藏阿里托林寺出土蒙古文残叶

我在 2009 年秋季发表了一篇论文——《关于新获两幅蒙古文残叶》，是在蒙古国国立大学的学报上发表的。那一年的 5 月，我们研究所的照那斯图先生发给我一张照片的复印件，嘱我研究，他说照片得自北京大学考古系，是 1999 年在托林寺考古队实习的学生带回学校的。照片拍的是两幅残叶，当时看了以后，判断也是出自脱卜赤颜和罗桑丹津《黄金史》之间的一种异本（图 4）。2010 年补充了一些材料，在《西域历史语言研究集刊》第四辑发表了《从新现蒙古文残叶看罗桑丹津〈黄金史〉与〈元朝秘史〉之关系》。总的来说，残叶内容与罗桑丹津《黄金史》更为相近，但是与《元朝秘史》相对照，残叶又较罗桑丹津《黄金史》更多地保留了一些古词语。这些特征显示残叶的原本应该早于罗桑丹津《黄金史》。就是说，在罗桑丹津《黄金史》成书之前，蒙古地区曾存在着脱卜赤颜或其直系抄本的某种后期的修改本，类似鄂伦苏木残叶、西藏残叶的原本。罗桑丹津《黄金史》与《元朝秘史》相应部分的内容，就是源自脱卜赤颜的某一后期的修改本，而不是直接选取自脱卜赤颜或其直系抄本。

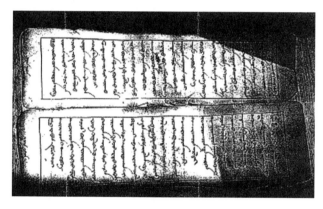

图 4　托林寺出土蒙古文残叶之一（照那斯图先生提供的照片）

2013 年，国家图书馆萨仁高娃的《西藏阿里地区发现蒙古文散叶研究》一书正式出版。书中公布了 24 幅残叶的影印件，在文物普查过程中于阿里托林寺发现原物并拍照的实物为 11 叶（22 面），另有两面（彭措朗杰提供照片）现况不明（图 5）。这 24 面的内容约相当于《元朝秘史》的第 90—120 节。我曾讨论过的残叶为第 23 叶正面和第 39 叶正面，是已知全部原件中最前面一叶和最后面一叶的正面。看来，1999 年托林寺考古队的工作人员是将新出土全部残叶的首页和末页拍照后托北大实习生带回到北京的。

图 5　托林寺出土蒙古文残叶之一（萨仁高娃女士提供的照片）

　　鄂伦苏木古城遗址出土蒙古文残叶、西藏阿里出土蒙古文残叶、罗桑丹津《黄金史》所收与《元朝秘史》相关的内容，其直接源头是蒙元时期的脱卜赤颜，而它们只能说是脱卜赤颜的部分内容在后期流传的过程当中产生出来的异本，与汉籍《元朝秘史》在版本方面没有直接关系。

　　下面请看我做的脱卜赤颜的流传图。

脱卜赤颜流传图

```
脱卜赤颜……西藏蒙古文残叶（阿里托林寺）——乌兰影印件
（tobčiyan）                                  ｜　　（2009）
                                             ——萨仁高娃影印件
                                                  （2013）
          ……内蒙古鄂伦苏木蒙古文残叶——蒙古夫影印件
          ｜                                  （2006）
          ｜……罗《黄金史》…达里藏本·蒙古国图藏本——扎姆扬抄本·伯希和藏本·法国国图藏本
          ｜                               ｜　（1926）　　（1927）
          ｜                               ｜—乌兰巴托铅印本—哈佛影印本
          ｜                               ｜　（1937）　　　（1952）
          ｜                               ｜—符拉基米尔佐夫照片本·东研所藏本
          ｜                               ｜　　（1932）
          ｜                               ｜—乌兰巴托影印本
          ｜                               ｜　　（1990）
          ｜                               └—乌兰巴托彩色影印本
          ｜                                    （2011）
          ｜
          ｜
          ——《元秘史》（《元朝秘史》）
```

（二）《元朝秘史》(《元秘史》）的版本流传

汉字本的版本流传，一个是十二卷本的系统，一个是十五卷本的系统。

1. 十二卷本系统

十二卷本流传图

```
元秘史→洪武刻本 ┌…张祥云藏本→顾校本·盛昱藏本·中国国家图书馆藏本
│              （1805）|
│                     |→《四部丛刊三编》本
│                     |（1936年，影印本，替换进明洪武刻本41枚残叶）
│…永乐二年抄本         |→文廷式抄本┌内藤藏本·京大藏本┌那珂藏本·筑大藏本→早大藏本
│  （总译本）          |（1885） （1902）            |
│                     |        └观古堂刻本        └石滨藏本·阪大藏本
│                     |           （1908）
│                     |→李文田抄本·中国国家图书馆藏本→洪钧藏本·上海图书馆藏本
│…喀喇沁王府藏本        |（1886）
│                     |…
||
│…伯希和藏本·法国图藏本
│（约得于20世纪20年代）
│…
```

我们看十二卷本的流传图，流传路径先是从《元秘史》到了洪武刻本。从洪武刻本间接到了张祥云的藏本，19世纪初，顾广圻在张祥云家看见了一个根据洪武刻本摹写得很好的抄本，就让张敦云给抄下来，最后他再校勘一遍，写了跋文。这个本子后来到了盛昱的手里，其间文廷式和李文田借去各自抄了一份，分别是在1885年和1886年抄的。1900年盛昱去世以后，这个本子就散失了。到1912年的时候，傅增湘在北京的书摊上看到了这个本子，于是写信给张元济，劝其买下，张元济买下后收藏在上海的涵芬楼。1931年至1932年，当时陈垣先生在研究《元朝秘史》，想看这个本子，傅增湘就从中帮忙，又从张元济那里把书借到北京。就在这期间，1932年上海的涵芬楼被日本人炸毁。如果当时没有借出来的话，这个本子估计就毁了，真是不幸中的万幸。后来这个本子就留在北京，现作为善本收藏在中国国家图书馆古籍馆善本阅览室（图6）。张元济后来根据这个本子做出了《四部丛刊三编》本，这个影印本的好处之一，是在重新排版的时候替换进了1933年从故宫内阁大库发现的40多枚洪武刻本的残叶。因为版式是一样的，所以替换进原刻本残叶后的质量更好。文廷式抄写的本子，在1902年他又请人据抄一份，送给了日本学者内藤湖南，该本现藏日本京都大学文学部图书馆。内藤湖南据这个本子再抄出一份，送给了那珂通世。那珂通世根据自己的这个藏本进行了日文译注，于1907年出版了日译本，名字改成《成吉思汗实录》。那珂通世的本子现藏日本筑波大学图书馆。有一部从那珂通世藏本抄写的本子，现藏日本早稻田大学文学部图书馆。2014年我去日本访研的时候，在大阪大学图书馆"石滨文库"又看到了一个本子，这个本子以前没人报道过，是石滨纯太郎的旧藏。文廷式自存的抄本，由叶德辉在1908年刻版印梓，一般称"观古堂刻本"或"叶德辉刻本"，而文廷式的自藏本后来曾一度归陈垣，2009年时该本被拍卖，买主不详。李文田的抄本现藏中国国家图书馆古籍馆普通古籍阅览室（图7）。写过《元史译文证补》的洪钧收藏有一部李文田抄本的再抄本，现藏上海图书馆。还有其他的一些藏本，例如永乐二年（1404）抄本，这个本子现在也收藏在中国国家图书馆古籍馆普通古籍阅览室（图8）。喀喇沁王府藏本不全，只存第7卷和第8卷，现藏北京大学图书馆古籍部（图9）。法国国家图书馆还有一个抄本，原为伯希和的藏本。

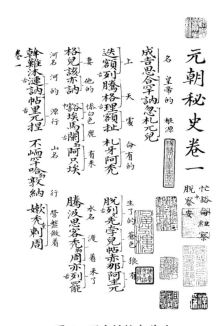

图6　顾广圻校本首叶

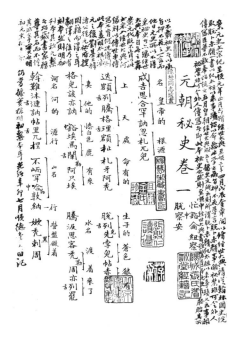

图7 李文田抄本正文首叶

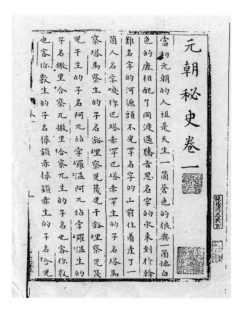

图8 永乐二年抄本首叶

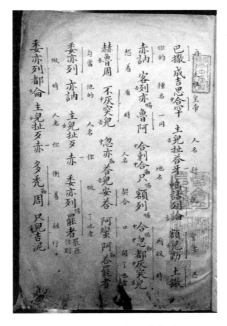

图9 喀喇沁王府旧藏本某叶

2. 十五卷本系统

十五卷本流传图

《元秘史》→洪武刻本→《永乐大典》抄本┌张穆抄本→《连筠簃丛书》本
（十二卷本）（十五卷本）│（1841，总译本）（19世纪上半叶）
　　　　　　　　　　　　│…钱大昕旧藏本…鲍廷博藏本·韩泰华旧藏本·巴拉第藏本
　　　　　　　　　　　　│　　　　　　　　　　　　　　　　（1872年购入）
　　　　　　　　　　　　│　　　·圣彼得堡大学藏本┌潘克福影印本
　　　　　　　　　　　　│　　　　　　　　　　　　│（1962
　　　　　　　　　　　　│　　　　　　　　　　　　└法国远东学院照片本→
　　　　　　　　　　　　│　　　　　　　　　　　　　中国国家图书馆藏本
　　　　　　　　　　　　│…蒋维培旧藏本·私人藏本
　　　　　　　　　　　　│…孙星衍旧藏本·中国国家图书馆藏本
　　　　　　　　　　　　│…刘承幹旧藏本·黑龙江省图书馆藏本
　　　　　　　　　　　　│…劳季言旧藏本·陆心源旧藏本·静嘉堂文库藏本
　　　　　　　　　　　　│…王宗炎旧藏本·丁丙旧藏本·南京图书馆藏本
　　　　　　　　　　　　│…潘承弼旧藏本·上海图书馆藏本
　　　　　　　　　　　　│…翁同书旧藏本·中国国家图书馆藏本
　　　　　　　　　　　　│…瞿镛旧藏本·中国国家图书馆藏本
　　　　　　　　　　　　│…张蓉镜旧藏本·湖北省博物馆藏本
　　　　　　　　　　　　│…陶绍莱旧藏本·上海图书馆藏本
　　　　　　　　　　　　│…马玉堂旧藏本·北京师范大学藏本
　　　　　　　　　　　　│…

十五卷本的流传路径最初也是从《元秘史》开始，先到洪武刻本，再从洪武刻本里抄出一部收到《永乐大典》中，并把名字改成了《元朝秘史》，卷数也从十二卷变成了十五卷。1841 年，张穆从《永乐大典》抄本抄出总译部分，形成总译本。因为他看不懂正文部分，所以抄了总译。这个本子在 19 世纪上半叶被刻梓收入《连筠簃丛书》，但原抄本后来不知去向。钱大昕的旧藏本经历了鲍廷博、韩泰华、巴拉第的流传过程。巴拉第是俄国传教士，他于 1872 年买的韩泰华这个本子，现藏俄罗斯圣彼得堡大学蒙藏研究所资料室。1962 年，潘克福根据这个本子出版了影印本（图 10），原本还曾于 1932 年被拍成照片，送给伯希和，伯希和又复制一份，送给了中国的国家图书馆，现藏古籍馆普通古籍阅览室。还有一些十五卷本，蒋维培旧藏本现存私人手里，我没见到全书，只看到拍卖信息所附几幅书影（图 11）。孙星衍旧藏本，现藏中国国家图书馆古籍馆善本阅览室（图 12）。刘承幹旧藏本，为嘉业堂所刻，现藏黑龙江省图书馆。陆心源旧藏本，现藏日本静嘉堂文库。丁丙旧藏本，现藏南京图书馆。潘承弼旧藏本，现藏上海图书馆。翁同书和瞿镛的旧藏本，都在中国国家图书馆古籍馆善本阅览室（图 13）（图 14）。张蓉镜旧藏本，现藏湖北省博物馆。陶绍莱旧藏本，现藏上海图书馆。马玉堂旧藏本，现藏北京师范大学图书馆。

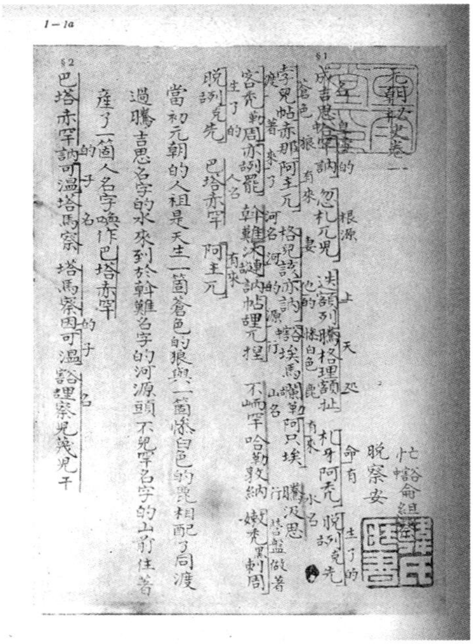
1-1a

元朝秘史卷一

當初元朝的人祖是天生一箇蒼色的狼與一箇慘白色的鹿相配了同渡

過騰吉思名字的水來到於斡難名字的河源頭不兒罕名字的山前住着

產了一箇人名字喚作巴塔赤罕

图 10　韩泰华旧藏本（潘克福影印本）首叶

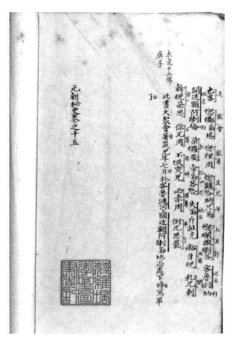

图 11　蒋维培旧藏本

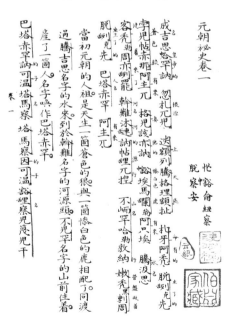

图 12　孙星衍旧藏本首叶

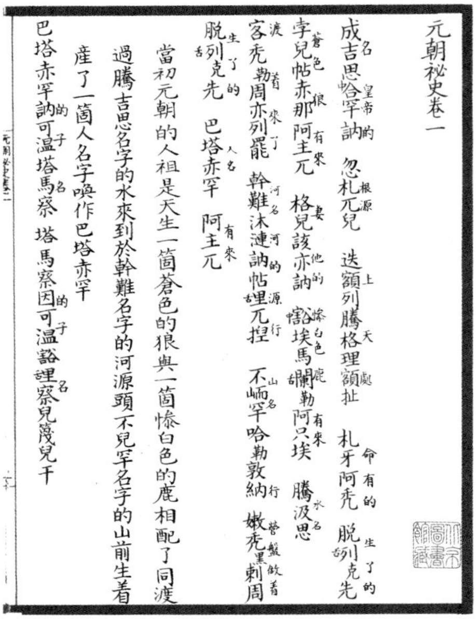

元朝秘史卷一

成吉思哈罕訥（皇帝的） 忽札兀兒（根源）
迭額列騰格理額扯（上天的） 札牙阿兀（命有的 生了的） 脱卜勒克先
客秃帖赤那（蒼色狼 有來） 阿主兀（有來）
格兒該亦訥（他的） 嫰埃馬闌勒阿只埃（慘白色鹿 有來） 騰汲思（水名）
客秃勒周亦列罷（渡了的） 斡難沐漣訥帖理兀惕（河名 行） 不兒罕哈勒敦納（山名 行） 嫰秃兀惕剌周（營盤做着）
脱卜勒克先 巴塔赤罕（人名） 阿主兀（有來）

當初元朝的人祖是天生一箇蒼色的狼與一箇慘白色的鹿相配了同渡
過騰吉思名字的水來到於斡難名字的河源頭不兒罕名字的山前生着
産了一箇人名字喚作巴塔赤罕
巴塔赤罕訥可溫塔馬察 塔馬察因可溫豁里察兒蔑兒干

图 13　翁同书旧藏本首叶

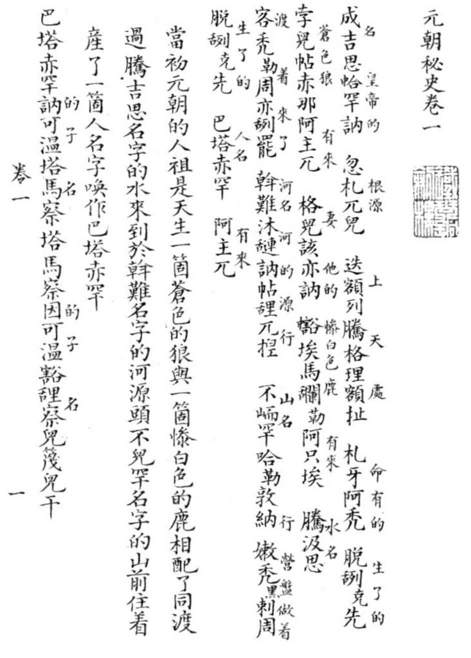

元朝秘史卷一

成吉思哈罕訥（皇帝的） 忽札兀兒（根源）
迭額列騰格理額扯（上天的） 札牙阿兀（命有的 生了的） 脱卜勒克先
客秃帖赤那（蒼色狼 有來） 阿主兀（有來）
格兒該亦訥（他的） 嫰埃馬闌勒阿只埃（慘白色鹿 有來） 騰汲思（水名）
客秃勒周亦列罷（渡了的） 斡難沐漣訥帖理兀惕（河名 行） 不兒罕哈勒敦納（山名 行） 嫰秃兀惕剌周（營盤做着）
脱卜勒克先 巴塔赤罕（人名） 阿主兀（有來）

當初元朝的人祖是天生一箇蒼色的狼與一箇慘白色的鹿相配了同渡
過騰吉思名字的水來到於斡難名字的河源頭不兒罕名字的山前住着
産了一箇人名字喚作巴塔赤罕
巴塔赤罕訥可溫塔馬察 塔馬察因可溫豁里察兒蔑兒干

卷一
一

图 14　瞿镛旧藏本首叶

在已知十五卷本诸本中，通过版本比对、特征分析，可知蒋维培旧藏本、孙星衍旧藏本、刘承幹旧藏本、陆心源旧藏本、韩泰华旧藏本、潘承弼旧藏本几个本子的特征共同点较其他本子更多一些，因为它们在版式、字体上相近，又都出现次数不同的"嘉庆……从刻本补写讫"的题记。蒋维培旧藏本、孙星衍旧藏本、刘承幹旧藏本、韩泰华旧藏本在首叶题名下方有"忙^中豁仑纽察脱察安"八个字（韩本"纽"讹为"组"，陆本因首叶缺损而无法确认，但估计也有此八字）。旁线颜色方面，蒋维培旧藏本、刘承幹旧藏本、陆心源旧藏本、韩泰华旧藏本的旁线为多色并用，以类分色（人名和一般词语处多用红色，地名处多用蓝色或绿色，部落或氏族名处多用土黄色），而其他抄本或无旁线或一色（黑）、两色（红、黑）。因此这些本子的渊源关系当更近。

单从题记的落款时间来看，蒋维培旧藏本的"嘉庆九年岁在甲子七月初四日写完"（卷末）最早（1804年夏），孙星衍旧藏本的"嘉庆甲子十一月二十四日从刻本补写讫"（卷四末叶）次之，之后依次为刘承幹旧藏本的"嘉庆甲子十二月十一日从刻本补写"（卷五末叶）、陆心源旧藏本的"嘉庆甲子十二月十一日从刻本补写"（卷五末叶）、韩泰华旧藏本的"嘉庆乙丑二月十一日从刻本补写七十八叟识"（卷九末叶）（1805年春）、潘承弼旧藏本的"嘉庆乙丑二月十一日从刻本补写七十八叟识"（卷七末叶）。而陆心源旧藏本、韩泰华旧藏本、潘承弼旧藏本卷七末叶又都写有"嘉庆乙丑元宵从刻本补写讫通介叟记"。"通介叟""七十八叟"，均为鲍廷博的别号。说明这几个本子都与鲍廷博有关，他经手的时间顺序应当是蒋维培旧藏本、孙星衍旧藏本、刘承幹旧藏本、陆心源旧藏本、韩泰华旧藏本、潘承弼旧藏本。蒋维培旧藏本在诸本中最早由鲍廷博加工完成，且工作做得更细（图15）。

另外，丁丙旧藏本虽无"嘉庆……从刻本补写讫"的题记和首叶题名下方的"忙^中豁仑纽察脱察安"八个字，不过有与孙星衍旧藏本、陆心源旧藏本、韩泰华旧藏本相同的正文中的六处题记（卷十三至卷尾叶眉），说明与前者也有一定的关系（图16）。

251

蒋本卷末　孙本第四卷卷末　刘本第五卷卷末　陆本第七卷卷末　韩本第七卷卷末　潘本第七卷卷末

图 15　卷末题记

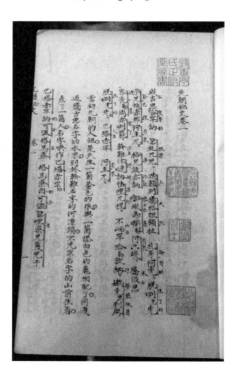

图 16　丁丙旧藏本首叶

　　十五卷本系统诸本版式不是很一致，但是十二卷本系统诸本都是一个版式。十二卷本系统最初从洪武刻本抄的时候，用的是一种摹写的方式，因此版式完全一样，包括字体都是同样的。虽然我们现在发现的十二卷本相对来说比较少，但最受欢迎的还是十二卷本系统的《四部丛刊三编》本，因为它出自顾广圻的监抄本，最接近明初原始的刻本，而且其中有 40 多叶被换上了洪武刻本的残叶，所以质量相对最好。2002 年，日本东北大学的栗林均先生和内蒙古大学的确精扎布先生合作推出了一个新本子，由三大部分组成，包括《四部丛刊三编》本的影印件、音译正文的拉丁转写、音译正文的词汇索引，用起来更为方便，现在大家一般都用这个本子。顺便提一句，现在还可以看到不少畏吾体蒙古文的还原本、音译正文的拉丁转写本、词汇索引本等等。这些形式的本子，严格来说都不属于《元朝秘史》版本的范畴，而属研究成果类。

典籍与文化 15

春花

故宫博物院图书馆藏蒙古文古籍概述

　　春花，女，蒙古族，1966 年生于内蒙古科尔沁右翼中旗，1984—1988 年间在内蒙古师范大学地理系学习，1988 年获得学士学位，并分配到兴安盟科尔沁右翼前旗教师进修学校，任地理教师 4 年。1992—1995 年间在中央民族大学攻读研究生，研究方向为古代蒙古语言学，1995 年获得文学硕士学位，并分配到首都图书馆古籍部工作。2001 年调入故宫博物院图书馆，继续从事古籍整理研究工作，2008 年被评为研究馆员，2021 年升为二级研究馆员。研究方向为"满蒙文古籍文献的整理研究"，学术专长为满蒙文文献学、满蒙语言学、地理学等。2001 年以来曾参加日本、土耳其、俄罗斯、韩国、台北等地学术会议。已出版的编著有 7 部，参加出版的编著有 9 部，发表有关满蒙文辞典、佛经、匾额方面的学术论文有 61 篇。代表论著有《清代满蒙文词典研究》《清代满蒙文匾额研究》《〈御制五体清文鉴〉编者及编纂年代考》《〈御制清文鉴〉类目体系来源考》《论清代满蒙文"音序词典"的发展演变》《清乾隆初年修建满族喇嘛寺及培训诵读满文经卷考》《论昭圣皇太后下令译写的蒙古文佛经》等。

蒙古文，早在元代就已被创制，但由于元朝的灭亡给蒙古地区带来了连年的混战，从而导致蒙古子弟学业荒废，元代所撰多数蒙古文书籍失传。目前故宫博物院图书馆藏蒙汉合璧《孝经》①是国内收藏的唯一一部蒙汉合璧回鹘体蒙古文书籍，1948年1月26日苏联使馆秘书潘克福将此书赠给故宫。

自17世纪初，蒙古各部开始陆续归顺清朝统治，并在清朝300余年的历史舞台上扮演了十分重要的角色。自崇德元年（1636）漠南蒙古各部王公贵族在盛京（今沈阳）拥立皇太极为蒙古大汗以来，清廷先后用100多年的时间，于乾隆年间统一了所有蒙古部落。归顺后的蒙古各部，因大力支持清廷统一战争，而争得了一定的政治地位，故在清朝的众多民族政策中，"满蒙联盟"是保持最长远且最重要的民族政策。清廷在政治方面对蒙古族采取"通婚联姻""分而治之""奖励归顺""征伐抵抗"等恩威并施的策略，在文化方面对蒙古子弟普及学校教育，倡导蒙古人信奉佛教等积极政策，最终形成了长达300余年"满蒙联盟"的局面。

在清朝统治期间，很多宝贵的蒙古文古籍得到刊行传世，其中包括蒙古文、托忒蒙古文②书籍。这些古籍涉及哲学、宗教、法律、政治、历史、语言、文字、天文、地理、文学、教育等领域，其语种、文种丰富多样，主要以康熙、乾隆朝内府

---

① 孛罗铁木儿编译《孝经》，是儒家经典之一，受历代统治者垂青。此书于元代大德年间由成宗铁穆耳皇帝命中书右丞孛罗铁木儿编译，并于中书省刊行，是一部官书。流传至今的元版回鹘体蒙古文书籍已稀少，此书是国内收藏的唯一一部元代汉蒙合璧刻本，其版本极其珍贵。

② 托忒蒙古文：是准噶尔额鲁特蒙古部应用的蒙古文字，于清顺治五年（1648）扎雅班第达纳木海扎木苏根据卫拉特方言的特点，在胡达木蒙古文基础上增加各种附加符号而创制。"托忒"为蒙古语，汉意为清晰之意。纳木海扎木苏（1599—1662），是卫拉特蒙古人，原名"希刺哈宝格"，十七岁受佛戒，后曾到西藏专门学习佛学，获班第达称号，也称扎雅班第达，后返回故乡，一直从事佛教活动。

刻本、写本为主。就故宫博物院图书馆现藏蒙古文古籍而言，经部小学类、史部历史类和地理类、子部释家类和天文算法类最为丰富，共有 1542 部，3505 册，占故宫博物院图书馆古籍善本藏量的 1.7%。这些古籍的编纂刊行，与清廷对蒙古族推行的文化政策有着密切的关联。

一、经部小学类古籍

清廷为巩固"满蒙联盟"，一贯重视对蒙古子弟的教育问题，为培养蒙古八旗子弟，在京城和蒙古地区建立"蒙古八旗官学""蒙古八旗义学"和其他各类学校，逐渐普及学校教育，教习内容重点为满蒙文翻译。自顺治八年（1651）科举考试开设八旗考试，设满榜，蒙古归满榜。雍正九年（1731）特设"蒙古翻译科"，进一步促使蒙古八旗子弟提高自身的文化素养。为便于教学，编纂或刊行《蒙文十二字头》[①]《蒙文启蒙》[②]《初学指南》《善说蒙文文法语饰》《三合便览》《蒙文指要》《蒙文启蒙诠释正字苍天如意珠》《蒙文诠释》《详解蒙文文法金鉴》等语音、语法书籍（图1—4）。因满蒙文间翻译交流需要，清廷牵头编纂刊行了很多满蒙合璧及多语合璧的词典。如康熙五十六年

---

① 《蒙文十二字头》，不分卷，清写本，1 册。所谓的"十二字头"是由元音及元音与辅音相结合而成的音节字。第一字头为元音及在所有辅音字母下接续元音字母而成；第二至十二字头的构成规则是在第一字头所有音节下接续 i、r、n、ng、k、s、t、b、o、l、m 等 11 个字母而成。

② 《蒙文启蒙》，不分卷，清写本，1 册。此书是兰赞达格巴·丹赞达格巴依据搠思吉斡节尔的同名著作编写而成的蒙古语早期语法书，据说贡噶坚赞、贡噶敖德斯尔等也曾编写过类似的语法书，但均已失传。书前有序，其中叙述蒙古文字史，即创制蒙古文的传说及其字体形状、元音属性等。正文分为语音、语法两部分。语音部分主要讲述蒙古文字母体系的发展完善概况，其中先列 3 个展唇元音及其与辅音构成的 a、e、i、na、ne、ni 等 44 个音节，并分为阴、阳、中性。然后重点说明了元武宗海山帝时搠思吉斡节尔增加 o、u、ö、ü 四个圆唇元音的情况，并在原 44 个音节字列这些圆唇元音与除了 w 以外的辅音字母构成的 o、u、no、nu 等 28 个阳性音节字和 ö、ü、nö、nü 等 28 个阴性音节字。语法部分介绍了接续法和正字法，如讲述 f、š、y 等三个辅音与其他字母构成音节字的方法；讲述 11 个字尾字母在词中、词尾的正写规则；还介绍 nugud/nügüd、luga/lüge 等词尾的接续法。此书还有一个特点是正文前后均有佛经咒语，是蒙古族现存最早的语言学文献之一。

（1717）刊行的满蒙合璧《御制清文鉴》①，又名《清文合蒙古鉴》，是康熙帝敕令以蒙古文翻译《御制清文鉴》而成，是清代第一部皇帝敕修满蒙合璧词典（图5）。后遵乾隆帝敕令，以满蒙合璧《御制清文鉴》为基础，增加汉文、藏文、维文等文种及标音成分，或规范各类词

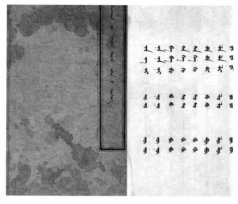

图 1 《蒙文十二字头》

语，陆续编成了《御制满蒙文鉴》②《御制满洲蒙古汉字三合切音清文鉴》③《御制四体清文鉴》④《御制五体清文鉴》⑤ 等双语合

---

① 满蒙合璧《御制清文鉴》，二十九卷，清康熙五十六年（1717）武英殿刻本，29册。是清代第一部官修满蒙合璧词典。清廷为巩固"满蒙联盟"政策，一贯重视蒙古语言文化的发展，但入关的八旗蒙古族已不大重视学习蒙古语言文字，为此康熙帝命拉锡等以蒙古文翻译《御制清文鉴》，历时七年成书，所收类目、词语、体例等均与《御制清文鉴》一致，只是删掉了注解下引证的古书例句。

② 《御制满蒙文鉴》，二十一卷，清乾隆八年（1743）武英殿刻本，21册。是清代第二部官修满蒙合璧词典。乾隆帝认为蒙古文没有点圈，有一字双音、读写难辨的缺陷，为此敕令将满蒙文合璧《御制清文鉴》所有蒙古文部分全由满文字母转写，编成这部注音、注解合为一体的词典，乾隆八年武英殿刊行，所收类目、词语、体例等均与满蒙文合璧《御制清文鉴》一致。后永瑢补编"总纲"，乾隆四十一年（1776）刊行。

③ 《御制满洲蒙古汉字三合切音清文鉴》，三十二卷，清乾隆四十五年（1780）武英殿刻本，32册。是清代第一部皇帝敕修满蒙汉三体合璧词典。乾隆帝为加强"满蒙联盟"政策，首先采取了保留、发展蒙古语言文化的措施，为存留蒙古语音韵，特命以《御制增订清文鉴》为蓝本编成此书，正文包括满蒙汉三种文字对译词及其三种文字互注切音字、对音字等十一项，约收 13835 条词语，是清代众多辞书当中语言学价值最高的一部。

④ 《御制四体清文鉴》，三十六卷，清乾隆五十九年（1794）武英殿刻本，36册。满藏蒙汉合璧对照词典，是乾隆帝命清字经馆以《御制增订清文鉴》为蓝本，增加蒙、藏文词语而成，但去掉了注音、注解部分。其卷数、类目、词语编排顺序等均与《御制增订清文鉴》相近，约收 18667 条词语。

⑤ 《御制五体清文鉴》，三十六卷，清乾隆六十年（1795）内府精写本，36册。满藏蒙维汉合璧词典，是在《御制增订清文鉴》基础上逐渐增加蒙古文、藏、维文等而成，其卷数、类目、词语编排顺序等均与《御制增订清文鉴》《御制四体清文鉴》等相近。此外，以满文标注藏文、维文词语的音韵，从标注对象看，正是《御制满洲蒙古汉字三合切音清文鉴》的续集，收 18671 条词语。

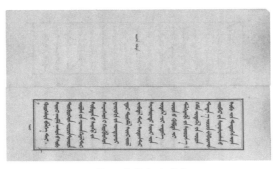

图2 《蒙文启蒙》

璧或多语合璧词典（图6）。还根据实际需要编撰刊行《五译合璧辑要》①（图7）、《钦定西域同文志》②（图8）、《御制翻译名义集正讹》③等多语合璧词典。此外，清廷各部院、衙门等为满足各自工作需求，编纂刊印的词典均由内府出资而成。如《钦定蒙文汇书》④是理藩院尚书松森⑤等因日常翻译

① 《五译合璧辑要》，六卷，清乾隆年稿本，6册。梵藏满蒙汉合璧对照词典，从一百余部佛教经典中选录佛教名词术语而成，书中多处贴有黄色修改浮签，在有些满文词语旁有以朱笔修改的记载，约收996条词语。书中还包含较全面的佛教文化资料。是研究、翻译佛教经典重要的资料，很可能是乾隆年间为编译满文《大藏经》而准备的前期成果。

② 《钦定西域同文志》，二十四卷，清乾隆二十八年（1763）武英殿刻本，8册。满汉蒙藏维托忒合璧词典，专门搜集西北地区人名、地名，并加以注音、注释。乾隆二十四年（1759）平定西北后，为编纂《平定西北方略》，乾隆帝特命傅烜等编纂此书。所收词语依新疆、青海、西藏等地区分布顺序编排，在每个地区内按地名、山名、水名、人名等顺序排列，收3202条词语，对研究清代西北地区地理、历史和各民族语言文化具有很高的价值。

③ 《御制翻译名义集正讹》，二十卷，清乾隆三十三年（1768）武英殿刻本，21册。满汉蒙藏合璧标音词典，乾隆帝为庆贺皇太后八旬万寿节敕修的敬书，以《钦定同文韵统》为准，正讹《翻译名义集》之专有名词等，并增加藏文阿力噶利音译词、满文阿力噶利音译词、蒙古文阿力噶利音译词等而成，收1015条词语，是翻译佛教经典、研究清代佛教文化重要的资料。

④ 《钦定蒙文汇书》，十六卷，清光绪十七年（1891）内府刻本，17册。清帝敕修最后一部蒙汉满三体合璧词典。因入关的八旗蒙古族生活在汉文化的汪洋大海中，清廷虽然对其禁止学习汉语、汉文化，但始终无法阻止其汉化。至光绪年间理藩院及各部蒙古官员中精通蒙古文者却甚少，理藩院尚书松森等为日常翻译需要，增补赛尚阿编《蒙文汇书》，依满文字母顺序编排蒙古文词语，经过半年编纂刊行。

⑤ 松森，宗室爱新觉罗氏，字吟涛，正蓝旗人，初散官，后授编修官，至光绪五年（1879）升为礼部左侍郎，十三年（1887）迁左都御史，十五年（1889）升为理藩院尚书，二十年（1894）休。

需要，以赛尚阿^①编《蒙文汇书》为基础，修补词语，由内府出资刊行。

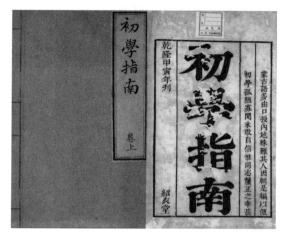

图3 《初学指南》

图4 《蒙文指要》

---

① 赛尚阿（1797—1875），字鹤汀，阿鲁特氏，蒙古正蓝旗人，状元崇绮的父亲，穆宗毅皇后的祖父。嘉庆年翻译举人，历任军机章京、军机大臣、文华殿大学士、理藩院尚书、钦差大臣等职，还统帅军队防守海口或镇压农民起义等督办军务事宜，因败战，被革职，会鞫论大辟，籍没家产。曾任充国史馆总校、国史馆副总裁、翻译会试考官、经筵讲官、稽察会四译馆大臣、实录馆总裁等文职，主持编撰过《钦定理藩院则例》《钦定回疆则例》等政书，自己著《蒙文指要》《清文指要》《蒙文汇书》等书。

图 5　满蒙合璧《御制清文鉴》

图 6　《御制五体清文鉴》

图 7　《五译合璧辑要》

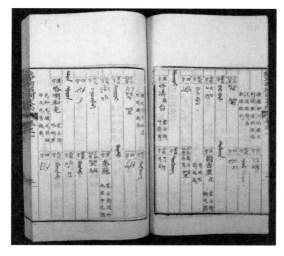

图 8 《钦定西域同文志》

　　因清廷为巩固"满蒙联盟"政策，在一定程度上还采取提倡满洲人学习蒙古语、蒙古文的策略，甚至在"上书房"都设有蒙古语课目。如"皇子每日功课，入学先学蒙古语二句，换竹板弓数开，读清文书二刻，自卯正未刻读《汉书》……"①。"早晨入上书房先由蒙古谙达②教蒙古话，又次满洲谙达教满文及翻译"③。皇子每天的学习以蒙古语为首课，故清前期多数满洲人精通蒙古语、蒙古文，就连清前期诸帝都通蒙古语、蒙古文，他们用蒙古文批阅奏折，与朝觐的蒙古王公贵族用蒙古语对话，从而得到蒙古人的信赖。《蒙古话》④《满蒙话条》⑤《满蒙汉字

---

① （清）福格撰《听雨丛谈》，汪北平点校，中华书局，1997，第 218—219 页。
② "谙达"，是满语名词，汉意为宾友、友人、伙计、友伴等。此处词义较特殊，是教习皇子满蒙语及骑射、弓箭者的差使称号，国初定制，凡皇子六岁入学，上书房遴选八旗武员弓马、国语娴熟者数人，更番入卫，教授皇子满蒙语及骑射，称其为"谙达"。管理上书房诸庶务者谓"总谙达"。
③ 张乃炜编《清宫述闻》，北京：紫禁城出版社，1990，第 473 页。
④ 《蒙古话》，不分卷，清乾隆年写本，1 册。收录满蒙合璧日常问候用语，其蒙古语词由满文字母转写而成。从所收词语语气看，是皇帝召见蒙、藏地区喇嘛时，为了与其用蒙古语交流而准备的一些短语、语句。包括"西藏堪布进京呈递丹书克召见时此""问呼图克图话条"等内容，其中有很多口语成分。
⑤ 《满蒙话条》，二卷，清乾隆年写本，2 册。收录满蒙语对照日常用语，主要供皇帝学习蒙古语会话之用。首行列满文词语，次行为蒙语译文，全由满文字母转写而成。

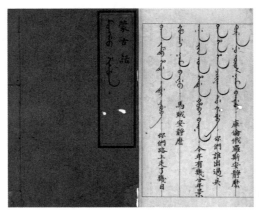

书》①《满蒙回三体字书》②《满蒙藏回四体字书》③《满蒙藏嘉戎回语五体字书》④等均是由满文转写的多语合璧字书，应是为满足皇帝及皇家子弟学习使用蒙古语或其他民族语言的需要编成（图9—12）。

图9 《蒙古话》

---

① 《满蒙汉字书》，二十五卷，清乾隆年写本，25册。满蒙汉合璧词典，以《御制满蒙文鉴》为蓝本编成，其蒙古语部分仍由满文字母转写而成，收7205条词语。其中"蒙古文十二字头""兼汉淀粉菜肴""制作奶制品"等十类词语为其他词典所未见，主要涉及满蒙语音、语法及饮食风味等内容。

② 《满蒙回三体字书》，三卷，又名《满蒙回三语合璧书》《满蒙维三体字书》等，清乾隆年写本，3册。清代唯一一部满蒙维合璧词典，首行列满文词语，次行列蒙古语译词，再次行为维语译词。其中蒙古语和维语译词均由满文字母转写。收词语、短语、语句等，其中名词居多，包括天干、地支、日月、星辰、天气、气候等有关天文地理名目，还包括有关亲属称谓、人体五官、饮食品、穿戴、读书、写字、官差、打围、战争、畜牧、飞禽、计量单位等与人类政治、经济、文化活动方面的专有名词。此外动词、形容词、数词、副词等也较多，共收1256条词语。

③ 《满蒙藏回四体字书》，不分卷，又名《满蒙藏维四体字书》，清乾隆年写本，1册。清代唯一一部满蒙藏维合璧词典，首行满文词语，次行蒙古语译词，再次行为藏语译词，最后为维语译词，其蒙古语、藏语、维语译词均由满文字母转写。在每条满文词语上头由圆圈——"〇"做标记，以便区分每组词语条目。该词典收录以名词、动词、形容词、数词、副词等为主的综合性词语，其中名词居多，此外还收录一些短语、语句等。词语大体按类编排，但未标类目，共收400条词语。

④ 《满蒙藏嘉戎回语五体字书》，不分卷，又名《满蒙藏嘉戎维语五体字书》，清乾隆年写本，8册。清代唯一一部满蒙藏嘉戎维合璧词典，正文半页五行，首行列满语词语，其后依次列由满文字母转写的蒙语译词、藏语译词、嘉戎语译词、维语译词等，其嘉戎语为藏语的一种方言。全书共378页，约收746条词语，包括以名词为主的单词、日常用语等，其中有很多满语、蒙语、维语三种语言的音和义相同或相近的词语，以及丰富的藏语方言词语，为阿尔泰语系语言历史比较研究和藏语方言学可提供不可或缺的资料。

图 10 《满蒙话条》

图 11 《满蒙回三体字书》

图 12 《满蒙藏回四体字书》

同时，清廷官员及民间士人为便于个人的学习使用及满足社会需求，以官修词典为基础，还编纂或刻印了《三合便览》[①]《蒙文汇书》《蒙文指要》《蒙古托忒汇集》[②]《三体合璧文鉴》《蒙文字汇》《择钞三合便览》等词典。其中敬斋公[③]、富俊[④]父子二人编刊的《三合便览》，以《御制四体清文鉴》为基础，增修词语而成。景辉[⑤]、赛尚阿父子二人编刊的《蒙文指要》之《蒙文晰义》《蒙文法程》，是景辉以《三合便览》体例为蓝本编成的满蒙合璧词典。后其子赛尚阿增订词语，并与自己所编《便览补遗》《便览正讹》等汇编成此书。所谓的《便览补遗》《便览正讹》《便览讹字》《便览遗字》等均是对《三合便览》考订、补正而成。《三合便览》《蒙文指要》二书均是朝中大臣为满足

---

① 《三合便览》，十二卷，清乾隆四十五年（1780）刻本，12册。卷一述满蒙文语法，包括"满文十二字头""清文指要""蒙文指要"等内容。在"蒙文指要"之"蒙古文字母"中列蒙古文第一字头。在"清文指要""蒙文指要"中重点讲述满蒙文名词词缀和动词词尾变化及助词、连词、副词、后置词、介词、叹词、惯用语等的语法意义。此外，还简要介绍满蒙文正字法。卷二至十二为"满汉蒙文对照词汇集"，首列满文词语，下列汉文译词，再下列蒙古文译词，最下列由满文字母转写的蒙古语词，收 20144 条词。然而在此书蒙古文词语中存在"错别字""满蒙混合词组""误用格后缀""满语音译词""翻译不当词"等违背语法规则的词语，后赛尚阿对《三合便览》修改、考证、补充，编纂了《蒙文指要》。

② 《蒙古托忒汇集》，八卷，清嘉庆二年（1797）朱格抄本，8册。蒙托忒满汉合璧标音词典，是以《三合便览》为基础，采集词语、增订托忒蒙古文而成。富俊以参赞大臣、办事大臣身份在新疆居住期间，为后学者学习、翻译托忒蒙古文之便编纂此书，收 16704 条词语。其托忒蒙古文部分和由满文字母转写的蒙古口语部分，在清代满蒙语言文化研究及词典编纂学方面具有很高价值。

③ 敬斋公，生卒年不详，蒙古正黄旗人，又称"文诚公"，清乾隆十三年（1748）翻译进士，后授理藩院主政，乾隆二十五年（1760）负责杀虎口驿站驿务，自乾隆二十六年（1761）始，先后任安徽省广德县令、颍州县令等职。著有《三合便览》。

④ 富俊（1749—1834），字松岩，卓特氏，蒙古正黄旗人，清乾隆四十四年（1779）翻译进士，曾授礼部主事、员外郎、郎中、侍读学士、礼部侍郎、镶蓝旗蒙古副都统、镶白旗满洲副都统、兵部右侍郎、科布多参赞大臣、兵部左侍郎、叶尔羌办事大臣、乌里雅苏台参赞大臣、镶红旗汉军都统、吉林将军、理藩院尚书、大学士等职，著有《三合便览》《清文指要》《三合语录》《蒙文指要》《初学指南》《科布多政务总册》《易知摘要类编》《记梦吟草》《蒙古托忒汇集》等。

⑤ 景辉（？—1832），阿鲁特氏，蒙古正蓝旗人，状元崇绮的祖父，清嘉庆七年（1802）翻译举人，后历任理藩院王会司主事、典属司员外郎、工部右侍郎兼管钱法堂事务，还任独石口驿站传道、例封中宪大夫、诰赠光禄大夫、经筵讲官、户部尚书、都统等职。著有《蒙文晰义》等。

社会需求，或标榜自己文化素养等目的，在私家编纂刻印而成。此外，富俊编《蒙古托忒汇集》、赛尚阿编《蒙文汇书》等，虽然未曾刻版印行，但传给子孙后代，成为后期官修多语合璧词典的基础。如《钦定蒙文汇书》是以《蒙文汇书》为基础编成，而《蒙文字汇》是在《钦定蒙文汇书》基础上抄写而成的传抄变体，《择钞三合便览》是以《三合便览》为基础，选录词语而成。上述这些均是无功名的普通文士为便于自己学习使用，以早期刊刻词典为基础，翻译、编写或传抄而成，其编纂体例、所收词语基本一致。

　　总之，故宫博物院图书馆藏蒙古文经部小学类古籍有词典、教科书、话条等，共 140 部，1117 册，除少量蒙古文单行本外，多数为蒙古文及满文、汉文、藏文、维文等其他民族语言词语合璧本，但每部书不仅性能不同，其中所包含的语种、文种的多寡及组合形式也都不完全一致。根据语种的多寡，可分为单语字书、双语合璧词典、三体合璧词典、四体合璧词典、五体合璧词典等五类。其中三体合璧者最丰富，如《御制满洲蒙古汉字三合切音清文鉴》《满蒙汉字书》等为满蒙汉合璧词典，《三合便览》《蒙文指要》等为满汉蒙合璧词典，《钦定蒙文汇书》为蒙汉满合璧词典，《满蒙回三体字书》是满蒙维合璧字书。从编排体例看，这些词典和字书大多为音序词典或分类词典，如《钦定蒙文汇书》《三合便览》《蒙文晰义》等为音序词典，《御制满洲蒙古汉字三合切音清文鉴》《满蒙汉字书》等为分类词典，其中《满蒙汉字书》是满蒙汉合璧注解词典，而《御制满洲蒙古汉字三合切音清文鉴》《三合便览》等是满汉蒙合璧标音词典。此外，《满蒙汉三文合璧教科书》[①]为满汉蒙合璧教科书。而蒙古语单语字书及双语合璧、四体合璧、五体合璧的词典较少。如《蒙文十二字头》为蒙古文语音字书，《蒙古话》《满蒙话条》为满蒙合璧日常用语话条，《御制清文鉴》《御制满蒙文鉴》为满蒙合璧词典，《御制四体清文鉴》《四体合璧文鉴》为满蒙藏汉

---

① 《满蒙汉三文合璧教科书》，十卷，又名《新译满蒙汉三文合璧教科书》，清宣统元年（1909）内府精写满蒙汉合璧本，10 册。清末教学满蒙汉翻译课课本之一，清蒋维乔、庄俞编《国语教科书》，由荣德译为满文、蒙古文。其第一册共 58 课，第二册共 60 课，……。均是译自汉文的简短课文，多与日常生活有关的内容，适合初学者使用。

四体合璧词典,《满蒙藏回四体字书》为满蒙藏维四体合璧字书,《满蒙藏嘉戎回语五体字书》为满蒙藏嘉戎维五体合璧字书,《御制五体清文鉴》为满藏蒙维汉五体合璧词典,《五译合璧集要》为梵藏满蒙汉五体合璧词典,《钦定西域同文志》为满汉蒙藏维托忒五体合璧词典。

值得注意的是,在清代蒙古文古籍中"语种"和"文种"并不完全统一,有相当一部分多语合璧古籍是由满文字母转写蒙古语言词语及其他各民族语言词语而成。如《御制满蒙文鉴》《满蒙回三体字书》《满蒙藏回四体字书》《满蒙藏嘉戎回语五体字书》等均是双语合璧或多语合璧词典或字书,其中蒙古语、藏语、嘉戎语、维吾尔语等词语部分,均由满文字母转写而成。而有些三体合璧词典很特别,如《满蒙汉字书》是满蒙汉三体合璧词典,其蒙古语部分全由满文字母转写而成。该词典的文种只有汉文、满文两种。可见,这些多语合璧词典或字书的"文种"比"语种"少。而有些多文种合璧词典,是由各民族文字来转写一种语言音译词而成。如《御制翻译名义集》以满文、汉文、蒙古文、藏文等各民族文字来转写梵语佛教名词而成,其"文种"四种,"语种"只有一种梵语。《蒙古托忒汇集》是更为特殊的一部多语合璧词典,其"语种"有蒙古语、汉语、满语三种,"文种"包括蒙古文、托忒蒙古文、满文、汉文四种,其蒙古文、托忒蒙古文是两种蒙古文字,此外,还有一项由满文字母转写而成的蒙古语口语成分。无论是由满文字母转写其他民族语言词语的多语种合璧词典或字书,还是由多种民族文字转写一种语言音译词的词典,都是如实标注了当时各民族语言词语的音韵,为如今清代各民族语言文字研究,可提供丰富的语言学资料。

以上所述多数词典,是清廷为满足各民族间相互交流的需要而产生,不仅推动了蒙古民族文化的繁荣发展,而且在实现全国大一统方面也产生了深远的影响。

二、史部历史、地理类古籍

因清廷是由满洲贵族作为统治主体的统一的多民族政权,

在我国历史上，辽、金、元三朝是分别由契丹族、女真族、蒙古族建立的政权，清朝统治者早就注意到了这些政权在政治、法律方面所存在的弊端，如辽、金入主中原，其语言文化逐渐被汉文化所淹没；元朝把所辖臣民分成四个等级，导致社会矛盾激化，使自己过早地退出了历史舞台。清朝统治者为借鉴历史上这些少数民族统治政权的得失，格外注重以满、蒙文翻译这些民族的史书。如早在崇德元年皇太极命希福等以满文翻译《辽史》《金史》《元史》，至崇德四年（1639）译完，于顺治元年（1644）敬献给皇帝，顺治三年（1646）由内府刊行。崇德四年皇太极又命希福等将满文本《辽史》①《金史》②《元史》③译为蒙古文，至崇德五年（1640）完稿，于顺治四年（1647）由内府刊行。此外，康熙元年（1662）萨囊彻辰④所撰《蒙古源

---

① （元）脱脱等撰，（清）希福等译《辽史》，八卷，清顺治元年（1644）刻本，7册。《辽史》汉文本是纪传体断代史，自元中统二年（1261）开始纂修，因"帝统"之争耽搁数年，至元顺帝至正三年（1343）才重新下诏脱脱等编修《辽史》。清代满蒙文译本，内容与汉文本不完全一致，只翻译本纪部分，再增订内容而成。此书以编年体记述自辽太祖耶律阿保机至西辽耶律大石等十四朝皇帝307年的历史。

② （元）脱脱等撰，（清）希福等译《金史》，九卷，清顺治元年（1644）刻本，9册。《金史》汉文是是纪传体断代史，自元中统二年（1261）开始纂修，因"帝统"之争耽搁数年，至元顺帝至正三年（1343）才重新下诏脱脱等编修《金史》。清代满蒙文译本，内容与汉文本不完全一致，只翻译本纪部分，再增订内容而成。此书以编年体记述自金太祖完颜旻至哀宗完颜守绪等九朝皇帝119年的历史。

③ （明）宋濂等编修，（清）希福等译《元史》，十四卷，清顺治元年（1644）刻本，15册。明洪武元年（1368）朱元璋下令修《元史》，依据《元十三朝实录》、元朝官修《经世大典》等，记述从成吉思汗到元朝灭亡160余年的历史，至洪武三年（1370）完稿并刊行。清代满蒙文译本，内容与汉文本不完全一致，只翻译本纪部分，再增订内容而成。此书以编年体记述自元太祖成吉思汗至惠宗妥懽帖睦尔等十四朝皇帝162年的历史。

④ 萨囊彻辰（1604—？）：北元朝大延汗三子巴尔斯博罗特后裔，库图克台彻辰鸿台吉曾孙，今伊克昭盟乌审旗人。他11岁时袭曾祖父"彻辰鸿台吉"封号。17岁始在博硕克图济农手下任执政大臣。22岁奉命前往榆林与明廷和谈。28岁随林沁济农支持林丹汗安定内部，抗衡后金政权的活动。后弃政返乡，据《古昔蒙古汗等源流大黄册》等7种蒙古史文献，并结合自己所见所闻，于清康熙元年（1662）以蒙古文撰写此书，命名：enedkeg töbed mongrol had un caran teüke neretü turuji（额讷特珂克土伯特蒙古汗等源流），简称《额尔德尼脱卜赤》（《宝贝史纲》）。

流》①是蒙古族三大历史著作之一，全书以编年体叙述元、明两代蒙古各汗的事迹（图 13）。后由喀尔喀亲王成衮札布将此书进呈清廷，乾隆三十八年（1773）舒赫德等奉命将其译成满文，同年与蒙古文本一同由武英殿刊行。乾隆四十二年（1777）又译成汉文，由武英殿刊行，因乾隆帝敕修，故称《钦定蒙古源流》。此书对蒙古族而言属于正史，但我国古籍分类法更看重其体例，故将此书归于杂史类。

图 13 《蒙古源流》

此外，在清代国史馆和其他各修书机构，始终以满、蒙、汉三种文字来记叙编纂实录、圣训、则例、传记等本朝历史和法律方面的重要官书，并提倡在理藩院和蒙古地区各官署衙门通用蒙古语言文字。如《清实录》《清凉山志》《钦定理藩院

---

① （清）萨囊彻辰撰《蒙古源流》，八卷，清乾隆三十八年（1773）武英殿刻蒙古文本，8 册。此书于清康熙元年（1662）编成，与《元朝秘史》《蒙古黄金史》合称"蒙古族三大史书"。全书为编年体叙述元明两代蒙古各汗的事迹，上溯蒙古部落的崛起及成吉思汗王统的起源，并与印度、西藏诸王世系联系到一起，下述至清初蒙古族历史文化及佛教传播经过。书中有关北元朝蒙古部封建主纷争的内容极为丰富，还收录很多蒙古民间传说、诗歌及藏梵汉满等民族语言资料。

则例》①《蒙古律》《圣谕广训》②《进士登科录》《中式满蒙进士录》《中式满蒙举人题名》《顺天乡试题名》《顺天乡试录》《钦定外藩蒙古回部王公表传》《钦定续纂外藩蒙古回部王公表传》等，其中有关蒙古、回部王公功绩及世袭的传记先后七次编纂刊行，均由国史馆属下蒙古馆③编纂，有满汉蒙三种文字本。初修本《钦定外藩蒙古回部王公表传》，一百二十卷，自清乾隆四十四年（1779）开始，以《钦定宗室王公功绩表传》为蓝本，对蒙古、西藏、回部贵族列表立传，至乾隆五十四年（1789）汉文本编成，收录清初至乾隆五十三年（1788）间王公贵族事迹（图14）。卷一至十六为"表"，列有王公初封、袭次、事迹和卒年等。其中卷一至十一、十三、十五为蒙古王公表；卷十二、十四、十六为西藏和回部王公表。卷十七至一百二十为"传"，其中卷九十一至九十三、一百八至一百一十一、一百一十六至一百一十七为西藏和回部王公传，其余均为蒙古

① 《钦定理藩院则例》，理藩院是清代综理蒙古、回、藏等少数民族事务的中央国家机构，前身为清初所设蒙古衙门，崇德三年（1638）改今名。下设旗籍、典属、王会、柔远四司。乾隆二十四年（1759）平定新疆回部后，二十六年增设徕远司，主管新疆回族事务。光绪三十二年（1906）改为理藩部，仍是综理蒙古及回、藏等少数民族事务的清代中央国家机构。至乾隆五十四年（1789），以《蒙古律例》为基础，校订《大清会典》之"理藩院则例"，编纂《钦定理藩院则例》，其中清廷对理藩院管辖各民族，从政治、经济、文化、宗教等方面，制定了一系列行之有效的行政法规，共209条，后重修五次。第二次于嘉庆十六年（1811），托津、庆桂等重修，增删旧例，共辑713条，于嘉庆二十年（1815）刊刻。三修本于道光三年（1827）刊刻，四修本于道光十三年（1833）刊刻，五修本于道光二十三年（1843）刊刻，六修本于光绪三十四年（1908）刊刻。故宫仅藏第五次修本。

② 《圣谕广训》，二卷，清雍正二年（1724）武英殿刻本，2册。历代帝王，为维护统治，向民众推行"三纲五常"等封建宗法意识和伦理道德观念，以束缚民众的思想和言行。清廷入关后，早在顺治九年（1652）顺治帝颁发《六谕》，曰："孝敬父母，恭敬长上，和睦乡里，教训子孙，各安生理，无作非为"。其子康熙帝以此为基础，推衍为《圣谕十六条》，曰："敦孝弟以重人伦，笃宗族以昭雍睦，和乡党以息争讼，重农桑以足衣食，尚节俭以惜财用，隆学校以端士习，黜异端以崇正学，讲法律以儆愚顽，明礼让以厚风俗，务本业以定民心，训子孙以禁非为，息诬告以全善良，诫窝逃以免株连，完钱粮以省催科，联保甲以弭盗贼，解雠忿以重身命。"后雍正帝对《圣谕十六条》进行逐条解释，阐发其中义理，引申发挥敷衍成万言广训，命名《圣谕广训》，雍正二年刊行，并诏令各地学官于每月朔望日向士庶宣谕，使群黎百姓家喻户晓。

③ 蒙古馆，初名"蒙古王公表传处""蒙古表传处"或"蒙古处"，后又改称"蒙古馆"。

王公传。每部先总传，介绍该部概况，次列传。全书 120 册，共收蒙古王公台吉塔布囊等 1300 余人，其中立传者 200 余人。第二次续修本为《钦定外藩蒙古回部王公表传》，仍一百二十卷，120 册，续修至乾隆六十年（1795），嘉庆七年（1802）完稿刊行。第三次续修本为《钦定续纂外藩蒙古回部王公表传》，二十四卷，自嘉庆十七年（1812）三月二日开始撰，嘉庆十九年（1814）武英殿刊行。第四次续修本为《钦定续纂外藩蒙古回部王公表传》，二十四卷，自道光十六年（1836）八月五日开始撰，道光十九年（1839）武英殿刊行。第五次续修本为《钦定续纂外藩蒙古回部王公表传》，二十四卷，自道光二十九年（1849）四月二日开始撰，同年武英殿刊行，其蒙古文书名中"ᠭᠠᠳᠠᠭᠠᠳᠤ ᠮᠣᠩᠭᠣᠯ"（γadaγadu mongγul），改为"ᠭᠠᠳᠠᠭᠠᠳᠤ ᠪᠢᠴᠢᠭ"（γadaγadu moji）。第六次续修本为《钦定续纂外藩蒙古回部王公表传》，二十四卷，自咸丰九年（1859）十月十日开始撰，同年武英殿刊行。第七次续修本为《钦定续纂外藩蒙古回部王公表传》，二十四卷，自光绪十年（1884）十二月十八日开始撰，未完稿，也未刊行，目前于此版本未查到任何信息。后五次续

修本均二十四卷，"表""传"各十二卷。总之，《钦定外藩蒙古王公表传》《钦定续纂外藩蒙古回部王公表传》的宗旨，是表彰蒙古、西藏、回部王公贵族在清代开国以来统一过程中所做出的功勋。一般汉文本最先告竣，然后译成满文，依满文再译成蒙古文。目前故宫博物院图书馆藏有初修本、第四次、第五次、第六次续修本，除了有武英殿刻本之外，还有稿本、内府精写本，共 52 部，425 册，占史类古籍的 30.8%。此外，《进士登科录》《中式满蒙进士录》《中式满蒙举人题名》《顺天乡试题名》《顺天乡试录》等汇编了顺治时期八旗考试满蒙进士、举人题名及考试题目。这些古籍为蝴蝶装，黑书口，反映了清朝早期古籍的装帧和版式特点，可为研究清代早期科举考试制度及了解早期知识分子可提供珍贵的资料（图 15）。相对而言，清代所编蒙古文地理类古籍较少，只有《清凉山志》①一部，是为鼓励蒙

① 清凉山，即山西省五台山，是佛教圣地。因清廷早在入关前对蒙藏民族提倡信奉佛教策略，康熙帝始终尊崇祖先提倡的佛教策略，并亲临佛教圣地巡查，他第四次西巡回京后，特命臣工编纂《清凉山志》，并以满、蒙、藏文翻译，于康熙四十二年刊行。后乾隆、嘉庆年间重修，由武英殿刊行汉文本。

古人信奉佛教、了解佛寺的目的编译刊行。

图 14 《钦定外藩蒙古回部王公表传》

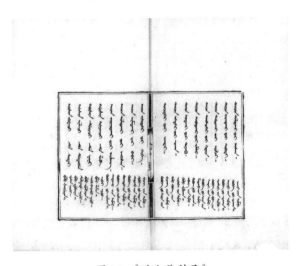

图 15 《进士登科录》

　　总之，故宫博物院图书馆藏蒙古文历史、地理类古籍较多，其中多数为蒙古文单行本，如《辽史》《金史》《元史》《清实录》《清凉山志》《钦定理藩院则例》《蒙古律》《钦定外藩蒙古回部王公表传》《钦定续纂外藩蒙古回部王公表传》等。还有少量的满蒙合璧或满汉蒙合璧的书籍，如满蒙合璧的《圣谕广训》和《三合圣谕广训》《进士登科录》《中式满蒙进士录》《中式满蒙举人题名》《顺天乡试题名》《顺天乡试录》等，其中多数为满汉蒙三体合璧本。

三、子部释家类和天文算法类古籍

故宫博物院图书馆藏子部古籍较多，其中以释家类、天文算法类为主，还有少量的儒家类、艺术类古籍。

蒙古族信仰佛教历史悠久，早在元代已开始接受藏传佛教，崇尚佛教文化。经过元明两代的发展，藏传佛教已在哲学、政治、经济、医学、建筑、思想、语言、文字等方面深深地影响着蒙古族，尤其思想体系的形成更是与佛教理论有着不可分割的关联。至清代清廷为更好地安抚蒙古人，对蒙古族采取了推行信奉佛教政策，如在蒙古地区大规模地修建寺庙，大力提倡蒙古人当喇嘛。

为便于蒙古喇嘛们诵读佛经，以及满足寺庙供奉佛经之需，清朝帝后牵头组织编写或翻译了大量蒙古文佛经。如顺治十七年（1660）顺治帝敕令召集蒙藏笔帖式，用泥金抄写《金刚经》，蒙、藏文各五十四部，未竣。顺治十八年（1661）元月顺治帝驾崩（图16）。后昭圣皇太后下令续译，于康熙元年（1662）完稿。该经的问世也成为昭圣皇太后下令翻译佛经的开端，如康熙五年至十二年间（1666—1673），她先后五次下令以蒙古文译写佛经，已知有《金光明经》《目连源流经》《圣贤劫大乘经》《圣大聚宝顶大乘经》《法华经》《圣般若波罗蜜八千颂》《大度经》《愿王经》《慈施原经》《入行原经》《度六道经》《极乐缘经》《重叠宫殿经》《慈施请问经》《信宝经》《灭十方冥经》《增法经》《圣半若聚偈经》《八千般若经》等（图17）。康熙帝始终尊崇祖母的佛教信仰，以及保持她所奠定的佛教政策，对佛教名僧给予最高礼遇，如康熙二十六年（1687）将二世章嘉呼图克图请到北京，三十二年（1693）敕封为扎萨克"大喇嘛"，四十五年（1706）敕封为"灌顶国师"。康熙三十二年敕封一世哲布尊丹巴呼图克图为"大喇嘛"，五十二年（1713）敕封五世班禅为"班禅额尔德尼"。同时又下令翻译、刊行大型的蒙古文佛经，如康熙五十九年（1720）刊行蒙古文《甘珠尔》。此外，康熙帝也曾亲自下令编译《金光明经》等蒙古文单经。总之，康熙年成书的蒙古文佛经较多，单据《秘殿珠林》卷二十四《供奉经典目录》，就记有蒙古文佛经几百种，其中《圣妙吉祥真实名经》《最胜佛顶陀罗尼经》《圣者无量寿智大乘经》等均是康熙年间帝后下令译写的蒙古文金字经卷。

图 16　泥金写本《金刚经》

图 17　泥金写本《目连源流经》

雍正、乾隆二帝始终对蒙古族佛教信仰予以高度重视，不仅尊崇他们所信奉的藏传佛教，甚至连自己都崇信佛教。因而他们在位期间一贯重视蒙古文佛经的翻译、编写、刊行活动，其中最著名的是雍正二年（1724）皇帝下令以蒙古文翻译《丹珠尔》，至乾隆十四年（1749）刊行。因乾隆帝本人语言学造诣很深，掌握满、蒙、汉、藏、维等多种语言，从而敕修不少三体合璧、四体合璧佛经，如《能断金刚般若波罗蜜多经》《御制满汉蒙古西蕃合璧大藏全咒》《御译大云轮请雨经》《白伞盖仪轨经》《摩诃般若波罗蜜多心经》《御制翻译名义集正讹》《钦定同文韵统》《御制满汉蒙古西番合璧阿礼噶利》《大乘首楞严经》等佛经及佛教用语字书等。随之，纂修佛经逐渐成了清代帝后日常生活不可缺少的一部分，因而佛教的影响在王公贵族及臣子等上层之间迅速蔓延。如康熙帝十七子果亲王允礼就下令以蒙古文翻译刊行了《如意宝愿经》《仪轨酬愿自在王殊用如意藏》《初中后三善福愿文》等众多佛经。此外，乾隆年间在臣子们中还流行一种写经敬献皇帝的习俗，如巴林公德勒克抄写《文殊师利赞》《文殊师利菩萨赞佛法身礼》及永瑢抄写《金刚寿命经》等，均是敬献给乾隆帝的四体合璧经文，这些佛经历来为深宫秘藏，鲜为人知（图 18）。

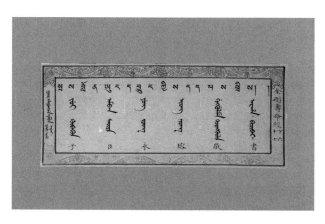

图 18　永瑢所抄《金刚寿命经》

　　总之，故宫博物院图书馆藏蒙古文佛经共有 362 部，671 册。藏传佛教作为一种历史悠久的宗教文化，有着博大精深的内容，而佛经是佛教文化的载体，它与佛教一样具有巨大的生命力。众多蒙古文佛经的问世，既满足了京城及蒙古地区各寺庙喇嘛们诵读供奉需求，又促使他们积极学习佛教知识，从而使佛教文化在蒙古族中出现了空前繁荣和发展的局面。这对清廷"满蒙联盟"政策的实施，以及统一多民族国家的形成起了极大的促进作用。

　　此外，顺治元年（1644）清军入关后，清廷采纳耶稣会传教士汤若望提倡的"西洋新法"，用满、蒙、汉三种文字颁行历书，命名为《时宪历》。因康熙初年的"历法之争"，复用"大统法"三年，编制康熙五年至七年（1666—1668）的《时宪历》。康熙七年改用"回回法"，编制颁发了康熙八年（1669）的《时宪历》。后于康熙八年改回"西洋新法"。至乾隆元年（1736）因避乾隆帝弘历名讳，改称《时宪书》。总之，"西洋新法"用至宣统三年（1911），在这267年间共编制了275种满、蒙、汉文《时宪书》，其中包括一年两种年号的《时宪书》。因康熙、同治、光绪三帝均是在十月初一日颁行《时宪书》之后晏驾，故次年颁行的《时宪书》就有了两种年号，如康熙六十二年（1723）与雍正元年（1723）的《时宪历》，同治十四年（1875）与光绪元年（1875）的《时宪书》，光绪三十五年（1909）与宣统元年（1909）的《时宪书》，因而多出三种《时宪书》。此外，乾隆帝禅位至驾崩的四年间，由于子皇帝颙琰率王公大臣等盛情难却，并用乾隆、嘉庆两种年号的《时宪书》，每年备乾隆纪年《时宪书》百帙，用来颁赐宫廷及御前亲近大臣，因而又多出四种《时宪书》。咸丰帝仅六岁的独子载淳即位后曾用祺祥、同治两个年号。咸丰十一年（1861）八月二十二日载淳在承德即位，初定年号"祺祥"。咸丰帝灵柩尚未到达京城前，十一月初一日先到达京城的慈禧太后和慈安太后，于初四日联合恭亲王奕訢等人发动辛酉政变，逮捕肃顺等顾名八大臣，将其拟定的"祺祥"年号，改为"同治"。因十月一日已颁发"祺祥"年号时宪书，改用"同治"年号后，又重编"同治"年号时宪书。再则，《时宪书》均于前一年编纂刻印。顺治元年汤若望首次编纂的是顺治二年（1645）的《时宪历》，宣统三年最后一次编纂宣统四年（1912）《时宪书》，故缺顺治元年《时宪历》，却多出宣统四年《时宪书》。实际上一年两种年号的《时宪书》只是封面书签不同，内容不变，封面题名、卷端题名及尾部纪年表等三处皇帝年号是在同一个版上挖改而成。故宫博物院图书馆藏蒙古文《时宪书》，共有199册，均以明黄色缠枝花暗花绫书衣，应是每年十月初一日或初二日颁朔时，钦天监进献皇帝的进呈本。为北京、盛京、直隶各部院衙门蒙古官员及蒙古八旗官员和蒙古地区颁行本，一般以黄裱纸封面，对后宫妃嫔及宗室王公、公主等颁发的，有黄绫面、金黄绫面、红绫面、黄裱纸面四种。蒙古地区每部各颁发100本，最先对内扎萨克蒙古二十四旗颁发。随着大清国版图的扩大，《时宪书》"各地日出入时刻表""各地节气时刻表"内增入新地名，同时《时宪书》颁发范围也逐渐扩大（图19）。

图 19　满蒙汉文《时宪书》各种版本

因清廷对蒙古族采取"禁止学习汉语、汉文化"等文化政策[1]，故清前期未曾有官方翻译刊刻之儒家经典，雍正年间只翻译刊刻了满蒙合璧《圣谕广训》《三合圣谕广训》等少量子部儒家类古籍，故宫博物院图书馆藏有此类蒙古文古籍66部，190册。相对而言，蒙古文艺术类古籍少之又少，仅有《筲吹乐章满洲蒙古汉文合谱》《番部合奏乐章满洲蒙古汉文合谱》《安南国王阮光平恭进献琛抒悃乐章》等7部8册。

四、余论

上述故宫博物院图书馆藏蒙古文古籍多数为官修，一般由皇帝下旨，翰林院及国史馆属下蒙古馆、方略馆属下西域同文志馆、内翻书房、礼部属下钦天监、理藩院属下则例馆、金字

---

[1]　"雍正时定制，蒙古人不得习汉字。"徐珂编《清稗类钞》，第一册，中华书局，1986，第435页。

道光八年五月，壬戌谕："沾染汉人习气，殊属忘本，……，嗣后各蒙古旗人，总当以满洲、蒙古字义取名，不准辄用汉字。"《大清宣宗成皇帝实录》，卷一百三十六，北京：中华书局，1986，第43页。

经馆、经咒馆、清字经馆等内府各修书馆组织人员编成，并由武英殿或钦天监等处刊行。还有少量的内府精写本和稿本，坊刻本极少。这些古籍来自清代皇宫紫禁城的慈宁宫、乾清宫、寿安宫、宁寿宫、毓庆宫、重华宫、寿安宫、景阳宫、钟粹宫、重华宫、养心殿、寿皇殿、皇极殿、昭仁殿、懋勤殿、方略馆、文献馆、清史馆、上书房、南书房、古董房、淑芳斋、太和斋、萃赏楼、宝蕴楼、颐和轩、景祺阁、南三所、修书处、内务府、南库、缎库、杂书库等处。

综上所述，清廷为巩固"满蒙联盟"政策，在文化方面所采用的"满蒙汉同文之盛""提倡蒙古人信奉佛教"等策略，为提高蒙古子弟文化素养甚至为统一蒙古大业带来了不可磨灭的作用。因培养出一批又一批的蒙古族语言学家和满蒙文翻译家，经过几代学者们的精心编译，蒙古文书籍逐渐增多，可以说清代蒙古文化的繁荣发展，在整个蒙古族历史上前所未有。

吴元丰

满文与满文历史文献

　　吴元丰，新疆察布查尔锡伯自治县人。1978 年、1986 年分别毕业于
北京故宫博物院明清档案部满文干部培训班和北京师范学院夜大历史系。
中国第一历史档案馆研究馆员，兼任全国古籍保护工作专家委员会委员、
中国民族古文字研究会副会长。长期从事清代满文历史文献的整理、编
目、翻译和研究工作，主持编译《清代边疆满文档案目录》、《中国第一历
史档案馆所存西藏与藏事档案目录》（满文藏文部分）、《北京地区满文图
书总目》、《北京地区满文碑刻拓片总目》，以及《清代西迁新疆察哈尔蒙
古满文档案译编》《清代鄂伦春族满汉文档案汇编》《清康熙朝内阁蒙古堂
档案》《清代珲春衙门档》《清代新疆满文档案汇编》等 20 余部目录和史
料集。同时，还研究满文历史文献、清代边疆史地、民族史和中国与琉球
关系史，发表论文 80 余篇。

我今天的讲座题目是《满文与满文历史文献》。我国是一个多民族的国家，在历史长河中，各民族都形成了自己独具特色的民族文化，同时也丰富和发展了共同的中华民族文化。满族作为建立过中国最后一个封建王朝的民族，不仅创造了满文，而且将满文作为清朝的通用文字来使用，形成了大量的历史文献。在我国55个少数民族中，无论是数量，还是种类，满文历史文献都属于最多的一种。它是中华民族文化遗产的有机组成部分，具有重要的历史文化价值。

一、满文的创制及其应用

（一）满族简况

　　满族发源于我国东北，历史悠久，建立过金朝（1115—1234），当时称"女真"。明万历四十四年（1616），努尔哈赤在赫图阿拉称汗，建立后金。赫图阿拉在辽宁的新宾，现在还有遗址。后金天命十年（1625），后金迁都沈阳，称之为盛京。沈阳故宫就是后金迁都以后逐渐建立起来的。后金天聪九年（1635），皇太极废除"女真"族名，改称"满洲"。后金天聪十年（1636），皇太极改国号为"大清"。清顺治元年（1644），清军入关，迁都北京，建立起全国性政权，即清朝（1644—1911）。1949年，中华人民共和国成立后，满洲简称为满族。2010年第六次人口普查，满族

图 1　金上京城墙遗址

总人口 1038 万，在 55 个少数民族中，排名第三位，在壮族和回族之后。分布在辽宁、吉林、黑龙江、河北、内蒙古、新疆、甘肃、青海、山东等地，并居于北京、天津、西安、成都、广州等大中城市。大家可以看一看金上京城墙遗址，满族的前身女真建立过金朝，它最早建都的地方就是金上京，现在位于哈尔滨市东南阿城区，大概在哈尔滨东南 50 公里的地方（图 1）。金朝海陵王为了进中原，把金上京烧了以后，后来到北京建了金中都。遗址大概在北京西城到丰台之间，即现在北京城的西南方向。

（二）满文的创制与改进

明万历二十七年（1599），努尔哈赤命额尔德尼和噶盖仿照蒙古文创制满文。新创制的满文，没有圈点，称"无圈点满文"或"老满文"。初创的文字，存在一些缺点和不足，如：ta 与 da 不分、te 与 de 不分、ya 与 ye 等字不分。同时一体多样，而且读音易于混淆。无论是学习还是使用，都存在诸多不便，需要改进和完善。大家看这张图片，左边的是老满文，右边的是蒙古文，形状完全一样（图 2）。这说明当时创制时，两者是很接近的，它的形状、字体都是一模一样的。

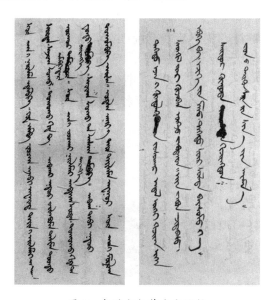

图 2　老满文与蒙古文比较

满文的改进，在"老满文"创制 33 年后，即天聪六年（1632），皇太极命达海进行改进，主要有以下四方面：一是在某些字母旁添加圈点，使原先雷同的字母得以区别，做到一字一音。二是创制特定的字母，以便拼写外来借词。三是创制满文字母的连写切音形式，解决音译人名、地名等词汇时容易出现差错的问题。四是规范字体，统一书写形式，消除了一字多体的问题。经过改进的满文称"有圈点满文"或"新满文"。现在人们通常所说的满文，一般都指"新满文"。经过改进，新满文跟蒙古文的差别很大。而且，跟老满文比较，更加规范，学习起来也更容易（图 3）。

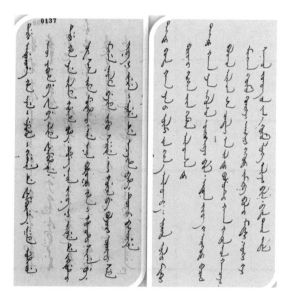

图 3　新满文与蒙古文比较

（三）满文的字母

满语属于阿尔泰语系，满-通古斯语族，满语支。大家知道汉文是汉藏语系的。满文属于拼音文字类型，共有元音字母 6 个、辅音字母 22 个、特定字母 10 个，加起来一共 38 个字母。大家可以看这个表里的 6 个元音，分别是 a、e、i、o、u、ū，第六个是长元音；22 个辅音，n 和 a 加起来就是 na，一个辅音加一个元音形成一个音节，成为一个字母；10 个特定字母，主要是为拼写外来名词所创造的字母（图4）。

满文元音字母表					
满文	ᡝ	ᡝ	ᡳ	ᠣ	ᡠ	ᡡ
罗马字母	a	e	i	o	u	ū

图 4-1　满文元音字母 6 个

满文基本辅音字母表											
满文	ᠨ	ᠺ	ᠺ	ᡬ	ᡬ	ᡥ	ᡥ	ᠪ	ᡦ	ᠰ	ᡧ
罗马字母	n	k	k	g	g	h	h	b	p	s	š
满文	ᡨ	ᡩ	ᠯ	ᠮ	ᠴ	ᠵ	ᠶ	ᠷ	ᡶ	ᠸ	ᠩ
罗马字母	t	d	l	m	c	j	y	r	f	w	ng

图 4-2　满文辅音字母 22 个

满文特定字母表									
	辅　音					复合音			
满文	ᠺ	ᡤ	ᡥ	ᠼ	ᡯ	ᡮ	ᡮ	ᠰ	ᠴ
罗马字母	k'	g'	h'	ž	dz	ts'	tsi	sy	c'y	jy

图 4-3　满文特定字母 10 个

（四）满文的书写形式

满文的书写形式也是有规定的，是竖写，自上而下，从左至右。恰恰跟汉文相反，古时候的汉文是从右至左写。满文一般情况下不能横写，除非特殊需要可以横写，一般都是竖写的。大家可以看看旁边的图，这就是自上而下，从左至右书写的（图5）。

286

图 5　满文的书写形式

（五）满文的字体

满文的字体可分为 5 种。我是搞档案工作的，经常看文字，所以我认为清代的满文字体应该有 5 种：楷书、行书、草书、篆书、匾额体。楷书满文很工整，使用范围较广，用于各种书籍的刊刻、精写本的抄写，以及诏书、谕旨、奏折、题本等公文的缮写。行书满文比楷书写得随意些，使用范围更为广泛，凡普通书籍的抄写、各种书稿的起草、中央到地方各级机关及官员之间来往文书的缮写，以及各类公文档案的汇抄存档等方面，都要使用行书。草书的使用范围较窄，主要用于起草一些文稿、个人信件和札记的缮写，以及书法作品的创作等方面。一般满文水平不好的话，草书是看不懂的，它的字母 ya 之类都是连笔写的，不容易看出来。篆字在满文创制之初就出现过，但种类少，字体单调。到乾隆十三年（1748），仿照汉文篆字，重新创制了满文篆字，共有 32 体，并确定了名称。使用范围也比较窄，主要用于镌刻宝玺和官印。乾隆十三年钦定 32 体篆字不只是满文，还包括汉文。为了推广这 32 体篆字，乾隆的《盛京赋》刻成了 32 体篆字，所以大家到比较大型的图书馆去都可以看到《盛京赋》，它是唯一一部清代官刻篆字的书。同时汉文也有一套32体篆刻《盛京赋》。这部书目前来说很有价值，特别是实用价值。它左面是满文的正字或者叫本字，右面的就是篆字，这样对比，看起来也比较方便（图6）。在这个意义上讲，它可以作为工具书来用。学篆字还是很有用的，清代很多官印基本是满汉合璧，甚至有满文、藏文和汉文三种合璧。蒙古的一些亲王、郡王、札萨克的印有满文、蒙文。伊犁将军的官印里字体是最多的，包括汉文、满文、托忒文、察合台文，一般汉文和满文都是篆字。另外还有很多藏书家、收藏单位的印刻了篆字。匾额体的使用范围较窄，主要用于缮写建筑上的匾额，字体视建筑的情况和匾额格式有所变化，但总体风格是一样的。这是故宫博物院的匾额，满文在右边，汉文在左边（图7-1）。匾额体没有固定的格式，主要依据建筑和匾额的大小以及风格来确定字体。故宫博物院除了最南边的太和殿、中和殿、保和殿，袁世凯把原来满汉合璧的匾额取下来，重新在匾额上写了汉文，其他很多匾额都是满汉合璧的（图7-2）。

图 6　篆刻《盛京赋》

图 7–1　满汉文字匾额　　　　　　图 7–2　满汉文字匾额

（六）满语文的现状

满语文的现状是很多人关心的问题。随着时间的推移，清朝国力逐渐衰弱，同时满族接受汉文化的程度也越来越深，满文的应用情况也每况愈下。1911 年辛亥革命爆发以后，加速了满文退出历史舞台的步伐。乾隆时期是清朝的盛世，整个清朝的国力，在政治、经济、文化各个方面达到了顶峰。顶峰之后，满族的语言文字出现了下落的趋势。我看档案里，清代提倡国语、骑射，要考试，当时辽宁地区的不少满族人已经不懂满语了，满文就更不用说了。乾隆看满文奏折的时候也经常批评这些官员，说他们的满文写得不好。

清朝入关的时候，大量的满族进入中原地区，除了在北京有京师八旗以外，全国各地的主要城镇、要塞都派驻了满洲八旗兵。满族本身人口就比较少，像成都、西安、杭州、广州、荆州这些地方都派驻了将军，修了城，驻满洲兵。入关前满人相对比较集中，入关后在北京也比较集中，后来分派到全国各地。到了乾隆的时候，14 个驻防将军，分散得很厉害。满洲的八旗兵分散到各地以后就开始跟汉族交流，交往越来越深，受汉文化的影响也比较多，所以从乾隆中后期开始，整个满语的情况就往下走了，逐渐衰落。

到了1911 年辛亥革命的时候，实际上就出现了很大的断层，满语基本就退出了历史舞台。现在满族人早就不使用满语了，唯有黑龙江三家子村、五家子村的个别老人会讲满语。五家子村在黑河，几乎就接触不到别的人，汉语对他们的干扰也比较少，所以语言更纯正，是老的满语。三家子村的满语在语序上已经开始受到汉文化的影响了。

值得一提的是，乾隆二十九年（1764）从辽宁携眷移驻新疆伊犁的锡伯族官兵及其后裔，就是我的祖辈们，1947年对满文进行改革后，作为本民族的文字使用到现在，这对满文的传承具有重要的作用和意义，这一点很重要。1949年中华人民共和国成立的时候，准备培养一部分满语人才，当时在整个北京城里面找不到满文的老师。最后找到了一位旗人，克敬之老先生，他那时候已经快80岁了，给他们讲满文课。第一批准备培养十几个人，很多人都没有学成，最后国家培养了两个人。到了20世纪60年代，中央民族学院（今中央民族大学）已经成立了，那时候进行了民族大调查，有关部门已经知道新疆锡伯族使用的语言文字和满文很接近，就从新疆请来了两位老师，在中央民族大学任教。同时办了满文班，21个人，其中有从新疆锡伯族来的3个学生，他们大概是1965年、1966年毕业的。这是1949年以后，正规大学培养的第一批满文人才，这两位老师就是来自锡伯族。

后来到1972年的时候，鲁迅的弟弟周建人作为当时的全国人民代表大会常务委员会副委员长，给周总理写了一份培养满文人才的建议，在故宫博物院明清档案部（今中国第一历史档案馆）有大量的满文档案需要整理翻译，人才很缺。周总理特批要培养年轻的满文人才，同时第一批毕业的满文班学生也要召回来。1975年在故宫博物院办了满文班，我是这个满文班的学员之一，当时从新疆锡伯族里招了三男三女。这个班教满语语音部分的老师也是锡伯族，是第一批，咱们国家正规培养的从中央民族大学毕业的老师。所以锡伯文的使用和保留对满文的传承作用还是很大的。台湾地区有广禄一家，广禄后来到台湾大学做客座教授，开了满文班，很多台湾有名的学者都是跟着广禄学满文，他也是锡伯族。锡伯族语言文字的保留和使用对满族语言文字的传承发挥了很大的作用。

《察布查尔报》（图8）是全国唯一的锡伯文报纸，是一个县级单位办的报纸，每周发行一期。原来是铅活字排的，现在用电脑排版，而且可以彩色印刷，很好看。这张图是察布查尔小学的锡伯文课本（图9），一般从一年级到三年级学锡伯文，同时也学汉文。锡伯语的双语教学比较早，从档案上看，在光绪的时候就已经开始了，锡伯族双语教学的历史是比较长的。我们这个地区一般升学率比较高，就业的学生也比较多。语言是一种思维工具，多学一种语言，思维的模式是不一样的，会更聪明。要是懂两种语言或者三种语言，再学第四种、第五种语言的时候就更容易。语言有很多规律，例如锡伯语和蒙语比较，很多基本词汇是一样的，把它分好以后，用排除法，语法根本不用学。所以大家多学一门语言还是很有好处的。比如我，除了汉文、满文、锡伯文，我从小在新疆地区，哈萨克语、维吾尔语也能听懂。所以我希望大家多学一门语言，哪怕水平不高，对自己也有好处。

图 8 《察布查尔报》（锡伯文）

图 9　新疆察布查尔锡伯自治县小学教材

　　还有一个问题，满文和锡伯文有关系，语言也有关系。现在我基本能听懂三家子的语言，但是三家子的人很少能听懂我们的语言。锡伯族从东北沈阳离开以后，到新疆已经将近 260 年，这期间周边各民族交流交融很多，它的语言也在发生变化，所以我们的口语发生变化后，三家子的人听起来难度大。内蒙古东部莫力达瓦达斡尔族自治旗的达斡尔族在清代也用满文，后来一直也在用。20 世纪 70 年代我去那里的时候，有 7 个人会说会写，2015 年左右去的时候只剩下 1 个老人还能和我对话，懂满文。我看了看他们保留的用满文写的书，一直到 1967 年还在用。他们档案馆里有份文件，几个兄弟为了家产打官司订立的文书也是用满文写的。所以大家以后对莫力达瓦达斡尔族自治旗也可以给予关注。除了新疆的察布查尔锡伯自治县以外，莫力达瓦达斡尔族自治旗保留的用满文写的民间抄本古籍也是比较多的，这是很有意思的地方，很少有人关注这一点。这是莫力达瓦旗人

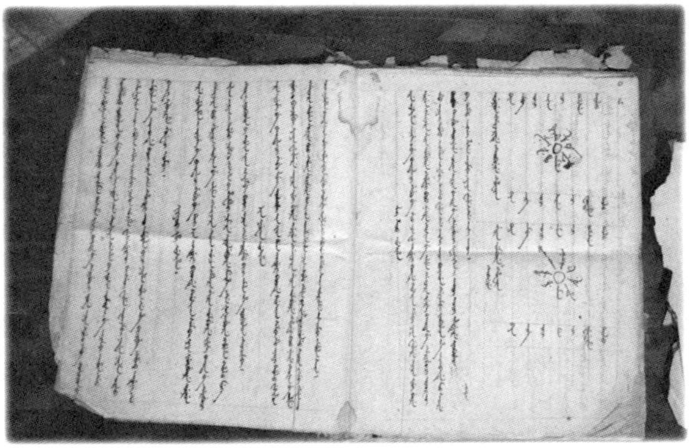

图 10　莫力达瓦人用满文写的书

用满文写的书（图 10）。

二、满文文献的形成与保存现状

（一）满文文献的形成

清朝共有 12 位皇帝，历时 290 余年，满文、汉文、蒙文、藏文都是清代的通用文字，只是不同的地区，不同的情况，适用不同的文字。比如西藏，给他们下公文的时候，皇帝的诏书、敕书或者上谕一般满文、藏文同时写。后来到嘉庆时候，以满文、汉文、藏文三种文字发布。蒙古地区一般用满文、蒙文，就是看不同地区、不同使用的人，用不同的文字。除了地区和族群以外，主要还看事务。凡涉及皇族、宫廷、八旗和边疆事务，一般都用满文缮写公文。清朝统治者倡导"国语骑射"，国语就是满语，骑射就是骑马射箭，这是最主要的立国之策，强调满族的本色。在这个大背景下，为了培养满语人才，需要满文图书。这意思是说满族人口也不少，八旗子弟中除了满洲八旗以外，还包括蒙古八旗、汉军八旗。这些人一般都学满文，甚至有些考试也用满文。这样的话，就需要满文图书。内府、官学、书坊都雕版印刷满文图书。除了宫廷的内府以外，全国各地的官学、书坊也刻满文图书，这也是一种社会需求。还有官修的或者皇帝下令敕建的寺庙、皇家陵寝、满洲官员墓地的石碑，通常都用满文，一般是满汉合璧。北京郊区有很多的墓碑，满洲官员的墓碑一般都是满文和汉文并行。北京很多寺庙里的碑，比如雍和宫的《喇嘛说》碑，就是几种文字镌刻的。河北的皇家陵寝，即东陵、西陵，还有承德的寺庙，很多石碑都是满汉合璧的，大家去的话可以看看。

典籍与文化 15

（二）满文文献的现状

现存的满文文献，大概可分为三大类：一是档案，二是图书，三是碑刻拓片。满文档案是清代中央和地方各级机关处理政务过程中自然形成的以满文缮写的各种公文的总称。因遭受各种天灾人祸，如"八千麻袋"事件，满文档案损失严重，但保存下来的数量还是巨大的，我估计全世界的满文档案有 300

万件。"八千麻袋"事件是中国文献史或者档案史上最著名的事件。在故宫内阁大库保存的清代留下来的档案我们叫大内档案，也就是存放在紫禁城内阁大库里的档案。20世纪20年代，国民政府因为财政困难，他们把这些档案装了八千麻袋。据说，这些档案称重以后是十五万斤，把八千麻袋拉到一个书店，准备送到造纸厂，4000两银子就卖出去了。后来民国时期著名学者罗振玉知道这个事以后，自筹比4000两多的银子把档案买了回来。但是买回来的时候，档案已经有些损失了。后来罗振玉又把档案卖给了另外一个人，这个人后来又把档案卖给了当时国民政府的中央研究院历史语言研究所。在整个周转过程中，档案的损失就不言而喻了。鲁迅写过一篇文章，大内档案最后回到中央研究院历史语言研究所以后，暂时没地方放，一段时间放在国子监，一段时间放在故宫的午门。那时候鲁迅在教育部工作，看到了这些档案，他就说很多铜版书的扉页在那儿，有人就随便挑档案。这是中国近代史上历史文献受到最大损失的一个事件。别的就不说了，像太平天国时期、义和团时期、八国联军入侵时期档案损失都很大。所以幸存下来了300万件，虽然也不少，但是比起真正形成的档案的数量，差太远了。比如刚才我讲到清代的驻防将军最后确定的有14个，驻防将军一般讲都有满文档案，现在这14个驻防将军里面，唯一留下来的是黑龙江将军衙门档案，还有一部分是吉林将军衙门的档案，别的将军衙门的档案几乎就没有了。还有别的很多例子，档案损失都很大。

还有就是皇帝颁发的制、诏、诰、敕、谕、旨，臣工呈进的奏折、题本，各衙门之间来往的咨文、移会、照会、札付、呈文等等，有时候也需要满文来写。它的保存情况大家可以看一下，中国第一历史档案馆、辽宁省档案馆、吉林省档案馆、黑龙江省档案馆、内蒙古自治区档案馆、西藏自治区档案馆、黑龙江省哈尔滨市双城区档案馆、内蒙古自治区呼伦贝尔市档案馆、土默特左旗档案馆、阿拉善左旗档案史志馆，以及台北故宫博物院、台湾"中央研究院"历史语言研究所等单位都保存了满文档案。国外的日本东洋文库、美国哈佛大学燕京图书馆等单位也有保存。中国第一历史档案馆所藏满文档案占现存满文档案的三分之二，约计200万件。现在中国第一历史档案馆在故宫博物院里，将来在祈年大街北段的西侧会有中国第一历史档案馆新馆，这也是清代档案工作者的心愿，从1949年中华人民共和国成立到现在70多年的努力，最后盖成了新馆。

满文图书种类齐全，包括经、史、子、集各部类，大部分是翻译的汉文典籍，大家注意，满文原创性的图书比较少，大部分都是汉文典籍，这也反映了满汉文化的深度交流。四书五经全部翻译成了满文，《明实录》也翻译成了满文，只不过没有雕版印刷出来，现在保留的是稿本。连《资治通鉴纲目》都翻译成了满文。我国的传统文化，包括汉文典籍里儒家的、释家的基本都翻译成了满文，甚至刻成满汉合璧的。所以，我说从这一点可以反映出清代满汉文化交流的程度是很深的。

据不完全统计，按种类计，满文图书保留下来有2000多种，我估计还有新的发现。按版本计，不同时期刻的版本有3000多部。分别保存在国内外40多座图书馆、档案馆和科研部门，大家能看到档案的保存情况比图书相对集中一些。图书的保存情况比较分散，其中国家图书馆收藏的最多，有790余种；其次是故宫博物院图书馆，有470余种；再次是中国第一历史档案馆，有330余种。因此大家知道，目前国内收藏满文图书最多的是三个单位，一是国家图书馆，二是故宫博物院图书馆，三是中国第一历史档案馆。国外哪个图书馆收藏满文图书最多呢？日本东洋文库、天理大学等单位我都去过，日本的情况我知道。美国我去过哈佛大学的燕京图书馆，国会图书馆也有，但是我没去。日本东洋文库、美国哈佛大学燕京图书馆这两个单位算是国外保存比较多的。俄罗斯在整个清代跟清政府交往较多，从康熙年间一直到1917年俄国十月革命，派了18届东正教驻京使团。跟着使团过来的也有三四个留学生，他们学习汉文、满文，10年左右就回去。包括传教士、留学生都有一个习惯，受俄罗斯政府委托，回去的时候在北京书市买书，回国时把这些书带回去，所以俄罗斯有四五个图书馆都藏有满文图书。从图书的角度讲，我觉得国外藏书最多的应该是俄罗斯。但是从文献的角度讲，俄罗斯、日本、美国不相上下。日本东洋文库藏一部分满文档案，美国哈佛大学燕京图书馆也藏有满文档案，所以说把档案加进来，从文献的角度讲，三个国家不相上下。可以讲俄罗斯、日本、美国是国外收藏满文历史文献最多的国家。

满文碑刻主要分布在北京、河北和辽宁，这是为什么？北京是清朝都城，河北有避暑山庄和东陵、西陵，辽宁有盛京三陵，即永陵、福陵、昭陵，再加上还有沈阳故宫，所以很多地方都有满文碑刻。满文碑刻绝大部分是满汉二体合璧的，其次是满蒙汉藏四体合璧的，第三是满蒙汉三体合璧的，纯满文的很少。石刻文献，又称"石书"，在我国历史文献中，它的地位仅次于写刻本的"纸书"。满文碑刻在我国历史上还是有地位的，仅次于纸质的书。西安碑林、北京五塔寺都保存有很多的碑刻。

国家图书馆保存有很多拓片。拓片是把碑刻文字拓印下来变成纸质形式的一种传统技术，使用宣纸、墨汁将碑刻文字拓印而成的墨本称之为拓片，或者拓本。因为历史的关系，很多的碑都受到了破坏，没有能够保存下来，拓片留在了图书馆。我国满文碑刻拓片，据不完全统计，有770余种。绝大部分保存在国家图书馆，其次是首都图书馆，再次是北京大学图书馆、中央民族大学图书馆和中国民族图书馆等单位。

三、满文文献的类别与划分

（一）满文档案的类别

满文档案，按形成和内容特点，可分为六大类：公文原件、编年体汇抄档簿、纪事本末体汇抄档簿、日行公事档簿、修书馆档案、舆图。

第一类：公文原件，是指当时形成的公文原件，主要有上谕、寄信、题本、奏折、咨文、呈文等等。

这是康熙的朱笔上谕原件，皇帝用红笔亲自写的（图11）。这是下行文，皇帝往下发布的。题本是上行文，官员给皇帝报告和请示问题的一种文书，我国历代王朝都有，清朝沿用了题本制度（图12）。这种文书不是清朝自己创造的，是对以往王朝的一种传承。后来到光绪年间，题本制度就被废了，被奏折替代。奏折是清朝独有的，别的王朝没有。起源于康熙年间，康熙中期开始使用。它的传递比较快捷，可以直接送到皇帝手里，不像题本通过内阁转过来。无论是它的秘密性，还是传递速度，都超过了题本，所以最后到了光绪年间奏折就代替了题本。咨文是官员之间平行的公文，级别一样的官员之间要用这种文书（图13）。呈文是下面的官员给自己上司的一种上行文书。

图 11　朱笔上谕

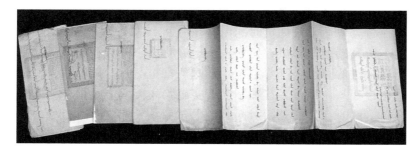

图 12　题本

图 13　咨文

第二类：编年体汇抄档簿，我国古代历来对公文档案很重视。抄这个档案主要有两个目的，一是作为将来处理事务的一种参考或借鉴，二是为了修史。所以我国有一个很好的文化传统，二十四史就大量取材于档案，通过这些史书记载使中华文明史得以流传下来。除了档案原件以外，还有各种副本，出于某种需要而抄写的副本，有利于档案的保存。这一类按编年体汇抄公文而成的簿册，主要有内秘书院档、蒙古堂档、票签档、六科史书、秘本档、清折档、月折档、上谕档、议复档、奏销档、上传档、堂谕档、红本档、行文档、来文档、呈文档等，名称很多。

这是军机处的月折档（图14），就是刚才讲到的奏折，雍正继位之前，康熙皇帝亲自批完后发还具奏人。雍正继位以后，下了一道命令，康熙所有批过的文书，包括康熙亲笔写的朱谕，一律缴回。众所周知，雍正继位时反对的声音比较大，缴回实际上就是查一查他父亲当年给这些人都是怎么说的。这种缴回朱批的举动，后来就成为清朝的一种制度了。从此以后，凡是皇帝批过的文书，皇帝朱笔书写的上谕，先发出去，在执行完以后，按规定时间内必须缴回。这就有了缴回朱批制
度。所有的地方官员，比如各个地方将军、总督、巡抚只要是皇帝批过的奏折，都要定期打捆送回宫里。到宫里以后，就把它保存在某个地方。这种制度的实施给我们留下了很多原始的奏折。同时，雍正开始对西北准噶尔用兵，成立了军机处。军机处是清代唯一一个分满军机、汉军机的机构。实际上清代的中枢机构，包括各部院里面有满缺汉缺之分，但文书是不分的，满汉文书都是一起处理。唯独军机处不一样，有满房，有汉房。文书是汉文的汉房处理，是满文的满房处理。在文书里，彼此之间也叫汉友、满友。清代军机处档案几乎没有受到破坏，而且是作为两个体系保存下来的。满文是一个体系，汉文是一个体系。现在大家看到的就是满文体系形成的。刚才我讲奏折直接送进宫，送到内奏事处，从内奏事处直接送到皇帝面前。皇帝亲自拆开批完后，先送到军机处，经完整抄下来后才发出，抄录下来的奏折称"录副奏折"。不只要抄录成"录副奏折"，还要定期抄成簿册，就是把奏折抄成簿册，这些都保留得很好。

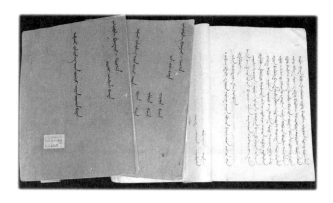

图 14　月折档

　　乾隆二十五年（1760）以前，军机处的月折档分两大类，军机事务和寻常事务。乾隆二十五年清政府彻底统一新疆天山南北以后，军机事务比较少了，开始基本不分军机事务和寻常事务了，但是这个制度存留下来了。

　　第三类：纪事本末体汇抄档簿，是指按纪事本末体汇抄公文形成的簿册，主要有俄罗斯档、八旗世袭谱档、准噶尔档、夷使档、熬茶档、北路军务档、西路档、土尔扈特档、西藏档、巴勒布档、郭尔喀档、班禅事件档、金川档、年班来京回番档、回子土司郭尔喀档、回子伯克档等等。内容很丰富，按照不同的内容、不同的事件，把有关文件汇抄成簿册。

　　这是土尔扈特档（图 15）。大家知道乾隆三十六年至三十七年（1771—1772），有一部分土尔扈特人从俄罗斯的伏尔加河流域东归。土尔扈特人最早是住在塔尔巴哈台，也就是今天新疆的塔城地区，因为内部矛盾，在明末清初的时候离开四卫拉特往西走，走到伏尔加河流域。后来到乾隆的时候回来了，清政府也用了很大的力量来安置他们。现在新疆巴音郭楞蒙古自治州的蒙古族是土尔扈特人，属于南疆的。北疆的和丰蒙古族自治县也是土尔扈特的人。新疆的蒙古人实际上有三部分人，刚才我讲的土尔扈特人是一部分，还有一部分是厄鲁特人，就是咱们现在说的准噶尔人，他们主要在昭苏、特克斯、尼勒克三个县。还有一部分在博尔塔拉蒙古自治州，这部分蒙古人从现在的锡林郭勒盟迁去，是张家口外的察哈尔蒙古戍边过去的。所以新疆的蒙古族来源不一样。

图 15　土尔扈特档

第四类：日行公事档簿，主要是指各机构记录日常处理公务过程中有关事宜而成的簿册，有丝纶簿、大事记、日记档、发报档、交事档、值班档、杂录档、钱粮册、注销档、消费档、号簿等等。名称比较杂，主要是各个机构在日常办理公务过程中的各种记录、记载、登记而形成的。这部分档案也很有意思，对研究清代某一机构的运作情况是很重要的，有一定的研究价值。

军机处的日记档每天都要记，刚才我讲军机处有两个文书处理系统，即"汉房"和"满房"，汉文处理的叫"随手档"，满文处理的叫"日记档"，记录的方式是一样的。每天写某年某月某日，最后写值班章京是谁。之后是今天收到了多少文书，多少奏折，最后简单写提要，谁的奏折等等。同时皇帝批了以后发出去的也要记录，今天发出去了多少，当然奏折已经有记录了，无须再记，只记上谕的内容。他们没事的时候，不能空着，就用满文写：恭喜，好事（图 16）。

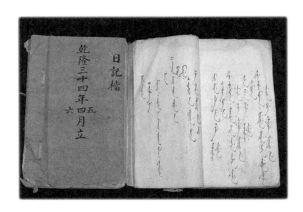

图 16　日记档

第五类：修书馆档案，是指清代各修书馆保存的档案、书籍稿本，主要有满文老档、内国史院档、起居注、满文木牌、逃人档、盛京旧档，以及满文实录、圣训、本纪、列传、大清会典、会典事例、方略、则例、八旗通志、明史、清文鉴等书稿。清代有一个特点，前一个皇帝去世以后，后一个皇帝就要修先帝实录，开实录馆。开实录馆的同时修圣训，皇帝一生当中说了什么话，把它分门别类。所以清代各朝皇帝都有自己的实录和圣训。实录和圣训不是清代自创的，也是以往王朝的制度延续过来的。

清代还有一个特点是每场战争打完之后，都开一个方略馆，纂修和这场战争有关的一本书，叫《方略》。比如康熙初年在雅克萨抗击罗刹（即俄罗斯），战后就写了《平定罗刹方略》。康熙年间平定三藩以后，也写了《平定三藩方略》。到乾隆时候，大金川和小金川内部土司之间斗争不断，所以清政府派军平定，用了十几年时间，战争结束以后，就写了《平定两金川方略》。

满文木牌是清入关前使用的一种特殊的文书档案。清入关前的社会、经济发展比较慢，不如内地发展得好，所以当时东北地区纸张特别缺。有些战报就地取材，把木头削成片以后，直接写在木头上。这是老满文和新满文交接时皇太极时代阿济格的文书，保留下来了30枚（图17）。《柳边纪略》里记载，现在档案的名称可能跟满文木牌档册的名字有关，木牌是串起来保存的，木牌中间有孔。

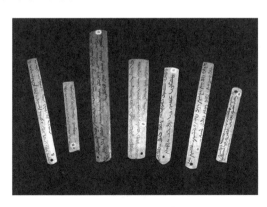

图 17　满文木牌

逃人档是清代专门记逃人的。这本书上写了老满文，这就说明清入关前纸张是很缺的，当时主要用的是高丽纸，还有普通的用公文纸，再有的就是旧图书和旧档案纸。这本就是他们用了掠夺内地某地的汉文书，然后就在这本书上记录，记有关逃人的事情。这本书实际上是明刻本《明会典》，书本身就很有价值（图18）。

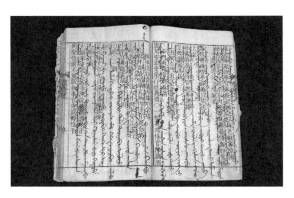

图18　逃人档

第六类：满文舆图，是指用满文或与其他文字合璧书写说明文字的地图，包括地理图、作战图、山水图、名胜图、防务图、建筑图和交通图等等。满文舆图主要保存在中国第一历史档案馆、国家图书馆，以及台北故宫博物院等单位。清代的舆图有个特点，把明代的旧图拿过来以后，做新的签，把满文贴上。这是六世班禅进京行帐图（图19）。

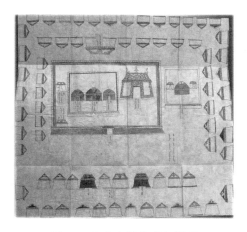

图19　六世班禅进京行帐图

（二）满文图书的版本

满文图书的版本很多，版本是一书经过多次传写或印刷而成的各种不同本子。仅以制版工艺区分，满文图书主要有刻本、写本、抄本、晒印本、石印本、印影本、铅印本 7 种，其中刻本和写本占绝大多数。现主要介绍刻本和写本。满文刻本图书，按其刻书者身份，可分为两大类：第一类，官刻本；第二类，坊刻本。

官刻本和坊刻本都有自己的特点。官刻本是指各级官署及附属机关刻印的书。其中内府就是武英殿刻本，最为著名。版式规范，字体典雅，用纸考究，墨色匀润，装帧精美，具有鲜明的宫廷特色。京师八旗官学、京口官学、荆州驻防翻译总学、成都驻防八旗官学、广州驻防官学、西安将军署、江南驻防衙门等机构刊印的图书，也属于官刻本，但与内府和武英殿刻本比较，书的种类也比较单调，多为与教育有关的语言文字方面的书，版本质量也参差不齐。虽然同是官刻本，但是与武英殿刻本是没法比的。这是《皇清开国方略》，乾隆五十一年（1786）武英殿刻本，很豪华（图 20）。

图 20 《皇清开国方略》乾隆五十一年武英殿刻本

坊刻本是指书商所刻的书。清代民间印刷业比较发达，书商遍及全国各地，设置书坊刊印图书。当时刊印满文图书的有 60 余家，其中北京的三槐堂、聚珍堂最有名，在近 200 年间连续不断地刊刻满文图书。民间书坊绝大部分在北京，只有少部分在沈阳、南京、荆州，体现了北京在传播满文化方面的中心地位。由于民间书坊多、地域广，这就决定了坊刻本的多样化，不仅图书种类庞杂，而且版本繁多，质量也参差不齐。这是《清文汇书》，三槐堂的本子，比内府刻本就差远了（图21）。

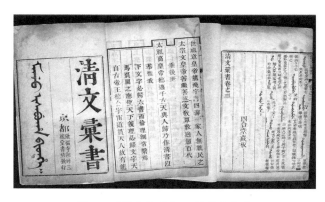

图21 《清文汇书》三槐堂发行本

满文写本图书可分为写本、稿本和抄本。"写本"的概念有狭义和广义之分，这里讲的是狭义的，专门指成书时即以手写形式流传的本子。稿本是书写过程中形成的原稿，包括初稿本和清稿本。抄本是指根据底本传抄而成的副本，又称传抄本。写本是指内府写本，跟抄本不一样，属精写本，开本较大，纸墨精良，缮写工整，装帧精美，多数是孤本。这是《大清高宗纯皇帝圣训》，精写本，蝴蝶装，开本很大（图22）。这是《养正图说》，内府精写本，完全是手写的（图23）。

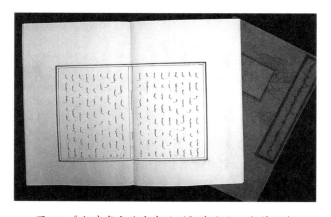

图22 《大清高宗纯皇帝圣训》嘉庆十二年精写本

图 23 《养正图说》清内府精写本

（三）满文碑刻拓片的类别

满文碑刻拓片，按其内容大致可分为诰封、敕封、谕祭、建筑、墓葬、地产、记事及诗歌等。按其立碑者的身份，可分为敕建、官建和民建三大类。在所有满文碑刻拓片内，诰封、敕封、建筑、墓葬四方面的较多，而且多数为满汉文合璧（图 24）。

图 24-1　博博尔代诰封碑

（满汉文合璧）拓片

图 24-2 博博尔代诰封碑（满汉文合璧）原碑

（四）满文文献的装帧

从满文文献的装帧形式来看，有线装、毛装、包背装、蝴蝶装、梵夹装、经折装、卷轴装 7 种。档案中的题本、奏折、咨文、呈文等折件类的公文都采用经折装，簿册类的档案则采用毛装和线装，还有一些舆图、制、诏、诰、敕等档案采用卷轴装。满文图书多采用线装，而采用包背装、蝴蝶装、梵夹装者较少。一般来讲，佛教经典都用梵夹装。我国图书的装帧是世代传承下来的，形式多样，并有一定的规制。乾隆皇帝是非常喜欢装帧的，所以到了乾隆时期，无论是汉文图书还是满文图书，其装帧形式都多样化，而且十分考究和庄重，某种程度上包括了我国传统装帧的各种形式，在清代满汉文献中都能体现出来。通过图片我们可以了解一下线装、毛装、包背装、蝴蝶装、梵夹装、经折装等装帧形式（图 25）。

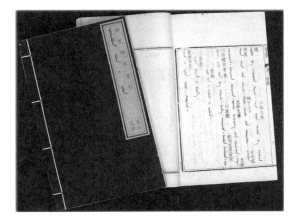

图 25-1　线装

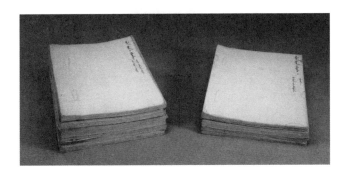

图 25-2　毛装

图 25-3　包背装

图 25-4　蝴蝶装

图 25-5　梵夹装

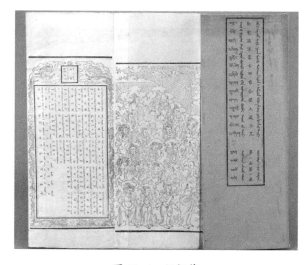

图 25-6　经折装

四、满文文献的整理编目与数字化

无论是图书馆还是档案馆，文献的整理、分类和编目都是基础性的工作，是开展文献保护和利用工作的前提条件。因为图书和档案的性质不同，所以图书和档案的整理、分类和编目方法有所区别，而且在长期的工作实践中形成各自的做法。

（一）满文档案的整理编目

历史档案的整理，首先按全宗原则划分档案。全宗是一个机构或著名人物在其活动中形成的全部档案。按照全宗原则，现存的满文档案划分为内阁、军机处、内务府、宗人府、黑龙江将军衙门等14个全宗。每一个全宗的档案，又按不同的种类，采取不同的整理方法进行整理。档簿类的档案，采用"文种—朝年"的原则整理，逐册登记编目。折件类的档案，采用"文种—朝年"或者"文种—问题—朝年"的原则整理，逐卷逐册登记编目。这种整理是档案实体的顺序整理，编制的目录属档案实体的秩序目录，主要用于保管、著录、复制等工作。

档案的著录是对档案的内容和形式特征进行分析、选择和记录的过程。根据《档案著录规则》和《明清档案著录细则》等行业标准，逐件进行著录。满文档案的著录项目有分类号、档号、胶片号、题名、责任者、文种、文件形成时间、附注、主题词等10余项。按《清代档案分类表》进行分类，共18大类。每类之下，再分若干一级、二级和三级类。

出版的档案目录目前有这几种，一部是我和成崇德、牛平汉主编的《清代边疆满文档案目录》，1999年由广西师范大学出版社出版，精装，12册，收录档案条目12万余条，共900万字。目前来说，无论是满文档案还是汉文档案，这是最大的一部公开出版的目录，影响也比较大。还有一部是李鹏年和我主编的有关西藏的满文档案目录——《中国第一历史档案馆所存西藏和藏事档案目录》，1999年由中国藏学出版社出版，收录满文档案1.3万余条、藏文档案294条，共100万字。分满文和藏文两大类，按时间排列，附分类索引。

（二）满文图书的编目

满文图书的编目工作始于 20 世纪初。李德启编、于道泉校《满文书籍联合目录》，1933 年出版，开创了编制满文图书目录的先河。这是我国目前能看到的最早的满文图书目录，主要收录了国立北平图书馆（今国家图书馆）和故宫博物院图书馆的一部分图书。这本目录出版 50 余年后，国内的学者开始关注满文图书的编目工作，相继有数部目录问世。卢秀丽等编著《辽宁省图书馆满文古籍图书综录》，收录辽宁省图书馆所藏满文图书 266 种。杨丰陌等主编《大连图书馆藏少数民族古籍图书综录》，收录大连市图书馆所藏满文图书 504 种。这两本目录有提要和书影。我主编了《北京地区满文图书总目》，收录北京地区图书馆、档案馆、博物馆等 14 家单位所藏满文图书 1700 余种，是比较全的。国外出版的目录比较多，日本、蒙古、俄罗斯、德国、英国等都有出版。有日本度部薰太郎编《满洲语图书目录》、河内良弘等编《天理图书馆满文书籍目录》、松村润编《美国议会图书馆所藏满洲语文献目录》，蒙古国拉·卡西格编《蒙古国乌兰巴托国家图书馆所藏满文书目》，俄罗斯沃尔科娃编《苏联科学院亚洲民族研究所满文文献》、雅洪托夫编《列宁格勒大学东方系藏满文书籍目录》，德国稽穆编《国际满文文献联合目录》，英国纳尔逊编《伦敦满文目录》等等。国外学者所编的满文图书目录的基本特点是，多以各馆所存的满文图书为基础，收录的图书条目较少，从而造成所编目录的规模比较小，而且因作者的国籍不同，所使用的文字也各不相同。国外分类有一个共同点，既不是传统的四部分类，也不是国家图书馆使用的学科分类法，而是用自己的方式编排下来的。

（三）满文碑刻拓片的编目

满文碑刻拓片的编目工作始于 20 世纪 30 年代初。有国立北平研究院史学研究会编《北平金石目》，还有张江裁、许道龄编《北平庙宇碑刻目录》，这两本目录都收录了一部分满文碑刻拓片。1959 年，首都图书馆编《馆藏北京金石拓片目录》，也收录一部分满文拓片。1979 年至 2015 年，在这 37 年间先后问世的有关满文碑刻拓片的目录共计 6 部。包括富丽 1983 年编《世界满文文献目录》，收录 1122 种，包括拓片 646 种，不是正式刊物，是中国民族古文字研究会内部印的，比较简单。还有一本书影响比较大，黄润华、屈六生两位先生主编的《全国满文图书资料联合目录》，收录图书 1015 种、拓片 693 种，1991 年出版。徐自强主编的《北京图书馆藏北京石刻拓片目录》，收录北京图书馆（今国家图书馆）藏满文碑刻拓片，1994 年出版。北京石刻艺术博物馆馆长王丹主编的《北京石刻艺术博物馆藏石刻拓片编目提要》，收录北京石刻艺术博物馆藏满文碑刻，2014 年出版。我主编的《北京地区满文碑刻拓片总目》，收录北京地区图书馆、档案馆、博物馆等 7 个单位所藏满文碑刻拓片，共计 764 种，2015 年出版，这是比较全的，有拓片提要。

（四）满文文献的数字化

随着科学技术的发展和应用，人们获取知识和信息的途径，以及阅读习惯都发生了变化。这种变化对满文历史文献工作者来讲，既是一种挑战，也是一种机遇。为了适应这种变化，有必要实现数字化，提高工作效率，进一步解决保护和利用的矛盾，创造快捷方便的利用途径。从事古籍和历史档案工作有一对矛盾，就是保管和利用的矛盾，利用得太厉害，保护就会出问题，保护不好也无法利用。所以如今新技术的发展真是给图书馆、档案馆创造了一种机遇，同时也是挑战。

2015 年至 2016 年，中国第一历史档案馆与汉王公司、华光公司合作研发"满文档案图像识别系统软件"，包括"满文识别通""满文输入通""全文检索平台"，荣获"2018 年度国家档案局优秀科技成果特等奖"。从 2017 年开始进入应用阶段，目前已完成几十万件满文档案的识别。我当年带领 10 个人整理满文录副奏折 18 万件时，用了 8 年时间，而且是条目式的著录和检索。现在用了这种技术，还是全文检索，不到三年时间完成了这么多，投入的人也不多，几个人检测一下就行了。建立全文检索数据库，节省了大量的人力和物力，加速了满文档案信息数字化的步伐，提供了快捷便利的利用途径（图 26）。这个软件研发成功后，就实现了批量自动识别满文档案，将手写体满文转换为拉丁字母转写，建立满文档案全文检索数据库，通过拉丁字母转写可以检索阅览和选材编辑。另外，也可将拉丁字母转写数据批量自动转换成规范的满文进行阅览和编辑。为了配合识别软件和全文检索数据库,我们专门设计了一种输入法和字库,名称就是"满文输入通"(图27)。输入法可以不用任何功能键、上下键,就直接可以输入,而且速度很快。现在研发使用的少数民族文字输入法里面几乎都没有预览框,这个满文输入法里有预览框,能打字节、单字,也能打词组,使用起来非常便利。

图 26　满文档案图像识别软件系统

图 27　满文输入通

满文输入通备有 6 种满文字体可以选用。我们是根据历史文献来设计的字体,第一个雕版体,用的是《雍正上谕八旗》武英殿刻本的字体;奏疏体,用的是伊犁将军明瑞奏折的字体;行书体,用的是乾隆朝上谕档舒秀的字体;匾额体,用的是乾清宫的匾额字体；榜文体，用的是雍正皇帝泰陵的碑刻字体。实际上，这些字体本身也有文化含量，不是我们自己闭上眼睛想出来的，我们是有依据的（图28）。

雕版体　奏疏体　行书体　匾额体　榜文体　书名体

图28　满文输入通字库字体

这是全文检索数据库的界面，后面是玉牒库的照片，很多柜子都是明代的（图29）。凡进入数据库里的满文档案可以按时间和责任者进行条目式检索，还可以通过拉丁字母转写按关键词进行全文检索，一个字、一个单词都能在几十万件档案中检索出来，而且在利用界面上同时显示拉丁字母转写、规范满文和档案原图，查阅十分方便（图30）。

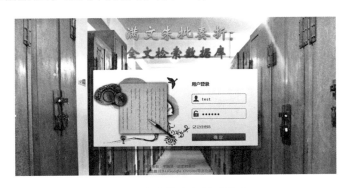

图29　全文检索数据库界面

图 30 数据库阅读界面

满文文献与其他文字文献比较有以下几个特点：一是满文文献中公文档案占绝大多数，是清代存世公文档案的有机组成部分，内容丰富，具有重要的凭证作用和学术研究价值。二是满文图书中有大量的汉文典籍的翻译作品，是满汉文化相互交流交融的成果，具有独特的学术研究价值。三是满文文献中还有一部分多种文字合璧的文本，对多语种文本比较和语言文字研究具有一定的参考价值。在版本方面，满文图书既继承了汉文古籍版本的基本特征，同时还有所创新，这无疑为古籍版本学研究提供了新鲜的资料。

朱崇先

21 世纪彝文古籍文献整理研究
进展与成就

朱崇先，彝族，中央民族大学教授、博士生导师。长期从事民汉双语教学与民族古籍文献整理研究。主持国家社科基金项目 3 项，主持学校 985 建设工程课题 1 项、211 建设工程课题 1 项、双一流建设课题 1 项。著有《彝文经籍文化辞典》《中国少数民族古籍文献整理研究》《彝族祭祖大典仪式与经书研究》《彝文古籍整理与研究》等多部。其中，《彝文经籍文化辞典》荣膺第四届国家图书奖、第四届中国民族优秀图书一等奖；《彝族祭祖大典仪式与经书研究》获北京市第二届哲学社会科学优秀成果二等奖；发表论文有《彝族祭祖大典礼俗及其文化内涵》《彝族古典文献的开发与利用》《彝文典籍语词——"哎哺"音义考释》《民族古文献阅读与重点名词术语的文化解析》等数十篇。在民族古籍文献专业教学、科研、人才培养方面做出积极贡献，曾被学校评为"德育先进工作者""优秀党务工作者""优秀共产党员"。

受邀来做讲座，我要讲的题目叫"21世纪彝文古籍文献整理研究进展与成就"。讲座的主要内容有六点：第一，加强学术交流，提高交流层次和学术水平；第二，加强各类科研项目的组织实施，注重申报国家社科基金项目；第三，彝文古籍整理研究成果显著，众多彝文典籍集成和彝文经籍译注，以及学术论著陆续出版问世；第四，进一步建立和完善彝文古籍文献专门机构，增强彝文古籍文献的保护力度；第五，加速彝文古籍整理研究人才的培养和文化传承人的培训；第六，彝文古籍文献整理研究大有可为，有着极大的拓展空间。

进入21世纪以后，迎来了保护非物质文化遗产和古籍整理及古代文献开发利用的大好机遇，在文化自信和弘扬各民族优秀传统文化，建设中华民族共同精神家园和铸牢中华民族共同体意识的文化氛围中，彝文古籍整理研究有了长足的发展，并取得了可喜的成就。

一、加强学术交流，不断扩大范围和提高层次

进入21世纪以来，随着彝文古籍整理研究专业与学科建设的发展，彝族地区的各级党政领导和各有关部门对这项事业的领导和支持力度也越来越大，财政支持不断增加，从事具体教学和科研工作的专家学者在彝文古籍整理研究方面的热情也在空前高涨。于是在这十年里，学术交流活动十分频繁，活动内容、范围、层次都在扩大和提高，有力地推动了专业的具体建设和学科的宏观发展。除了学术团体与科研部门以外，专家学者之间进行大小规模的座谈会等不同形式的经常性交流之外，连续举办了一系列的大规模的学术会议，进行广泛的交流。

（一）将彝文古籍整理研究作为国际彝学研讨会的重要议题

在我国举办的几次重大国际彝学研讨会上，把彝文古籍作为议题。通过开展学术交流和成果展示，进一步促进了国际学术交流的深度和广度。从而推动了彝族古籍文献整理研究全面走向世界，并实现彝文古籍文献整理研究与国际接轨。进入21世纪以来，主要召开了下列国际学术研讨会：

1. 2000年9月4日至7日在石林召开"第三届国际彝学研讨会"，这是继在美国西雅图和德国特黑尔召开的第一、二届国际彝学研讨会之后，首次在国内召开的规模最大的一次彝学盛会。这次国际彝学研讨会被视为"百年彝学归故乡"，在大会上专门设立彝文古籍文献论坛，对彝文古籍文献整理研究的理论和实践问题展开热烈的讨论。

2. 2001年8月在云南楚雄召开"彝族古文献与传统医药开发利用国际学术研讨会"，会议对彝族医药古籍文献、现代彝族医药文献研究、彝医古籍特点、彝文古籍中记载的彝族医药知识等展开热烈的讨论。

3. "第四届国际彝学研讨会"在2005年8月19日至24日召开，由中国社会科学院民族文学研究所主办，四川省凉山彝族自治州美姑县人民政府承办，也是大型的国际学术研讨会。会议以"二十一世纪的毕摩文化、传统知识与生态系统的可持续性"为主题，重点探讨彝文古籍整理研究的理论与方法。会议期间各国专家学者与国内各地专家学者进行了广泛的交流，对彝文经籍整理研究的情况进行了介绍，并充分展示了彝文经籍整理研究的新成果（图1）。

二十一世纪的毕摩文化、传统知识与生态系统的可持续性
2005年8月19—24日·中国凉山美姑

Bimo Practice, Traditional Knowledge,

图1　第四届国际彝学研讨会

4. "第五届国际彝学研讨会"2013年10月26日在西南民族大学召开，来自美国、英国、法国、澳大利亚、日本、荷兰

的外国学者与来自北京、贵州、云南、广西、四川等省区有关高校和科研院所的国内专家、学者，重点交流彝文古籍在国外收藏和研究的情况，介绍国内彝文古籍整理研究的经验，展示彝文古籍的整理研究成果。

5.“海外彝族文献整理与研究国际学术会议”2017年10月21日在西南民族大学举行。来自法国、美国、澳大利亚、日本等国家和国内的嘉宾60多人，针对19世纪以来遗散在海外的彝族古籍文献收藏、整理、研究等情况进行了盘点式讨论，以期更好地研究、开发和利用这部分流失海外的文献，更好地传播彝族文化、助力彝族文化研究。

通过上述一系列的国际性研讨会，加强了国际学术交流，实现了彝文古籍文献研究与国际接轨，为彝学和彝族古籍文献研究走向世界开辟了新局面。欲使彝族古籍文献成为人类共同文化资源，并为建立人类命运共同体提供多元文化的知识源泉。那么，彝文古籍文献的整理研究不但要充分借鉴和学习国内其他民族的古籍整理经验和方法，而且还要积极学习国外在古籍文献保护和开发利用方面的成功经验。因此，各种国际学术交流活动和国际合作都是必要的。

（二）注重召开全国性彝文古籍整理研讨会

全国性古籍整理研讨会，有古籍方面的专门研讨会，也有彝族文化的专题研讨会等，都涉及古籍文献的整理。在20余年间，四省区彝文古籍整理出版协作领导小组与各地政府和大专院校及科研院所合作展开了一系列学术交流，组织召开了近20次大型学术交流研讨会。不但加强了各学术团体和古籍收藏单位、研究部门及有关专家、学者之间的学术交流，而且极大地推动了彝文古籍整理研究工作的深入。特别是促成多项重大科研项目和出版工程的实施和协作攻关，并取得重大成果。

1.“滇川黔桂四省（区）第八次彝文古籍协作会”，于2001年9月8日至9日在昆明召开，来自北京及滇川黔桂四省（区）的80余位专家学者和代表参加了会议。这次会议围绕联合撰写《中国彝族通史》和彝文古籍史料辑录，以及彝文谱牒整理翻译等问题，进行了广泛的交流和讨论。

2.“第九次滇川黔桂彝文古籍协作会”，于2002年7月31

日至 8 月 1 日在盘县红果召开。这次会议研讨了《中国彝族通史》编写的有关问题。会议强调：首先要抓好彝文古籍的整理翻译工作，要为通史编纂提供系统全面的文献史料，特别要抓紧彝文谱牒的整理翻译。在翻译过程中要加强研究性的注释，提高文献史料参考应用价值。

3. "第十一次滇川黔桂彝文古籍协作会议"于 2005 年 8 月 3 日至 4 日在云南昆明召开。与会专家充分讨论了由楚雄彝族自治州人民政府牵头的，由四省区协作领导小组协调的百部彝文经典、彝文毕摩经典的译注全集的编纂。这部全集的编译出版对抢救保护彝族文化遗产和弘扬彝族优秀文化具有重要的历史意义和现实意义，是盛世修典的壮举，要求四省（区）加强沟通和交流，团结一致，通力协作，积极支持楚雄州做好这项功在当代、利在千秋的民族文化建设大型工程。

4. "第十二次滇川黔桂彝文古籍协作会"于 2007 年 3 月 26 日至 27 日在云南省巍山县召开。会议交流了四省（区）自第十一次协作会议以来所进行的彝文古籍抢救整理和《中国彝族谱牒选编》编纂工作进展情况。会议指出：彝文古籍的整理、《中国彝族通史》的编纂、《中国彝族谱牒选编》的编写、《中国少数民族古籍总目提要·彝族卷》的编纂、规范彝文的完善和南诏历史文化的研究，是继承和弘扬彝族优秀传统文化的重大举措。

5. "第十三次滇川黔桂彝文古籍协作会"于 2009 年 11 月 19 日在贵州贵阳召开，会议总结四省（区）彝文古籍协作经验、交流和展示彝文古籍整理新成果、探讨彝学研究的理论和方法，分享学术研究的心得和研究成果。会议指出：四省（区）彝学研究会近年来加强协作，推出了不少重要成果。要站在加强民族团结的高度，充分认识彝学研究和彝文古籍整理出版工作的重要性。

6. "第十四次滇川黔桂彝文古籍协作会议"于 2011 年 7 月 23 日至 24 日在云南昭通举行。这次会议也是全国第九届彝学研讨会，包括昭通的六祖历史文化研讨会和昭通六祖文化广场的竣工等几个方面的内容，所以这次议题很丰富。

7. "第十五次滇川黔桂彝文古籍协作会"于 2014 年 11 月 18 日在四川凉山召开，也是第十次全国彝学学术研讨会。

8.“第十六次滇川黔桂四省（区）彝文古籍协作会”于2016年7月30日在贵州六盘水召开，会议全面总结“滇川黔桂彝文古籍整理出版工作协作组”成立30年来的成就与经验，紧紧围绕国家战略和“十三五”民族古籍事业发展规划，认真谋划和协商及研讨相关工作，不断开创彝文古籍工作新局面。

9.“第十七次滇川黔桂彝文古籍协作会”于2018年8月5日在云南省楚雄彝族自治州举行。本次会议以党的十九大“坚持中西医并重，传承发展中医药事业”为指导，突出“弘扬彝族医药文化、编纂彝医药典籍、促进彝医药产业发展”的主题，对彝文古籍抢救与保护特别是围绕彝医药典籍编纂、彝医药基地建设、培养彝医人才、推进彝医药产业发展等等，展开了广泛深入的讨论。

10.“彝文古籍与西南民族史学术研讨暨民族文化传承和旅游发展论坛”于2017年8月22日至25日，在贵州赫章县举办。来自省内外的60多位文献学、考古学、彝学等方面文化学者参加会议。会议邀请了云南省社科院原院长、西南民族学研究会原会长何耀华研究员，中国先秦史学会副会长、四川大学历史系博士生导师彭邦本教授分别作主题演讲，其他10位专家学者作大会交流发言。包括如何做好彝文文献与西南史研究和怎样深入探讨三星堆和金沙图文与彝文的关系、彝文文献与牂牁和夜郎的关系等等。

在20余年间，滇川黔桂彝文古籍整理出版工作协作领导小组与西南四省区地方政府和有关大专院校、科研院所合作，在川、滇、黔和北京先后召开十次彝学研讨和十余次滇川黔桂彝文古籍协作会。通过这一系列的国内大型学术会议，充分交流古籍整理研究的理论和方法。实现国内相关研究部门以及专家学者之间的广泛交流和深度合作，这不仅推动了理论研究的不断深入，也促进了古籍整理质量的有效提高。

二、加强各类科研项目和重大文化建设工程的组织实施，注重申报国家社科基金项目

进入21世纪以来，川、滇、黔、桂四省（区）彝文古籍出版协作领导小组，在各地党政机关和有关部门的有力支持与

密切配合下，积极组织协调了一批科研项目立项和实施，并取得了重大成果。与此同时有关高校和科研院所的专家、学者也加强了彝族古籍文献整理研究的力度，除了自主整理研究之外，积极申报国家级和省部级社科项目，先后有许多项目分别获得社科基金重大项目、重点项目、一般项目、西部项目、青年项目等立项。

（一）滇川黔桂四省区彝文古籍协作组组织协调完成一批重大合作项目

滇川黔桂四省区彝文古籍协作组，不断加强四省彝区的协作交流和联合攻关，为彝族文化建设工程倾心尽力。滇川黔桂四省（区）协作组组织多项重大项目，如组织完成了《彝文字集》《彝族毕摩经籍译注》《中国彝族通史》《通用彝文规范方案》《彝学研究丛刊》等编辑出版。促成了"昭通彝族六祖文化广场""大理巍山土主庙南诏十三世王铜像"等文化建设工程的实施和完成。参与了彝族文化旅游开发、彝族文化主题城镇建设、彝族文化产业研究等一大批有影响的重大课题和文化建设工程。通过协作攻关有力地推动了彝族文化的抢救保护与传承创新，促进了彝区社会经济文化的全面发展，为四省彝区的发展进步和彝学学科建设做出了积极贡献。

1. 组织实施并完成两项重大文化建设工程。第一项，是塑立"云南巍山土主庙南诏 13 王铜像"，于 2007 年 3 月 26 日建成并举行开光典礼。南诏是我国西南地区较大的地方政权，历经 13 代王，与唐朝相始终，在保卫和建设祖国西南边疆以及维护国家统一方面，做出了重大贡献，是彝族历史上可歌可泣的一段历程。第二项，是创建"云南省昭通建成彝族六祖文化广场"（图2），于 2011 年 7 月 23 日举行落成典礼。六祖是彝族的根脉，彝族六祖的父亲阿普笃慕，是彝族共认的始祖。传说彝族始祖笃慕，娶三位妻子，共生六个儿子，他们长大后，分别成为彝族武、乍、尼、恒、布、默六大部落的祖先及部落酋长，在昭通举行分宗仪式之后，各自率领部众向不同方向开拓发展，史称"六祖分支"，在彝族源流中留下了永不磨灭的记忆。

图 2　彝族六祖文化广场

　　2.滇川黔桂彝文古籍协作领导小组组织编纂了《中国彝族通史》，这也是一项重大的工程，通过协作攻关，从 2001 年 9 月提出项目实施计划，至 2012 年 11 月《中国彝族通史》正式出版，历经十余载，终于完成了这一部鸿篇巨制、长达 300 多万字的彝族通史编纂出版。

　　3.滇川黔桂彝文领导小组把《彝文字集》作为重大合作攻关项目，组织各地彝族专家数十人合作编纂，这个项目的最终成果为《彝文字集》。全书包括音标、字符、义项、音序检字表、笔画检字表、序等共计 355 万字，也是一部鸿篇巨制的工具书。它是聚沙成塔、汇川成海之皇皇巨著。分为八大卷，共收录 87000 多彝文单字。可谓古彝文单字的集大成者。

　　4.2005 年滇川黔桂彝文古籍第十一次协作会议在云南昆明召开，与会专家学者就楚雄彝族自治州牵头和滇川黔桂彝文古籍协作领导小组协调各省区合作编译出版《彝族毕摩经全集》的事宜进行了热烈的讨论，认为《彝族毕摩经全集》的编译出版对抢救保护彝族文化遗产和弘扬彝族优秀文化具有重要的历史意义和现实意义，是盛世修典的壮举。这是彝文古籍整理研究事业中集四省（区）之合力，共同完成的一项重大工程项目。

（二）高校和科研院所的专家学者积极申报各类社科基金项目

　　在 20 余年间，各高校和科研院所加强学科和专业建设，注重文献学理论探讨与古籍整理方法的摸索，根据古籍整理和教学科研工作的实际需要，编纂出版了一批彝文古籍文献整理研究必不可少的专业工具书。有关专家学者就彝文古籍文献整理研究的理论和方法进行了深入的探讨，潜心著书立说，成果颇丰。除公开发表一系列专业论文之外，还有许多颇有影响的学术著作正式出版面世。在专业教学和学科理论建设方面有着深厚的积淀，具有较强的科研实力。于是各高校和科研院所的专家学者，组成专家团队积极申报国家社科基金项目。仅西南民族大学的专家团队自 2013 年以来获得四个国家社科基金重大招标项目的立项，如"中国彝文古籍文献整理与保护及其数字化建设""云贵川百部《彝族毕摩经典译注》研究"以及《大小凉山彝文经籍文献语音资源库建设》。其他院校和科研单位的专家团队或个人也分别获得数十个国家社科基金重点项目、一般项目、西部项目和省部级项目。

1. 中国彝文古籍文献整理与保护及其数字化建设

由西南民族大学副校长沙马拉毅教授及其团队承担的国家社科基金重大项目——"中国彝文古籍文献整理与保护及其数字化建设"，主要完成了普查、汇总彝文古籍文献的数量及其主要类型和内容的中国彝文文献数据库的建设，历时近 7 年，最终成果形式为译著、论文、文献数据库、研究报告、语言信息处理系统、语料库、软件专利权，约 1191.53 万字，全方位对彝文古籍文献进行抢救性的整理保护与数字化、网络化的多维度展示，为彝文古籍文献的整理研究、数字化建设提供了有力的实践探索与技术支撑。这是这次会议专家的合影（图 3）。这一重大项目于 2020 年 10 月完成，经全国哲学社会科学工作办公室批准，于 2020 年 10 月 10 日，由四川省社科联规划办组织国家社科基金重大项目《中国彝文古籍文献整理与保护及其数字化建设》结项评审会。

经过充分的审阅和评审，评审专家一致认为彝文古籍文献是彝族历史文化的重要标志，具有细致的层次和深刻的内涵，项目研究用通用规范彝文注音符号对彝文古籍文献进行编目、注音，编写内容提要，以及彝文文献数据库的建设，全方位对彝文古籍文献进行抢救性的整理保护与数字化、网络化的多维度展示，不仅对彝族古文献的保护传承具有划时代意义，对我国其他民族古籍文献的整理保护及数字化建设也具有很好的借鉴作用；研究成果及数据库具有重要的学术研究应用价值和社会意义，并且高标准、高质量、高要求地完成了预期目标和任务，一致建议通过验收鉴定，报请全国哲学社会科学工作办公室审批。这个重大项目的完成，切实带动了彝族地区古籍文献的整理和研究工作。

图 3 《中国彝文古籍文献整理与保护及其数字化建设》
项目评审会参会专家学者合影

2. 云贵川百部《彝族毕摩经典译注》研究

由西南民族大学蔡富莲教授担任首席专家的国家社科基金重大项目——"云贵川百部《彝族毕摩经典译注》研究"于2015 年 12 月 26 日在西南民族大学武侯校区举行开题报告会。评议专家们分别从课题设计，研究团队中不同区域和不同民族的分工与合作，如何打破地域局限真正做到整体和全面研究，如何通过项目研究带出一支优秀的研究团队等提出了宝贵的意见。

3. 大小凉山彝文经籍文献语音资源库建设

2020 年 12 月 13 日，西南民族研究院李文华教授担任首席专家的国家社科基金重大项目——"大小凉山彝文经籍文献语音资源库建设"开题暨项目年度推进会在西南民族大学召开。该项目作为应用型研究项目，涉及民族文化、文学文献、信息技术等诸多领域，对当下彝族优秀文化的传承与保护，对继承和弘扬中华优秀传统文化，铸牢中华民族共同体意识具有重要的意义，也将对增强民族文化软实力、加强学校一流学科建设起到积极助推作用。

三、彝文古籍整理研究成就显著，一批古籍整理成果和学术论著陆续出版问世

进入 21 世纪以来，各地的彝文古籍文献整理研究部门和有关专家、学者积极投入彝文古籍文献整理研究，成就辉煌，将彝文古籍整理成果和学术研究成果，形成各种著作形式加以出版。

（一）出版了一批大型彝文典籍原文影印集成和彝文经籍译注集成

彝文典籍原文影印集成是保留彝族古籍，文献再生的手段，也使不能直接看到原文的人能看到影印本，也能阅览古籍的大体概貌。20 余年间整理译注和编辑出版了一批珍贵的彝文古籍，如：四川民族出版社组织编纂出版了《彝文典籍集成》，分为云南卷、贵州卷、四川卷；云南人民出版社出版了楚雄彝族自治州组织编译的 106 卷《彝族毕摩经典译注》。这些大型出版物无疑是重大的文化建设工程，它们的出版发行引起了国内外学界的极大关注。除此之外，四川民族出版社、贵州民族出版社、云南民族出版社分别出版了一批具有特色的彝文古籍译注丛书。

1. 大型彝文典籍原文影印集成

四川民族出版社组织编纂出版了一批《彝文典籍集成》，分为云南、贵州、四川三卷。四川卷一共分为 60 辑，分为哲学宗教、医药、军事、文学、天文历算、历史地理、教育、谱牒、习惯法、经济等十大类。贵州卷共 22 辑，已经在 2014 年 12 月出版。

还有一项是贵州赫章县龙正清主编的《赫章古彝文文献合集》，由四川出版集团巴蜀书社于 2018 年 8 月影印出版。这套丛书是地方文献的大型丛书，具有较高文献价值。

2. 出版彝文典籍译注丛书

楚雄彝族自治州人民政府编纂的《彝族毕摩经典译注》集总共有 106 卷，由云南人民出版社于 2005 年以后陆续出版，至 2012 年 11 月全部出齐。

除此之外，贵州、云南各地也是出版了一些类似的著作，

各出版社分别出版了一批彝文典籍的译注丛书。贵州省民族古籍整理办公室编《彝文文献经典系列》，彝文、汉文对照（全6册）由贵州民族出版社于2020年12月出版。抄录原文加上国际音标注音，用汉文进行字译或句译这样的形式来出版，是科学的整理版。凉山彝族自治州人民政府组织选编的《中国彝文典籍译丛》共3辑，由四川民族出版社于2009年8月出版。

（二）各出版社分别出版了多种彝文古籍整理研究方面的重要工具书

这类工具书有《彝文字典》和《通用彝文字典》。还有《彝文字集》，由滇川黔桂彝文古籍协作组编辑整理，由云南、四川、贵州三家民族出版社于2004年6月联合出版。该字集分为云南禄劝、武定卷，云南宣威卷，云南红河、玉溪卷，云南石林卷，云南弥勒卷，贵州卷，广西卷，四川卷。共收彝文单字87000多字。

（三）出版彝族大型史书

出版了彝族大型史书《中国彝族通史》，由王天玺、张鑫昌主编，云南人民出版社出版，是以彝文典籍文献的史料为主进行编纂的（图4）。

典籍与文化 15

图4 《中国彝族通史》

327

四、新建和提升彝文古籍文献整理研究机构

近二十年来，彝文古籍文献有关机构得以升格和新建。如：楚雄彝族文化研究所升格为楚雄彝族文化研究院，在院下设立了彝文古籍研究所。又如毕节彝文翻译组升格为彝文文献翻译研究中心。再如新建了西南民族大学"彝学文献中心"，又称为"彝学文献馆"。和贵州民族大学建立了"彝族古籍文献研究基地"。随着这些专业机构的提升和新建，在彝文古籍文献的整理研究方面发挥了重要作用。

（一）成立西南民族大学彝学文献中心（彝学文献馆）

西南民族大学彝学文献中心，也叫彝学文献馆，他们也收集了大量的彝文文献、彝文典籍。包括彝文古籍原件、古籍插图与民间绘画、电子数据库、复印件、手抄本等，目前拥有川、滇、黔、桂四省区民间文献 3100 册，彝文电子图书 348 册、电子音像制品 150 多种，彝文出版物 3000 多册。其中有许多为珍本、孤本、善本。如《买查吾查全书》《劝善经》《历算书》《吉禄柞苏》《占算经》《占期书》等。目前散存于民间的彝文古籍约有十几万卷，收藏整理的约四千多卷，出版发行的一百多卷。

（二）成立贵州民族大学彝文古籍文献研究基地

贵州民族大学彝文古籍文献研究基地也挂牌成立，成立以后也进行了大量的古籍整理研究工作。

（三）建立毕节市彝文文献翻译研究中心

毕节地区建立了彝文文献翻译研究中心。这个研究中心以前叫"彝文翻译组"，是彝族地区成立的最早的一家彝文古籍文献整理研究机构。现在升格为研究中心以后，专业力量有很大的加强。人员扩充后，中心下面各部门的设立更为完备。该中心自 20 世纪 50 年代以来，通过陆续搜集或征集，现珍藏着上千册被称为"牛皮档案"或"羊皮档案"或"麻布档案"的古彝文献。目前已有《彝族源流》《物始纪略》《十二部勾则》《丧

仪细沓把》《哭祭亡灵经》《丧祭驱鬼经》《局卓布苏》《伦理经》《支嘎阿鲁丧仪经》《婚姻起源书》《婚嫁曲姐苏》等49部入选《国家珍贵古籍名录》。

（四）建立楚雄彝文古籍研究所

进入21世纪以后，楚雄彝族文化研究院建立了彝文古籍研究所，该所建立后，具体承担"百卷毕摩经译注"的具体编译工作；与有关单位合作，将本院收藏的彝文古籍文献进行全面修复，并将这批彝文古籍进行数字化处理，建立古文献数据库。在古籍整理、保护方面做出了积极贡献。去年楚雄彝族文化研究院被国家古籍保护中心批准指定为古籍保护单位。

五、加强专业人才培养和文化传承人的培训

进入21世纪之后，有关大专院校和科研院所充分发挥自己的优势，加快了彝文古籍整理研究人才培养步伐。中央民族大学、西南民族大学、云南民族大学、贵州民族大学等注重古籍整理高级专业人才的培养，近20年来，仅中央民族大学就培养了一批彝文古籍研究方向的硕士研究生和博士研究生，这些研究生充实到古籍整理研究队伍之中，地方的古籍整理机构得到了充实，使他们在研究单位发挥了骨干作用。与此同时，地方也非常注重对现有人员的培训，特别是培训一些彝族文化传承人，这也是重视人才、重视学科的具体表现。

（一）各高校加强高级专业人才的培养

21世纪以来，各高校加大了人才培养的力度。在高级专业人才培养方面的师资和办学条件都得到很大的提升。例如：中央民族大学、西南民族大学等几所大专院校，先后培养了上百名彝文古籍专业的硕士、博士研究生。这批高级专业人才充实到彝文古籍专业的教学科研机构以后，极大地提高了彝文古籍整理队伍的专业素质和科研能力。为了培养高级专业人才，西南民族大学作了培养百名博士计划，其中包括培养古籍整理研究方向的培养计划。进入21世纪以后，中央民族大学就培养20多名古籍整理专业博士研究生和50多名古籍整理专业硕士研究

生。这批博士生和硕士生分配到各地，成为有关大专院校和科研院所的教学、科研骨干，在各自的教学、科研岗位上发挥了重要的作用。

（二）地方加强文化传承人和古籍整理骨干的培训

在二十余年间，各彝族地区干部群众不断增强古籍文献和传统文化及非物质文化遗产的保护意识，各级地方政府不断加强文化传承人和古籍整理骨干的培训。通过举办短期培训和开办职业学校等形式培养文化传承人和古籍整理骨干，已初见成效。楚雄州人民政府多次举办彝族毕摩文化培训班，贵州、四川各地也举办过各种类型培训班。云南省新平县在2018年开展古彝文传承骨干培训。

贵州省毕节地区彝学会旨在抢救、保护和传承彝族布摩（祭师）文化，首期布摩培训班于2009年3月4日开班教学。学员来自威宁、赫章、纳雍、毕节、金沙等县市，共22名。本期布摩培训班学习国际音标和十多部彝文经籍，如《献酒经》《献水经》《献茶经》《指路经》《祭祖经》《丧祭大经》等。集中教学外，由学员自行抄写、背诵所教授的经书；学习布摩礼俗与腔调。通过培训，三分之一的学员已掌握3000多个彝文单字，三分之二的学员大都掌握了2500个彝文单字。通过教学打牢了识读彝文单字的基础。教学中还使用了光碟教学等办法，已向学员发放了两种5盘教学光碟，发放和传抄了12种布摩教科书。为进一步学习布摩礼仪习俗和彝族传统文化奠定了坚实的基础。

贵州毕节还开办彝文双语职业学校，是全省乃至全国唯一一所研究彝族传统文化的特殊中等职业学校，办学主要是本着"救书，救人，救学科"的宗旨，培养彝族毕摩人才、彝文古籍整理翻译人才、农村致富带头人、彝语主持以及导游等专门人才。学校自2012年创办以来，得到了有关部门的高度重视。九三学社、川滇黔桂有关省市领导和民委系统多次前往学校考察指导。学校是贵州省民委"民汉双语服务基地""贵州省彝文古籍人才培养基地"，贵州民族大学"双语教学实习基地"，民政部"全国职业教育先进单位"。已为西南彝族地区培养了上百名彝族传统文化传承人——"毕摩"。

（三）注重彝文古籍的收藏和加强彝文古籍的保护力度

进入 21 世纪以后，古籍保护和开发利用的意识不断增强。图书馆和科研机构发挥各自的优势，采取诸多有效措施，不断增加彝文古籍的藏书量。与此同时，对原有的彝文古籍藏书加以修复，改善藏书条件，并积极申报国家珍贵古籍名录和古籍保护单位，极大地提升了彝文古籍的保护力度。

1. 国家民委中国民族语言文字应用研究院与云南社会科学院等单位签署了合作实施"彝文古籍文献海外及台湾地区抢救工程"的协议。这个工程协议制定以后，对外流的彝文古籍的整理研究，无疑是一个重大的项目。这个协议指出：彝文古籍文献分布在中国西南的广大地区，很多彝文文献被国内外重要的研究机构、图书馆和博物馆收藏。其中，美国、英国、法国、日本以及中国台湾地区的图书馆、博物馆和研究机构中都藏有非常丰富的彝文古籍文献。这些彝文古籍文献大多属于孤本、珍本和善本，具有极高的价值，通过合作整理的形式，将散存于世界各地的彝文古籍文献进行全面的翻译整理，使之成为实施中华优秀传统文化传承发展工程的一项内容，也可成为与海外和两岸文化交流的重要内容。

2. 积极申报《国家珍贵古籍名录》。彝文古籍文献收藏单位积极参加《国家珍贵古籍名录》申报工作。在国家已评审公布的六批珍贵古籍目录中，彝文古籍入选《国家珍贵古籍名录》的，第一批入选了 34 部，第二批入选了 34 部，第三批入选了 35 部，第四批入选了 48 部，第五批入选了 8 部，第六批目前还没有统计数据。通过申报《国家珍贵古籍名录》的申报和入选，极大地推动了彝文古籍文献的保护力度。

3. 楚雄彝族文化研究院通过申报被批准为古籍保护单位。楚雄彝族文化研究院的前身是楚雄彝族文化研究室，成立于1981 年，2009 年 9 月更名为"云南省社会科学院楚雄彝族文化研究院"。由所扩院后，楚雄彝族文化研究院以弘扬和繁荣中华民族优秀文化为己任，广泛开展彝族优秀传统文化的抢救、发掘、研究和宣传、保护、传承、创新、发展工作，在弘扬与应用优秀的彝族文化方面取得了可喜的成果。多年来，楚雄彝族文化研究院将彝文古籍整理研究作为工作重点。他们做了几项重要的工作，一是具体承担 100 卷毕摩经典译注的项目，二是把自己单位收藏的古籍进行了裱装、修复，进行数字化处理（图 5）。彝文古籍是彝族祖先世代承传下来的宝贵文化遗产，楚雄彝族文化研究院目前已收集了近三千部彝文古籍。该院始终把彝文古籍的收集、翻译、整理作为抢救性工作，并将其视为各学科研究的基础和重要的科研内容，紧抓不放。

图 5 《彝族毕摩经典译注》

我曾于 2007 年暑假到楚雄彝族文化研究院彝文古籍研究所访问、考察，具体了解他们在彝文古籍保护和整理研究方面的工作进展情况。就百卷彝族毕摩经典译注工作进展情况，与丛书主编朱琚元教授作深度交流。在访问期间，恰逢西南民族大学副校长沙马拉毅教授带团来研究所访问，我们共同参加了所里举行的座谈会，听取了诸多专家的发言。之后，我又和百部毕摩经典的具体编辑译注人员进行广泛交流。得知楚雄彝族文化研究院在彝文古籍整理研究和古籍保护以及开发利用方面颇有成就，特别是在古籍数字化建设方面已遥遥领先。

4. 清华大学图书馆组织实施馆藏彝文古籍整理编目与修复工程。由清华大学科技文献研究中心刘蔷研究员领衔组织实施的这个重要项目，得到清华大学校友会的资助。该项目一是与中央民族大学朱崇先教授合作，对清华大学图书馆珍藏的彝文经籍进行编目整理，将编目、著录成果汇聚在《北京地区彝文古籍目录》一书中；二是和天津图书馆古籍修复组合作，对清

华大学图书馆珍藏的彝文古籍进行修复。清华大学保存的彝文
古籍修复前打包存放，书本破损严重（图6）。通过裱糊装修以
后，焕然一新（图7）。

图6　彝文古籍修复前

图7　彝文古籍修复后

5.二十年来云南民委古籍办公室也加大了彝文古籍的收藏
力度。他们斥资千万从滇南彝区收集了一批彝文古籍，这些古
籍都亟待整理研究。

6.地方有关部门不断组织召开彝文古籍保护工作会议，专
门讨论古籍保护问题。二十年来，各地为了把彝文古籍保护工
作落到实处，不断组织召开各种类型的会议解决实际问题。例
如贵州省召开彝文古籍保护工作座谈会；广西召开隆林彝文古
籍整理座谈会。

贵州的古籍整理保护工作座谈会是 2018 年 1 月 4 日在大方县召开的。这次彝文古籍保护工作座谈会指出，彝族历史文化悠久，几千年来彝族同胞在促进经济社会发展方面做出了较大的贡献，彝族文化是中华文化中的一颗明珠，开展彝文古籍收集保护工作，旨在加强少数民族语言文字和经典文献的保护和传播，有利于进一步做好少数民族典籍文献和汉族经典文献互译出版工作。这是这次会议的局部一角。

　　在隆林召开彝文古籍整理调研工作座谈会。为推进隆林彝文古籍整理工作，打造彝族经典文献整理精品成果，全面展示隆林彝族优秀传统文化，由隆林各族自治县政协主办、自治区少数民族古籍中心和广西民语中心协办的彝文古籍整理调研工作座谈会在隆林召开，来自云南、四川、贵州、广西等省区和中央民族大学的专家学者共计 30 人参加了会议。广西的彝族人口比较少，过去在古籍整理方面宣传的力度不够，但是这次他们做了大量的工作，专门召开了这方面的座谈会。

　　贵州民族大学召开彝文古籍保护工作专题会议。为贯彻落实省委宣传部"彝文古籍保护工作专题会议"相关精神，进一步做好彝文古籍收集、翻译、整理、研究和保护工作。贵州民族大学彝文古籍保护工作专题会在花溪校区召开，学校领导高度重视，几位书记、校长出席了会议，各有关部门也出席了。作为一个学校，把彝文古籍整理研究作为一个专门的会议来召开，这也是很值得肯定的。

　　7. 当选人大代表的彝族知识分子为彝文古籍文献的抢救保护和开发利用建言献策。在二十余年间，先后有三位从事彝文古籍文献整理及彝学研究专家，被选举为全国人民代表大会代表。他们分别为彝文古籍文献整理研究问题，提出了宝贵的意见和建议。其呼声反映了彝文古籍文献的实际情况，代表了彝族人民和彝族知识分子的心声。

　　第一位是贵州省赫章县古籍办公室主任、全国人大代表龙正清，他提出"整理彝文古籍需要百年"，认为"按每年翻译整理 20 卷计算，整理完现在收集到的彝文古籍要 100 年的时间才能完成"。希望国家加大彝文古籍整理的力度。

　　第二位是 2013 年当选为第十二届全国人大代表的贵州省毕节市彝文文献翻译研究中心主任王继超，他就民族古籍文献抢救、保护和整理研究问题接受记者采访。他对记者说："贵州的彝文古籍是中华文化的瑰宝，一些香港学者还认为中国古彝文可以与中国甲骨文、苏美尔文、埃及文、玛雅文、哈拉般文相提并论，是世界六大古文字之一，而且可以代表着世界文字一个重要的起源。当前，少数民族古籍整理翻译研究最突出的问题是人才匮乏。"所以他认为，当下做好民族古籍工作，最迫切的任务是抢救和保护古籍传承人，尤其是口碑古籍传承人。对此，他提出如下建议："一是加大对其文化资源价值与濒危急需抢救的认识，各级党政领导和文化、民族、财政、旅游等部门直接介入，切实制订行之有效的抢救与保护措施，给予一定的抢救与保护经费的投入；第二加大宣传力度；第三传统习俗文化的继承、保护与旅游开发相结合，即旅游开发利用传统习俗文化资源，传统习俗文化又借旅游开发来传承和保护，以期达到资源共享和双赢的目的。"

第三位是 2013 年当选为第十二届全国人大代表的云南楚雄师范学院彝族文化研究院院长杨甫旺。他认为大量彝文古籍散存在彝族民间，古籍破损尤其严重。据有关部门实际调查，目前存世的彝文古籍总数约 800 万册以上，仅四川凉山州的普查统计，全州民间还散藏有 50 万卷左右的彝文古籍；贵州毕节等地有 3 万余卷，云南有 6 万余卷。传世彝文古籍绝大多数均为手稿或转抄本，存世的彝文古籍 70% 以上均属于国内外孤本，但因长期流传于民间，经烟熏火燎和湿热天气损伤，大多破损不堪。近年来，国内一些单位和个人收购、收藏了一批彝文文献，国外一些民间团体、个人也私自收购了一些彝文古籍，珍贵的彝文古籍一批批流失国外。其次，彝文古籍的保护工作中存在一些突出困难和特殊问题。如没有专门的彝文古籍收藏保护机构，保护条件落后，懂古彝文的人才极度缺乏；古籍保护和修复手段落后。再次，政府有关部门对彝文古籍的重要性认识不足。如缺乏足够的征集保护经费；征集到的彝文古籍未能翻译整理出版；未能建立完善的保护和继承制度。他提出了几个措施："第一，要强化对彝文古籍重要性的认识，有关政府要切实把彝文古籍抢救保护工作摆上更加重要的位置，纳入重要议事日程。明确工作目标和任务，建立和完善彝文古籍保护责任制度和流失责任追究制度；明确各级语言文字工作部门的组织、联络、协调和指导职能。第二，要建立专门的彝文古籍保护机构。尽快启动国家层面彝文古籍保护项目工程，建立各级彝文古籍保护机构，在彝族聚居区的州、县两级建设标准化的彝文古籍书库，推进彝文古籍保护名录和彝文古籍数字化资源库建设，建立三五个利用现代技术手段的彝文古籍修复工作室。第三，需要建立彝文古籍传承机制，培养传承人。第四，必须加大对彝文古籍调查、征集、研究经费的投入。"他在这方面提出了一些具体的意见和重要措施。

六、彝文古籍文献整理研究大有可为，有着极大的拓展空间

彝文古籍文献整理研究大有可为，有着极大的拓展空间。彝文古籍文献作为彝族传统文化的重要载体，其内容涉及到广泛的学科领域。探讨彝族典籍文献整理、研究的理论和方法，需要进行多学科的交叉性综合考察与系统研究。这就需要我们认真学习和借鉴相关学科的先进理论和科学方法，并充分掌握各科知识，才能准确地译注各种内容的典籍，为各学科的研究提供翔实、可靠的古文献资料。也只有这样，才能科学有效地开发利用古籍文献资料，真正做到吸取古代文化之精华，剔除旧时代遗留下来的糟粕，更好地继承和弘扬本民族的优秀传统文化。

因此，在彝族典籍文化研究工作初具规模，业已建成一支强有力的专业队伍的情况下，不但要加强彝文典籍的整理与译注出版工作，而且要高度重视彝族典籍文化的理论研究。只有深刻揭示彝文典籍中蕴含的文化内涵，才能更好地利用彝文资料，深入探讨彝族古代社会历史，并正确认识和应用彝族先民创造的一切文明成果。这就需要从事彝文典籍的工作者，在校勘、翻译、注释等实际工作中认真总结经验、不断探索新方法并重视理论研究，积极学习和借鉴相关学科的先进理论和科学方法，逐步建立和完善起自己的理论体系，早日把彝文古籍文献整理研究工作建设成为符合科学标准的学科专业。

彝文古籍整理研究工作，可谓任重而道远。就目前的彝文古籍整理研究任务而言，数以万计的古籍文献需要整理和翻译

出版，文献资源的开发利用以及学术研究的任务都十分艰巨和繁重。从整理研究工作的发展趋势而论，无疑是一项长期而规模庞大的文化建设工程，不但需要几代人、几十代人的不懈努力，而且要一直延续不断地整理研究下去。因为这项工作一直伴随着人类发扬优秀的传统文化和继承文明成果而不断探索与向前发展奋斗的历程。所以，历代先哲、圣贤都乐意潜心解读古籍文献，并善于对其来龙去脉进行穷本究源的探索。近代文献学家，更加注重古籍文献的形成、传播、发展问题，以及它所蕴含的文化价值等进行宏观研究。与此同时，也非常重视整理研究工作的理论与方法的探索，这是提高古籍整理质量和研究水平的需要。从一定意义上讲，理论建设关系到彝族古籍文献专业的整体发展，甚至关系到整个彝学研究领域的进程。由此可见，对彝文古籍文献进行具体校勘、翻译、注释等实践经验的总结和理论方法的探索，势在必行，刻不容缓。因此，对彝文古籍的记录符号和各种书籍文献的载体，以及古籍的编目著录、文献内容的科学分类，古籍的解读、校勘和翻译注释的方法，彝文古籍文献的征集收藏情况和整理研究历史，各类彝文古籍的文化价值和开发利用前景等进行多层面的探讨。要在新世纪里把彝文古籍文献整理研究工作推向深入，需要依靠集体的力量，并进行长期不懈地努力奋斗。

我们要清醒地认识到：虽然，彝族古籍文献的整理、研究工作，已经初具规模，并在文献资源的开发利用方面，也取得了一些显著的成效，正在向着正规化、专业化的方向发展。但是，在整个研究中还需要不断地加强理论和方法的探索，才能提高整理研究水平。作为一项长期的系统工程，不但要有强大的研究队伍，也要建立正规的专门组织机构和具体从事此项工作的部门，还要形成一套高度概括和反映这一工作性质、特点和研究对象，以及应该遵循的原则和方法的理论体系，以展示专业的基本面貌，并为本学科专业建构一个完整的理论框架和系统的学说，以指导从事此专业工作者，掌握本专业的理论知识和整理、研究的具体方法和基本技能。

由此论之，彝族典籍文献的整理研究工作，在理论建设方面应该给予高度重视。通过不断的探索，切实总结和概括本专业的基本指导思想和具体研究方法，使之上升到理论高度，并加以阐释和论述，形成条理化、系统化、科学化的理论学说，并不断地加以丰富，使之向前发展。

总之，彝文典籍是人类文化宝藏中的富矿，对其进行抢救和保护以及整理研究是当前贯彻实施我国保护非物质文化遗产与古籍整理这一国策的重要组成部分。它既是一项长期而艰巨的文化建设工程，也是一项伟大而光荣的文化传承任务，需要以锲而不舍的精神，继续努力奋斗。

讲座 丛书

木仕华

世界记忆遗产纳西东巴经典中的
多民族多元文化

　　木仕华，纳西族，云南省丽江市人，毕业于中国社会科学院研究生院，获博士学位，现为中国社会科学院民族学与人类学研究所研究员，中国社会科学院大学教授、中国社会科学院特殊学科（绝学）研究纳西东巴文学科负责人、国家博物馆研究院兼职研究员、北京外国语大学世界语言博物馆专家委员会委员、兰州大学藏缅阿尔泰研究所兼职研究员、四川甘孜州德格印经院申报"世界记忆遗产名录"专家组专家。研究领域为中国西南民族研究，近年来主要致力于纳西族语言文字文献研究、藏彝走廊区域诸族群的社会人类学、语言学调查研究、纳西族与藏族历史文化关系研究、茶马古道研究，著有《东巴教与纳西文化》《卡卓语研究》《马学良评传》《中国纳西族》《天路灵光——三江并流文化经纬》《纳西哥巴文研究》等，主编《纳西学研究新视野》《丽江木氏土司与滇川藏交角区域历史文化研讨会论文集》《活着的茶马古道重镇丽江大研古城：茶马古道与丽江古城历史文化研讨会论文集》《中国民族地区经济社会调查报告：玉龙纳西族自治县卷》。

首先感谢国家图书馆给了我这个非常难得的机会，我之前和国家图书馆也有一些来往，很多年前我曾经在白石桥馆区做过几个讲座，也参加过国家图书馆的善本古籍再造项目。我和国家图书馆的老馆长任继愈先生也有过交往。任继愈先生是纳西族东巴经典申报世界遗产非常关键的核心专家，他给联合国教科文组织写了推荐信。那时我的年纪还不是很大，在任继愈先生和地方政府及有关申报机构之间，做了一些具体的沟通工作，所以跟任先生很熟。任继愈先生是我的导师马学良先生在西南联大、北京大学文科研究所的研究生同学，所以我和他还有他的秘书李劲老师有一些来往。他给我们题写了很多题词，一直很关心纳西族东巴经典的整理、研究、翻译以及到世界上的宣传和弘扬工作。他在西南联大的时候就去过丽江，对丽江有非常好的印象。后来也多次去过丽江，对丽江的文化有非常深刻的见地和看法。这算是我和国图的一些缘分。国图也是目前全球范围内收藏纳西东巴经典最多的机构之一，至少在前三名[1]。因为现在还在发现搜集当中，不敢说哪个是第一，但是收藏3000册以上的机构极少，所以国图可以说位居全世界前三名。

我今天讲的题目是"世界记忆遗产纳西东巴经典中的多民族多元文化"，为什么讲多元和多民族文化？以前我们会局限在一个民族里面考察问题，但是当它上升到全人类的世界记忆遗产的时候，我们就不能把它单单地看作某一民族的东西，它已经变成全人类的共有文化财产了。所以我们对它的认识、理解

---

[1] 国立北平图书馆在七七事变、北平失守之后，陆续南迁，在昆明、重庆等地建立办事处，重点利用战时地利之便收集地方各类西南文献。1938 年 3 月 11 日在香港召开的国立北平图书馆馆务会议上明确了昆明办事处的主要职能为征购西南文献（民族志照片）和传拓西南石刻的采访工作大纲，并指定由万斯年、张敬等人具体负责。万斯年先生于 1941 年 7 月 15 日至 1942 年 11 月 8 日在丽江收集纳西族文献与文物，在丽江停留约 15 个月，搜访传抄丽江地方汉字文献与碑铭、搜寻购置东巴经典三千多册，现今国家图书馆的东巴经收藏的大宗主要由万斯年先生收集而来，功莫大焉，特此铭记。

以及内涵的探讨应该站在全人类的角度来看，而不是站在某一个民族的小众立场，或者自己家私家东西的角度，这就对不起世界记忆遗产的称号了。

我们地球只是浩瀚宇宙中非常微小的一个小亮点，因为地球是一个圆球体，每个点都是圆心，所谓的东南西北都是人为设置。将地球平面化后，据说东亚放在中间的地图，是因为传教士来中国的时候，为了讨好中国的皇帝而把中国放在了中心的位置。所以我们不能让平面化的地图把我们的思维限制住了，还是要打开思路，把它放到地球整体的大视野中看问题。

我们以往看到的立体地图，在地势上我国有三个阶梯，最高的一级是青藏高原，云贵高原、内蒙古高原是第二个阶梯，第三个是四川盆地、长江中下游平原、华北平原，还有东北三江平原这些区域，还有华南的区域到台湾地区那一片。我们中国有三个阶梯，不同海拔高度的区域、处在不同的纬度、不同的地貌地形会孕育出不同的人文特点。我们经常说的一方水土养一方人，这句话虽然直白，但也非常深刻。所以不同的海拔高度，不同的地理地貌和气候带，同一个国家内的人的气质、形象、文化各方面差别很大。中国国内的文化多样性与地域文化、民族文化的差别是大于欧洲国家与国家之间的差别的，所以我们国家的文化多样性的确是超乎我们想象。第一阶梯青藏高原这一个地理单元，会形成一个相对同质一点的，文化形态比较类似的，文化信仰基本相同的区域。青藏高原到云贵的交接地带，几乎正好是纳西族分布的区域，从青藏高原过渡到云贵高原的一个中间过渡带。再往下是四川盆地，那里有三星堆遗址，最近有一些新的发现，三星堆遗址发现的那些文化遗产也超乎我们的想象。中国文化的多样性自古至今丰富无比，以后注定还会有新的考古文物出土，还会刷新我们的认识，我们对中国文化的多样性要有足够的想象空间，而不是局限。

纳西族主体居住范围是在云南省丽江市，还有西藏昌都地区的芒康，那里有一个盐井纳西民族乡。四川省也有一部分纳西族，但人数不多，有5000人左右，西藏差不多也那么多人。纳西族主体人口聚居在云南省丽江市古城区、玉龙纳西族自治

342

县，横跨川滇藏三省区①。因为主体在云南，我们就以云南丽江的纳西族为代表来看一下基本概况。

丽江的位置往北是雪域高原，往南就是缅甸、印度，自古至今，人与人之间，民族与民族之间的交流是不断的，超乎我们今人的设想。我们现在有飞机、高铁、轮船才可以交流，其实人类在没有飞机没有高铁的时候，整个地球也有来往。全球化不是今天才有，古代就有。古代西藏到云南、四川都有路，丝绸之路、茶马古道、麝香之路、海上丝绸之路，这些在很古的时代就开通了。最早是用白银作为通用货币的全球化阶段和后来以纸钞作为货币的全球化阶段。之前的贸易还用黄金、玉、贝壳，尤其是我国的云南和西藏还有缅甸、印度这些区域，一直到20世纪初，还有一些民族之间的贸易是用贝壳作为硬通货。所以不是有了今天的高技术才叫全球化，以前也是有来往的，人类不同民族（族群）之间的来往，亘古以来就有。我们可以看到古代各区域间路网的存在就说明有来往。有货物来往，有人流，有物流，然后就会有精神的东西、文化的东西、物质的东西流传，所以有人说商僧并行是有道理的，目的不同，商人求利，僧人求法。

这一带有这么丰富的文化是和这几条路线有关系的。蜀身毒道即是其中之一。从印度到缅甸到中国的云南，从腾冲、保山到大理，一直到丽江、西昌、雅安、成都，这条线是客观存在的，到现在也被史家称为南方丝绸之路。读过历史就会知道，张骞通西域的时候，在大夏，即现在的中亚地区看到了四川生产的蜀锦和邛杖。这些四川生产的产品居然能在中亚那个地方看到，说明张骞凿空以前，四川到中亚的这条贸易通道是通的，所以肯定有人到过中亚那个地方，只是没有记录下来。

另外的路线是茶马古道。茶马古道有好几条，一条从云南的滇南，经过大理、丽江到拉萨，一条是四川的雅安、康定一直到巴塘、理塘，路过拉萨一直到印度、巴基斯坦。现在我们用丝绸、茶和马来取代，实际上这两条贸易通道上，销售的不仅仅是茶和马之间的互市，中间还有很多丝绸、金属，各式各

典籍与文化 15

---

① 丽江以外的纳西族聚居地有：云南迪庆藏族自治州香格里拉市三坝纳西族乡，四川木里藏族自治县俄亚纳西族乡，西藏自治区昌都市芒康县盐井纳西民族乡。

样的商品如麝香、药材、盐、大米等，路线短途、长途的都有，这是一个路网，而不只是一条线的概念。现在一般认为茶马古道是唐宋以后开始的，但是从新近西藏阿里考古发现的茶叶残渣来看，证明汉代就开始了。中原内地喝茶和西藏的西部，现在的阿富汗到西藏的那些地区喝茶的时间也就相差100—200年的一段短时段的历史，说明文化习俗可以传播得非常快。

这就是长江第一湾（图1）。我们下面会讲到三江并流，一条是长江，一条是澜沧江，一条是怒江，三江并流到丽江石鼓就拐弯了，长江往东边走。如果长江在这个地方从北到南就会直接流到印度洋，或者是从泰国进入太平洋，但是因为丽江这里有个大拐弯，所以拐到了上海。长江是中国母亲河，是一个文化带、文明带的起源，长江流域的文明显然和这个大拐弯是有着深刻关联的。纳西族就住在这个大拐弯的内外，人称"万里长江第一湾"，成就了长江中下游的文明与文化，是十分关键的一个大湾，也有的学者美称其为"湾育华夏"，更加突显其重要的地位。

图1　长江第一湾

这个地方有惊涛拍岸雄伟壮观的虎跳峡，江水的流速在这个区域是最汹涌的一段。河道窄，海拔高，落差大，所以现在是梯级水电开发非常重要的地理区域。有些地方汹涌澎湃，有些地方波平浪静，水流非常平缓。江水冲击的区域，有泥土淤泥会形成冲积扇小平原，江边河谷区域就成了人类定居的地方。河岸和大河冲积扇地带是文明的发生地。高原的湖泊边上也会有类似的文明出现，因为人是要靠水生存，没有水就养育不了农作物，没有粮食就无法生存，这是最基本的要求。我们看丽江这里有雪山，山高水长这句话非常有水平，山高上面就会有积雪，雪化了水流下来，看雪山才知道什么叫山高水长。

丽江的建筑风格的特点是汉式和藏式的结合，殿堂楼阁的顶部设置铜宝顶，这是藏式的风格；楼阁造型中所采用的飞檐翘脚以及斗拱和彩绘则是汉式建筑风格，汉藏两个民族的建筑文化在丽江完美地交融在一起。丽江是季风区，夏季雨水较多，所以建筑多为人字形的屋顶，利用排水。

丽江这个地方很有意思的是坝子北边的玉龙大雪山拔地而起，非常雄伟壮美。雪山下面有茂密的云杉林，如果我们到西藏和新疆的雪山去看，雪线以下是很少有常绿植物的。但是云南和西藏交界的这些区域雪线下面布满常绿植物，云杉等绿色植物陪衬皑皑的白雪，雪水一化，就变成了一潭一潭清碧的高原湖泊，水流下来，雪山、草甸、湖泊和森林交相辉映，绮丽无比，所以文人墨客把这些雪山称为"绿雪奇峰"，沿着长江边的纳西族村寨里有生长在海拔比较高区域的花卉如高山杜鹃，也很漂亮，滇川交接地带清丽明静、波光如镜的泸沽湖周边也是纳西族分布的区域。

丽江是多个世界遗产的富集地。丽江有三个世界遗产，今
天我们讲的东巴经典是世界记忆遗产，丽江古城则是世界文化遗产，前面提到的三江并流区域属于世界自然遗产。所以丽江这个地方同时有世界文化遗产、世界记忆遗产、世界自然遗产，一个地方有三种类型的世界遗产的地方不多。比如北京故宫、长城、颐和园、天坛都是文化遗产，当然北京也有记忆遗产类型的世界遗产[①]。丽江有三种类型的遗产实属少见，图中这是丽江古城的街道，还有潺潺流水，是对古城里面的小桥流水人家非常形象的说明（图2）。这是航拍的丽江古城的四合院，非常漂亮（图3）。这是纳西族宗教祭司东巴在跳宗教仪式舞蹈的场景（图4）。

---

① 北京有七处世界文化遗产，是我国最多的省市，也是世界上世界文化遗产最集中的城市之一。北京的七处世界文化遗产分别是：长城（辽宁、河北、天津、北京、山西、内蒙古、宁夏、甘肃、青海）。明清故宫（北京故宫、沈阳故宫）、颐和园、天坛、明清皇家陵寝（明显陵、清东陵、清西陵、明孝陵、十三陵、盛京三陵）周口店北京猿人遗址、京杭运河（北京、天津、河北、山东、江苏、浙江）。另有中国第一历史档案馆馆藏《满文秘本档》、《清代金榜》分别于1999年和2005年，成功入选世界记忆工程，并被列为《世界记忆遗产名录》。

图 2　丽江古城街道

图 3　航拍的丽江古城四合院

图 4　东巴祭祀舞蹈

　　纳西族对水的分类和处理是非常有民族特点的。他们把日常用水分为三个部分，第一潭水是干净清澈的水，供人来饮用，中间一潭洗菜，最后一潭洗衣服。一个民族的文化、地方的文明发达到什么程度，她对水、垃圾的处理能力是非常重要的，可以说是一条最重要的衡量标准。丽江古城做到这一步，说明文明程度是相当可观的。这是联合国教科文组织授予丽江古城世界文化遗产的证书（The World Heritage：the old town of Lijiang），是对丽江古城认可的认证书（图 5）。丽江古城是纳西族居住的一座美丽的古城，非常雄伟的雪山护卫在旁边。丽江纳西族的土司府也在其中，近旁还有藏传佛教寺庙文峰寺等。丽江不只纳西族，还有很多民族都信仰藏传佛教，寺院的格局、建筑形态也是兼容汉族、藏族、纳西族、白族几个民族文化。可以看出屋顶是铜质的宝顶，四角有经幢是藏式的，还有两只跪着的鹿在两侧，伴着法轮，这是藏文化的。但是整个斗拱，飞檐翘角，还有寺庙的牌匾写的汉字，这些在风格上又有汉文化的特点（图 6）。

图 5　联合国授予丽江古城的世界文化遗产证书

图 6　藏传佛教噶玛噶举派寺院文峰寺

西藏昌都地区芒康县盐井纳西民族乡，因为盛产井盐，澜沧江边有大量人工开凿的卤水井，所以称为盐井。通过风力把盐水风干以后将盐末采集出来，非常有特点，有作家形容为大风的作品。这是云南德钦县的茨中教堂，那里也有藏族、纳西族分布。这个教堂有点东方化，外观是大屋顶和飞檐翘脚，但是里面是一个天主教教堂。有藻井，有阴阳太极八卦图，有东方花卉的图案，也有西方的十字架，杂糅在一起，可以看得出来这个区域复合文化的交汇的特点，不仅是多民族文化的交汇，也是中西文化的交汇。所以有十字架，又有太极八卦图，又有东方的花卉，另外还有白族、纳西族墙壁上的图案，有当地特点，穹顶、窗户的券门、券洞又有西方的特点（图 7）。

348

图 7　云南德钦茨中教堂

东巴经典进入世界记忆遗产不过十几年的时间，国家图书馆老馆长任继愈先生，北京大学教授季羡林、费孝通，还有中国社会科学院世界宗教研究所的于锦绣先生、吕大吉先生等很多专家为了申报世界记忆遗产出了很大的力气，所以他们的远见卓识和奉献值得我们铭记。

现在丽江为了保护这些遗产，成立了世界文化遗产丽江古城管理局，我的记忆中，北京是没有世界遗产管理局的，而丽江是有丽江古城管理局的，管理世界遗产的管理局，是一个副处级单位，这在全国也是一个制度创新的内容。丽江有世界记忆遗产东巴经典、东巴文化研究院，也有东巴文化博物馆，民间还有很多学会、协会等团体，在一起互相协助传承文化。三江并流区域作为世界自然遗产，是跨区域、跨省、跨国的。比如澜沧江流经越南、泰国，最后注入太平洋里，在东南亚区域叫湄公河，在中国境内叫澜沧江。有些遗产是只限于一个民族或一个地域，但有些是跨国的。像北京的天坛、故宫、长城、颐和园、皇史宬，这些都是北京非常有代表性的世界遗产，文化遗产居多。现在全国范围有 400 多项要申报世界遗产，但是每年中国作为一个国家只能推两项，要全部列入名单最起码要排 200 年。从这一点看，丽江成功申报的这三项世界遗产，提前动作，我们走得比较早，反应比较快，先人一步，给丽江带来了很多的发展机遇，非常高明，是当时的执政者和文化精英学者之间互动产生的良好的经济社会效益，是一个值得研究的典型案例。

刚才我谈到，丽江除了内地的中原汉文化以外还有西藏、印度、缅甸文明对我们的辐射。印度梵文的写本形态和东巴经典之间是有关联的，只不过它没有装订，其装帧的方式、页面书写的格式是互相有影响的。藏文和印度的梵文写本之间也有一些关联，都是横写的，而且是长条形的刊本。从这些特征可以看得出来他们彼此之间是有影响的，都有佛像、有菩萨像、有横写的文字。只不过字母不一样，有的用红色，有的用黑色，底子也不一样，其实整个刊本和装订的形式是接近的。藏文的典籍，是用两个夹板夹着，然后用皮绳绷住，跟内地的线装书不一样（图8）。藏族的这种做法也影响了纳西族，纳西族东巴经典也是用经夹板夹住，然后用皮绳或者布绳捆扎。但是纳西族的东巴经典又学习了汉族的装帧方式。一般的汉文古籍右侧装订，我们是左侧装订。从这一点看，它既有学习之点也有创新之处。这是藏文典籍的外包装形式，它非常神圣，用黄缎把它包起来，用皮绳子把经夹板绷住。可以看出藏民族对文字和书籍的珍惜和珍爱，把它视为精神遗产和精神文化，保护得非常好，非常精美。僧人把佛教经典包好后运往藏经阁贮藏，或送到大殿里念诵的时候，他们做的是非常神圣的一件事，无论是存放经典还是拜读经典都是非常神圣的事业（图9）。

图 8　藏文典籍

图 9　藏文典籍外包装形式

　　纳西族的经板相对于藏族的要粗糙一点，但是就经板的基本格式而言，纳藏之间是明显有共性的，都是经夹板捆住。纳西族的经典和藏族文献的装帧方式还是有区别的，藏文文献是散叶，有次序和页码，但是没有装订。纳西族的东巴经典是横条左侧装订，跟汉文古籍竖条右侧装订不一样。从左向右横写和梵文的写本、藏文文献是一样的。但是纳西族东巴经典左侧装订这一点是学的汉族古籍特点。所以可以看出它既有藏族的特点也有东巴经典自己的形态。纳西族东巴经典刊本的形式，一般每页分三栏，中间会分成好几个小节，两小节之间打竖线分隔，六个方格中间打了竖线。这种形态的书写方式，有的时候栏线会画得密一些。分成三栏以后，中间几个小节间画栏线区分的时候有时分成四个，有时分成三个或更多，根据篇幅来确定（图10）。

图 10　东巴经典局部

纳西族的纸既有汉族造纸法的特点也有藏族造纸法的特点，

制作原料上也用了滇西北产的狼毒草，纳西语叫作 $ua^{33}ter^{55}$，在植物学的分类中属于瑞香科荛花属中的一种①，这些造纸原料里面有毒性，放几百年虫子都不会吃，而且还有抗老性。一般内地的纸存放时间久了，蛀虫吃后会腐烂霉变，而这种纸不会变质。这一点跟内地的纸很不相同。藏族和纳西族在造纸方法上有接近的方面，也有区别之处。纳西族身处藏族、汉族之间，造纸的方法也和书的刊本形式一样兼容汉藏，浇纸法和抄纸法两种造纸方法兼容。内地安徽宣城生产的写书法的宣纸，用的是活动式纸帘造纸法，方法是把纸絮捣碎以后，让其在池水里漂着，用活动式纸帘抄出很多层叠压而成的纸，挤走水分后，抄纸法做出的纸可以一层接一层地剥离成纸。藏族地方用浇纸造纸法为主，也即用固定式纸帘造纸法，有别于内地。纳西族纸的采集和制作是兼容了汉藏两边的技术，既有浇纸法，也有抄纸法，两种方法兼容，制作法非常讲究，在全国各民族造纸技术中仅此一家②。现在纳西族造纸术也是一个国家级的非遗项目。在迪庆州三坝纳西族乡有一个非遗传承人叫和志本东巴。

丽江也有传承人，但是知名度没有这么高。丽江古城开发出来很多东巴纸制作的纪念品，也很有特点。相对而言比宣纸要粗糙一点，但是东巴纸存放的时间可以很长，要比内地的纸经久耐用，又有防虫蛀的特点。纸质比内地的宣纸要粗糙一点明显是受到藏族造纸法的影响。纸是东巴经典的物质条件，因为做文献必须要用到纸，这是第一物质前提。

有了纸以后，还需要有墨、笔。纳西族用竹笔来书写，汉字是用毛笔来书写。墨是把锅底烟灰刮下来掺一些胶，调制以后就可以写字。这是很自然的一种墨，有了笔墨纸，才可以书写文献，可以说纳西族的笔墨纸张的制作都是来自自然界的纯天然原料加工而成，用现在时髦的话说是十分低碳的方式。

有笔墨纸的前提下，还要有文字符号，纳西族的文字符号就是东巴文。文字有的是写在纸上，有的写在木板上。我在这里展示的木牌是用于祭祀时画鬼和神形象的载体之一，他们直接把图像与文字绘写在木牌上，用木板作为载体。这个木牌和

---

① 滇西北汉语中有时称之为"山棉树皮"，或"雁皮"。
② 参见李晓岑：《浇纸法与抄纸法》，《自然辩证法通讯》2011年第5期，第76-82页。

藏族苯教里神牌的载体外形十分相似，但是藏族的木牌上部中间穿了一个孔，可以用绳子串起来，纳西族的没有孔。纳西族是尖顶，藏族是稍微呈平顶状。纳西族还有一个讲究，就是平顶的用作鬼牌，下面刀尖似的形状是可以插在地上的，木牌头上呈三角形的是祭献给神的；反之，把它削成平顶的是驱鬼时候用的木牌（图11）。绘制鬼和神的木牌根据其类别与功能来区分，就外观而言，尖顶为神牌，平顶为鬼牌，藏族的木牌也是如此。这是藏族的木牌形式，中间打孔，可以用绳子串起来（图12）。这和纳西族有一致的地方，细部也有不同之处。

图 11　东巴祭祀专用的木牌

图 12　藏族木牌

纳西族的神轴画和西藏的藏族唐卡之间有交互影响的成分，但是画面中的布局，还有一些具体的绘画方式、绘画技法，涂色的要求跟唐卡有区别。藏族的唐卡完全是按工序化的程式绘制，可以大批量生产。因为画唐卡有专门的经书，即《造像度量经》的标准，打画稿略图、画线，线条的粗细，色彩的浓淡，色系的区别度有严格的规定。绘草图就像画坐标一样，每一个坐标都非常细，线的刻度多少，多少条线和米字格就可以把一尊佛像画出来。从这一点而言，纳西族的神轴画与藏族的唐卡是有区别的，不能等量齐观。纳西族神轴画中也展示了他们的神和鬼的形象，但绘制时空间布局、神灵形象的规格的确定相对要自由一点，随意粗略一些，人间烟火味重一些，没有藏族的那么严谨、精细和圣洁凛然的意味（图13）。

图 13　纳西族神轴画之神路图

这是纳西族的神路图（图14）。大鹏鸟以上是神界，这些不同的菩萨有不同的手印，讲经的印、传法的印、降魔的印等，坐姿基本一致。下面是人界，人界有战争，有动物，有一般的祭司和普通的人。再往下是地狱界，我们说的鬼界。如果不好好修行为善，作恶多端就会被打入地狱界，如果止恶扬善可以得道升入天界。地狱就是为了惩罚在人世间恶贯满盈的人，他们在地狱中会受到惩罚。这幅图画里右边三条是神界，中间两幅是人界，左边两幅是鬼界，也就是地狱界。神路图有的长，有的短，但是分界明确，基本要素必须都要描绘到位。

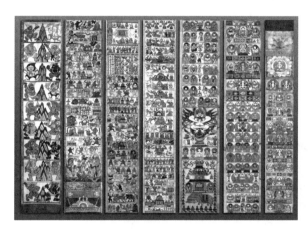

图 14　纳西族神路图

　　丽江纳西族的东巴祭司所戴的法冠，我们经常叫五佛冠，但是五佛冠这个说法是不对的，因为唐僧取经时戴的五佛冠是真佛，包括菩萨、释迦牟尼、过去佛、未来佛等五尊佛。所以把纳西族东巴祭司戴的帽子也称为"五佛冠"是名不符实的错误指称，准确说应该称法冠，因为它绘的不是佛像，这上面画的是不同的神，还有护法，包括有翅膀的狮子形象和人形的菩萨等（图 15）。人生礼仪中必须要有生育仪式、成丁仪式、结婚仪式、诞生仪式、丧葬仪式，标识人生的五个阶段，这五个阶段也就概括了人的一生。神路图就是在纳西族的丧葬法仪中使用的道具，人过世以后，要超度护送回到祖先的故地，即祖先所在的祖居地去。从哪儿来回哪儿去，把死者的灵魂送回去，他要沿着中间铺就的那条路走，回到老祖宗所在的原乡故地。一般人的理解认为，如果你的灵魂回不到老祖宗所在的地方，飘荡在荒野界外就会变成冤魂野鬼，在以前人观念里，这些没能回到祖宗故地去的鬼就会作恶多端，给活人世间带来祸患。因此，很多民族都是人死之后要请道士、喇嘛、和尚，还有基督教的牧师做法事，举行这些仪式来安抚死者，安慰生者，度过人生当中最后的终结仪式（图 16）。

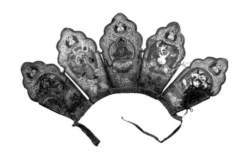

图 15　东巴祭祀法冠

图 16　纳西族丧葬仪式

　　纳西族的东巴举行法事时会用的一些纸牌画和折叠画，上面画很多神灵、瑞兽以及刻有神鬼形象的木雕，还有用大麦面、青稞面、麦面制作的神偶（朵玛）等。器物方面有法杵，它是权力、权威、威力的象征，可以降魔除鬼。纳西族举行法事时还要敲鼓，鼓声洪亮，用来震慑鬼怪，营造氛围。仪式中还会击铜钹，摇扁铃，用以请神镇鬼等。

一、作为世界记忆遗产的东巴经典的
意义与价值

书写东巴经典的东巴文字很有特点，兼有图画和象形等造字和用字法。纳西族的文字其实不只两种，但是有宗教意义和文化遗产意义的是东巴文和哥巴文。纳西族不少人既懂藏文也懂汉字，有一部分人还懂梵文，所以流传下来有梵语文献、汉字文献、藏文文献和东巴文经典、哥巴文经典。纳西族记录语言也很有特点，一般现代汉语里面都是我手写我口，一字一音，逐个语音单位都要记下来，且文字和语音单位是一一对应的。但是纳西族的东巴经典不完全是这样，它只记几个重要关键的词或者符号，其他中间虚的东西是省略的。这就需要增加记忆的内容，根据关键字给串起来，这是文字比较神秘的阶段，从文字学的角度讲是处在文字发展比较原始的阶段，从宗教学的角度而言是为了保持宗教的神秘性而不被外人知晓，所以东巴经典有宗教的功能，又不完全是纯粹文字学的。保持内部秘密的沟通方式是人类社会自古至今必须有的生存策略，它和先进落后没有关系，没有把它所有的文字读音符号全部写出来，是有它宗教隐喻意义在里面，不只有文字学意义的功能。

下面讲一下经典文本类型的分类，可以根据内容、装订形式等不同的主题分很多类。根据内容，可分为宗教文本、社会文本。宗教问题比较复杂，宗教文本也是如此。宗教就是人鬼神之间的联系，宗教仪式开始前首先要打扫卫生，清洁仪式场地之后要请神降鬼，祭神驱鬼之后要把现场清理干净。纳西族的东巴经典的大宗主要是宗教文献。虽然纳西东巴经典也有一些记录世俗社会内容的社会文书或经济文书，但是绝大多数东巴经典的最主要功能就是记载东巴教教义和教旨的宗教文本。宗教在不同时间、不同的人生节点要举行不同主旨的仪式。不同的仪式要念不同内容的经典，所以宗教文本又可以根据使用功能分类。纳西族的经书里面有一类专门用于占卜的经典、驱鬼的经典，那么这一类的经书装订就不是左侧上下装订的，是横着装订，"人书"和"鬼书"是不一样的，人和鬼是明确加以区分的。所以用于鬼的经书和用于人的经书的装订方式自然是不一样的。宗教文本以外还有社会文书，包括合同、地契、欠债的时候写的欠条。还有的一些是用不同的文字来记述的，东巴经典里也会出现藏文、梵文、汉字等其他民族文字符号，根据不同的文字符号也可以把它区分出来。

二、东巴经典概览

我们再看一下东巴经的外观、装订形式、特征等情况。东巴经典是长条形，不是汉文古籍的那种形式，一摞摞地分主题叠放，然后用经夹板捆住。汉文古籍是竖条的，现在白话文是左侧装订，原来的古籍是右侧装订。可以看出它的装订形式、装帧风格和藏文文献是很接近的，但是藏文文献不装订，是散叶或折页。纳西族装订方式是向汉族学的，但长条状书的格式是跟藏族学的，所以它的典籍文化有藏汉两个民族的特点（图17）。书的封面的装帧也是藏族的形式。它的书写格式一般是三栏，每一栏中用竖线区分成几段，就像汉字的标点符号一样。它的刊本形式大概为长29到30厘米之间，宽度大概在十几厘米。装帧形式跟藏族典籍有近似之处，尤其是一些吉祥符号，比如海螺、云纹、摩尼宝珠等和藏族很接近。装饰性绘画大部分都是横向画的居多，也有竖着画的情况，但是装订还都是左侧装订。不同经典的装帧形式不同，有的是彩色的，每个字符上面还涂了颜色，有的是动物、太阳等形象，也有其他用墨书写的。藏族和印度梵文写本也是要画佛像和菩萨的像，可以看出来，纳西族的写本明显跟印藏汉三个系统均有关联，它的装帧形式跟藏族的吉祥符号和装饰的图案很接近。

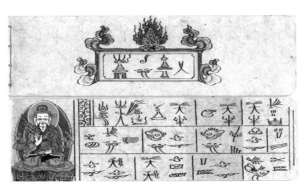

图 17　东巴经典封面和首页的版式（或书影）

刚才我提到一些东巴经典不是逐字记音，诵读或解释时需要凭记忆补足句子或语篇中的一些文字没有记录的成分，在诵读过程中把句子或语篇贯通。东巴经典的书写符号有时候采用东巴文和哥巴文两种文字混写，有的写本只用东巴图画-象形文字书写，没有出现哥巴音节文字。下面的图版中所展现的就是两种文字混写的文本（图18）。关于这两种文字创制的先后问题，一般中国学者认为是东巴图画—象形文字在前，逐个音节标写的哥巴文的发明时间在后，这是中国学者的一般理解。国外学者跟中国学者恰恰相反，认为逐字标写的哥巴文发明在前面，简化的略写的东巴图画—象形文字在后面。中国学者和国外学者对两种字符产生时间的推断是相反的。两边无法互相说服不了，暂时难以达成共识。中国学者常规的思路是从东巴图画—象形文到哥巴音节文字，再到拼音，逐步发展而来。国外学者认为不一定，有可能是先发明有逐字标写的哥巴文，后面才有略写的东巴图画—象形文字。中国人的理解是慢慢地趋向规范化，例如从甲骨文到楷书，这是中国人对文字发展的一个普遍认知和看法。但是西方学者的看法和我们不一样。这两边互相说服还需要有一个过程，但是慢慢地，随着研究的越来越深入，两边也许在未来会逐步达成一个共识，现在仍处在争议中。

图 18　东巴文与哥巴文混写文献

这三种经书都是东巴经典的形态，是在不同仪式上用的经书（图19）。具体某一个神的求神仪式，祭祀的时候用的文献都不一样。因为东巴经不是印刷品，是用竹笔写的手写本，所以每个人写的字也不一样，比如有些女孩子写的字比较精细，有的男孩子写的字粗犷一点，各人的书体和书写风格是不一样的，不会是千篇一律的。所以有些字符的粗细、长短、弯曲，还有圆的形式、连笔的形式都有差别，有的画得更形象，有的画得相对粗糙一点。

带有图画色彩的东巴文

象形示意的东巴文

图 19　东巴经经典页面书写版式各异

　　纳西族经书中有很特殊的一类即是舞谱，国家图书馆的中华再造善本工程里就收了一本东巴文书写的舞谱（图20）。跳舞不是随便乱跳的，敦煌出土文献中也有舞谱，表明在中国古代唐朝时候跳舞是有舞谱可以遵循的①。现在比较正规的歌舞团都是有舞谱的，不是乱跳或是简单地模仿老师。这就是纳西族的舞谱的一页，它发现的比较晚，在仪式经典中不大好归类，因为在很多仪式场合要跳不同主题的东巴教法仪舞蹈，人去世的时候有丧葬舞；人高兴了也要跳舞，如吉祥或祝寿、诞生、结婚的场合也跳舞。这种舞谱类的书，归在哪一类有点不太好说，它是东巴经典中比较有特点的一类文献。

————————

① 舞谱（dance notation），中国晚唐、五代时期已开始用一些专门词汇记录舞蹈动作，如《敦煌舞谱》（甘肃敦煌莫高窟第17窟（藏经洞）保存的中国唐、五代舞谱残卷，简称《敦煌舞谱》），此外存世的有宋代的《德寿宫舞谱》，20世纪80年代陆续在云南丽江发现的东巴文舞谱，是用纳西族东巴图画—象形文字文字记录的舞谱，记谱方法规范，动作过程交代清楚，舞名、舞蹈路线、造型、技艺、乐器、舞蹈程序都有标示。西方最早的舞谱见于西班牙塞尔韦拉市档案馆，属于15世纪的文献。

360

讲座　丛书

图 20　东巴文舞谱

东巴经典中另有一类是咒语文献，这类文献的特点是逐字逐音节记录。这里有用东巴图画—象形文字所记的咒语的读音，像汉字中加口字旁的字来记梵文咒语的读音一样。有些时候是把东巴图画—象形文字与哥巴文两种文字混着写，有的里面还有借来的汉字，有的也吸收了藏文字母，有的是把东巴图画—象形文字给简化而来的。有些东巴图画—象形文字书写的社会经济文书中藏文和东巴文同时出现，成为双语文对照版的社会经济文书。这一件是土地买卖时候的地契文书，这是一件文字使用上比较有特点的文件，所以我特意把它展示出来（图 21）。

图 21　东巴文藏文对照的地契文献

这里我讲一下研究文献的代表性人物约瑟夫·洛克（Joseph F Rock）。17、18世纪以来一直有西方传教士在中国传教，中国的很多地方逐渐有教堂和传教士，到1840年以后就更多了。他们也曾经收集过各民族的文字文献，也曾经在不完全符合现代科学标准的状态下做过一些记录、收集和初步的研究。从现代科学意义上对东巴文和东巴经典作比较系统研究的学者理当首推约瑟夫·洛克，他是奥地利裔的美国人，现在成了西方研究纳西族东巴经典和文化的权威。他在1962年去世了，但是他的贡献很大，所以一般西方学者认为他是"西方纳西学之父"。

约瑟夫·洛克是一个植物学家，虽然他没有文凭，但是自学成才。他曾经到中国来探险。现在我们的医疗水平可以治疗麻风病，但在约瑟夫·洛克那个时代治疗麻风病很难，他来东南亚和中国寻找治疗麻风病的植物药材。到了中国丽江以后，采集植物标本的同时，迷上了纳西族的东巴经典和东巴文化。他是奥地利人，本来是一个无业游民，后来到了美国，开始帮一些机构采集植物标本，就自学成才变成了植物学家，到中国采集植物，在中国各地探险，成就了一番事业。他到中国来活动的经费主要是美国《国家地理杂志》提供的。美国的《国家地理杂志》在全世界的范围内发行量很大，影响力很大，在上面发的文章可以翻译成六七种文字，而且在全世界范围内发行，所以在全世界都有广泛的影响力。后来哈佛大学还有其他一些研究东亚和东方学的机构也给他一些资助。

洛克本身是一个下层百姓，没受过系统教育，据说他的妈妈是一个洗衣工，爸爸是教堂的杂役，身份很卑微，也就是说他没有贵族或显赫的家庭背景。他的传记里面记载在16、17岁的时候得了肺结核，因为欧洲气候比较潮湿阴冷，医生就建议他去一个阳光比较好、气候干燥的地方养病，他就跑到了美国夏威夷，为了生存就帮助人家采集植物标本。在夏威夷学会了采集植物标本的一套本事。后来主要在东南亚和中国西南探险。他有一点中国文字修养，图22是他的印章，旁边是东巴经典的一些片段。这是在中国的涉藏地区，甘肃、青海一带探险时候拍的现场照片（图23）。哈佛—燕京学社副社长李若虹博士翻

译了《洛克传》，中文名字译为《苦行孤旅》①。《洛克传》是斯蒂
芬妮·萨顿在 1979 年写的。作者是根据当时存放在哈佛大学、
哈佛—燕京图书馆里面的一些文献档案资料，还有洛克的遗物
来写的这本书，没有来过中国，所以她对中国的时间空间还有
文化很不了解，因此这本书里有一些明显的错误，也有一些时
间上断线和逻辑上混乱的地方。李若虹博士的汉译本出版之后，
我也跟她谈了这个问题，但是这本书可以作为了解洛克的一本
好书。

图 22　骆博士印

图 23　洛克在青海

---

① Stephanne B.Sutton, *In China's Border Provinces：the Turbulent Career of Joseph
　Rock, Botanist-explorer*, New York：Hastings House, 1974.［美］斯蒂芬妮·萨
　顿 著，李若虹译：《苦行孤旅：约瑟夫·F·洛克传》，上海：上海辞书出版社，
　2013 年。

洛克从 1922 年进入中国，到 1949 年离开中国，中间有短期回美国和欧洲的经历，他的很多日记和著作的发表都是在回美国和欧洲的时候完成的。如果回欧洲、美国的日程不算，基本上在中国停留了约 27 年。在此期间洛克专门搜集中国西部的动植物标本，同时对纳西族东巴经典及相关文物做系统的调查探访。此外，中国的大熊猫走出国门以及美国总统老罗斯福的儿子小西奥多·罗斯福与昆亭·罗斯福到中国西部寻找大熊猫，也跟洛克有一定的关系。1920 年到 1922 年，洛克主要在老挝、泰国、缅甸等国家搜集植物，试图在东南亚亚热带森林中找到能治麻风病的药用植物大风子树。1923 年年初他到了中国云南，后来到了丽江，再往北走到了中甸，往东北走到了宁蒗永宁、四川木里，然后到了四川的康定。1924—1925 年之间，他曾经在成都一带调查过。1925 到 1926 年整整两年洛克在甘肃卓尼附近的阿尼玛卿山区域调查藏族文化、采集植物标本、动物标本，他专门写有一本书叫《阿尼玛卿山及其毗邻地区》(*The Amnye Ma-chhen Range and Adjacent Regions*)，是在意大利罗马出版的①。这本书很厚，讲这个区域的风土人情，还有各种自然和人文资源，也是一本探险活动的资料集，有很多甘青地方志的内容收在书中。他在卓尼停留的时间比较长，和卓尼藏族的杨积庆土司②关系非常好，我们可以看到他身着藏装的形象（图 24）。洛克所著的比较典型的代表作题名为《中国西南古纳西王国》(*The Ancient Na-khi Kingdom of Southwest China*)③这本书已经翻译成中文了，但里面的翻译有一些问题，因为洛克这本书涉及的领域比较多，不仅仅是历史、地理、民族，涉及到植物、

① Joseph F.Rock，*The Amnye Ma-chhen Range and Adjacent Regions*.A Monographic Study.Rome：Serie Orientale Roma，1956.

② 杨积庆（1889—1937），男，藏族，世袭第 19 代甘肃卓尼土司，鼎力支持红军北上抗日的革命烈士。1950 年 10 月，周恩来总理亲自致信杨积庆先生次子杨复兴先生，对当年杨土司让道济粮表示感谢。1994 年 10 月，甘肃省人民政府追认杨积庆为革命烈士，今建有"卓尼杨土司革命纪念馆"。

③ Joseph F.Rock，*The Ancient Na-khi Kingdom of South-west China*.2Vols，Harvard-Yenching Institute.Monograph Series Volume VIII.Harvard University Press1947. ［美］约瑟夫·洛克著，刘宗岳等译：《中国西南古纳西王国》，昆明：云南美术出版社，1999 年。

动物还有其他一些东方学的知识，所以不容易翻译。原来是内部油印发行，这本书的汉译本 1999 年由云南美术出版社公开出版发行，广受社会各界的欢迎，但是这本书中涉及的藏文文献有很多错误，需要以后再次校订，但是不可否认这本书有很高的参考价值，是研究甘青川滇藏诸省区及藏彝走廊区域，以及中国西南区域和纳西族文化的必备参考书。

图 24　洛克在甘肃卓尼着藏服像

　　洛克在中国探险期间和当地的知识分子交往，并在丽江附近区域探险，培训了一批丽江当地纳西族的采集植物标本的帮手，也可以叫植物标本采集工，为洛克做出了很多贡献。洛克与这些助手之间的交往留下了很宝贵的影像资料，大体可以反映出 20 世纪 40 年代一批特定区域的纳西族人的精神面貌和生活状态，也能反映丽江纳西族社会和洛克为代表的这批洋人接触时的时代风貌（图 25、图 26）。洛克还拍下了当时纳西族妇女头饰的珍贵影像，有些头饰现在不再戴了，已经消失了，他用影像的载体帮我们保存了下来，这很珍贵，妇女们的鞋子、头饰，还有一些配饰，跟现在纳西族妇女的服饰有一些区别，这些影像变成了难得的民族学资料。

图 25　洛克与当地士绅合影

讲座　丛书

图 26　洛克雇佣的植物标本采集工

　　这是 20 世纪 20 年代丽江古城里面的贸易集市现场，可以
看出很热闹（图 27）。丽江虽然偏居云南西北部，但是飞机到丽
江比内地很多地方都早，因为 20 世纪 40 年代抗战时期，美国
的飞虎队在中印缅交界区域活动，有著名的"驼峰航线"，所以
很多美国飞机和盟军的飞机都经过或在丽江停留。所以丽江很
早就有飞机和飞机场了。

图 27　20 世纪 40 年代的丽江古城贸易集市

　　洛克和当地的各民族土司也有一些交往，这是泸沽湖永宁土司家全家人的合影，非常有气势（图 28）。洛克很会享受，他经常跑到泸沽湖边上，在土司的别墅里面休息、休闲品赏，他很会来事，善于与当地政教领袖交往。洛克研究东巴经典和纳西文化在全世界范围内非常有代表性，他的研究非常深入并且透彻。他在文献上的收集和研究上的贡献都是首屈一指的。虽然存在一些问题，但是我们不得不客观评价他的贡献，而非苛求。这是他在 20 世纪 20 年代拍的彩色照片，记录了当时中国西部少数民族的服饰、精神面貌，还有宗教的仪式，现在来看都是很珍贵的资料（图 29）。这些留存至今的底片数以万计，在美国国家地理学会、国会图书馆，还有哈佛大学的哈佛燕京学社、哈佛大学图书馆都有收藏。以后我们还可以利用这批资源来重建我们西部地区 20 世纪 20 年代到 40 年代的 20 年间的历史文化的原貌。这是东巴跳法仪舞蹈的照片，虽然这些彩色照片不是很清楚，但也很难得、很珍贵（图 30）。

典籍与文化 15

图 28　永宁土司全家合影

367

图 29　洛克所拍摄的纳日人妇女服饰彩色照片

图 30　东巴法仪舞彩色照片

　　大家知道香格里拉这个语词，听说过《消失的地平线》^①这么一本书，这本书的作者希尔顿据说是看了洛克在《国家地理杂志》发表的中国西部边疆的图片、风光、雪山等等风景以后所构思的人间世外天堂，我们中国人说的世外桃源的景象。他借此创作了小说《消失的地平线》，在二战末期的西方世界风靡一时，所以香格里拉就成了世外桃源的代名词。20 世纪 40 年代的西方，正值第二次世界大战交恶期，普通人的命运朝不保夕。他在非常危险的情况下，为世人提供了一个世外桃源的想象，对

---

①　James Hilton, *Lost Horizon*, Macmillan & Co., London, 1933. ［英］詹姆斯希尔顿著，熊佳译：《消失的地平线：香格里拉》，北京：北京联合出版社，2012 年。

战争时期人的心理慰藉作用是不可低估的。所以《消失的地平线》和香格里拉这个词成了全世界范围内的热词和大词，至今还有香格里拉饭店集团[①]。迪庆原来的中甸县，现在改名叫香格里拉市，因为这个名字的宣传效应和国际影响力太厉害了，可以为地方带来旅游宣传的广告效应和利润。所以将原来的迪庆州中甸县改成了香格里拉市。这个词藏族的解释是"心中的日月"[②]。作者本人对其并没有解释，只是说是一个想象中美好的地方。

三、东巴经典中的多元多民族文化

一般说到文化，无非就是精神、制度和物质三个层面。下面我们要讲多民族文化的代表性符号。纳西族东巴经中有大量的藏语借词，说明这个文化受藏文化影响很大。汉文化对其影响也很多，比如《千字文》、风水、河图洛书等在东巴经典中也有吸收，还有乌龟作为宇宙模型的形象与安徽含山凌家滩遗址出土的玉版上的八角星纹都有关联。除此之外，纳西族的东巴经典还记录了汉族、藏族、彝族、白族、傈僳族、蒙古族、独龙族、普米族、古代濮人和现代布依族、傣族等一些民族的文化和古代的生活状态，如实反映了纳西族古代先民对这些民族（族群）的认知程度，并做客观的书写和记载。这些资料对研究我们中国西部的这些民族关系都是非常难得的文献资料。

比如纳西东巴经典中的大鹏鸟（金翅鸟 Garuda、琼鸟khyung），还涉及到西藏的象雄文明；典型的如卍字符、碉楼，

---

① "香格里拉"（Shangri-La）是香港上市公司香格里拉（亚洲）有限公司的品牌，该酒店集团隶属于马来西亚华商郭鹤年的郭氏集团旗下。香格里拉的名称来自詹姆斯·希尔顿的小说《消失的地平线》里，在中国西藏群山中的世外桃源，但是一直没有表明书中的"香格里拉"情景是否真实存在和具体在哪个国家的什么地方，没有明确。

② 1996年10月，在云南寻找香格里拉的考察启动；1997年9月，云南省政府在迪庆州府中甸县召开新闻发布会宣布：举世寻觅的世外桃源—香格里拉就在迪庆；2001年12月17日，经国务院批准中甸县更名为香格里拉县。2002年5月5日，举行了更名庆典，2014年12月16日，香格里拉撤县设市获得国务院批准。从此，香格里拉多了一个身份：成了一个县级市的名称。香格里拉"在迪庆藏语中，意思为"心中的日月"。藏族人民崇拜给予光明和温暖的日月，日月是生存和兴旺的保护神。所以，"香格里拉"代表了一种崇高又纯洁的向往，和对大自然的敬畏与崇拜。Shangri-La，藏文对译为：sems-kyi-nyi-zla。

还有农耕、游牧的符号。游牧的内涵十分丰富，通常而言，除了豢养牦牛外，游牧民族驯养的对象还有黄牛、羊、驯鹿、骆驼、驼羊、南美洲的驼马等，这都是游牧的对象，游牧文化所涉及的不只是一种动物或家畜，游牧文化的类型异常丰富，需要改变以往对游牧文化认知的局限性。东巴经典中还记载有狩猎、采集、渔业等纳西族在历史上曾经实践过的不同形态的经济文化类型和生计方式，在东巴经典中都有反映，有的内容涉及到很多民族，比如驯鹰，用鹰来捕肉食，老鹰捕兔子，与哈萨克、蒙古等中亚和北亚诸多民族的"驯鹰文化"的内容有高度一致性，可能也是各民族各区域间文化传播和接触影响的结果。

例如在纳西族东巴教神路图中有一头 33 首大象，以其独特的造型备受瞩目。我们下面讨论一下东巴教神路图中的 33 首大象的形象，这是比较奇特的一个造型，这个造型是怎么来的？（图 31）我看了很多西藏的文化和图像中虽有大象的形象，但没看到这个形象。所以 33 首大象这一造型在纳西族神路图中是比较有代表性的典型图像符号。我估计这不是北方游牧民族传播而来，而应当是南方系统的文化要素，因为大象一般是热带的动物。我按图索骥，在前人研究的基础上来探讨一下东巴经典中的相关记载，经典中是这么写的：

图 31　33 头大象的形象

送去有依端宝物的三十三个美好的地方。① (68：111)
（按：本文中的东巴经典译文均引自《纳西东巴古籍译注全集》引用文字后括号内的前面的数字为经文所在的卷册，后面的数字为具体页码，下同。）

送去有三十三个头的大象生活着的地方。(68：112)

送去有三十三层白塔的神的地方。(68：112)

送去神的美好的三十三个地方。(68：112)

送去神的有依端宝物的三十三个美好的地方（福地里）。(68：117) (68：150) (68：152) (68：154)

出现了神的美好的三十三个地方。(68：92)

从上述这些固定程式可知 33 在纳西东巴经典中是关涉吉祥和美好意义的象征性数字，常常与象征吉祥的地方、宝物、遗泽、生活中的必需品相关联。这一吉数观念与古印度的印度教中关于神祇的数目等表示吉祥概念的吉数有关系。上述的程式在东巴经典中的出现频率极高，而且贯彻于不同主题的仪式经典中，是通例式的程式。

纳西东巴教绘画神路图中有典型的 33 个头的大象居住在 33 座宫殿组成的园林中，以其独特的造型备受瞩目。这一经典图像在东巴教的留存，在一定程度上表明纳西东巴教的绘画艺术元素的来源十分多元，神鬼谱系的建构也十分庞杂，教义教法中明显有多元宗教的影响痕迹，其中印度教、耆那教、佛教等缘起于南亚区域的宗教传统在纳西东巴教中留下了深刻的印痕，其影响力不可忽视。

纳西东巴教艺术中的 33 首大象神图像的历史源头，通过比较可以确定是来自印度教中因陀罗的坐骑 Airāvata 是 33 首大象的原型。印度教的 33 首大象 Airāvata 在艺术品中往往为了避开 33 个头的繁密造型，通常省略为 3 首大象形象，耆那教艺术中的大象头数量也与印度教有别。而纳西族则不厌其烦地保留它的原初繁复的造型，一直坚守原型，将 33 首大象的头部逐一绘出，成为纳西东巴艺术中一个十分特别的造型，需要深入探讨。

---

① 参见《纳西东巴古籍译注全集》，昆明：云南人民出版社，2000 年。

纳西族世居滇川藏交界区域的高海拔高原地区，生活中鲜有热带的动物为核心要素，纳西人的生活中也不大可能与大象接触，因此对大象赋予的文化上的含义，与印度教和佛教文化的基本含义一致，圣洁、属于天界、神灵界的祥瑞式的圣灵般的动物。大象出现在东巴文化艺术中，自然是东亚和南亚、东南亚各地宗教与文化交流中吸纳而来，而且理当是在与印缅区域，乃至在中南半岛的泰国、老挝等国家的佛教文化艺术之间接触过程中获得。

为了厘清东巴教艺术中的 33 首大象图像的历史源流，我通过比较纳西东巴经典、佛教经典、印度教经典《摩诃婆罗多》中有关 33 头大象的叙述和神话故事，梳理 33 首大象传入纳西东巴教中的历时传播轨迹和造型特点及变异因素，重建其形象发展与传扬的脉络。我个人的研究证明，东巴教艺术中的 33 首大象的原型是来自印度教中因陀罗的坐骑的 Airāvata。33 首大象这一经典图像在东巴教艺术中的留存，在一定程度上表明纳西东巴教艺术、神鬼谱系、教义教法诸层面深受印度教、耆那教、佛教等缘起于南亚区域的宗教传统的深刻影响[1]。

纳西族的东巴经典中有两个符号文字，一个是有角的鸟，一个是有狮子头的鸟。这两个符号也是有世界性的含义。比如有翅膀的狮子，这种形象在整个欧亚大陆都很常见，可能和欧亚大陆早期的文化传播有关联，越往中亚、中东走，很容易见到这种形象。只看我们东部、华南、西南区域的话就会觉得很奇怪，但是往大的范围看就会发现有很多。藏族的琼鸟形象和纳西族东巴的"琼"很接近，有角和火焰的纹饰，虽是人形，但是又有鸟的形象（图 32）。古代波斯的狮鹰，有的叫狮鹫，跟刚才的琼鸟形象也是有关联的（图 33）。老鹰的头，狮子的身体，有翅膀，有翼的神兽，这种形象从埃及到中东，在整个欧亚大陆的草原地带都有。这种形象东传，到了我们这边就成了有角的琼鸟形象。琼鸟和东南亚的泰国、柬埔寨、老挝这些国家佛教艺术造型中的金翅鸟（Garuḍa）的形象在不同地域、区域里会产生一些变异，但是它的来源和原型是一个。

---

① 参见木仕华《纳西东巴教神路图中的 33 首大象源流考》,《西藏民族大学学报》（哲社版）2017 年第 5 期，第 91–102 页。

琼鸟模型

图 32　琼鸟模型

图 33　古代波斯的狮鹰

　　我们再看东巴文中碉楼的符号ᴜ，这个字符原来我不知道是它的字源也即它的原型是什么，考证这个字我费尽周折，后来去四川甘孜、阿坝调查，我一下子破解了这个字，这个字在纳西语中的本义是村子、村庄的意思。好多人解释说这个字是把一座山切成两半，所以就叫村庄。但是纳西族地区现今的房子是人字形的屋顶，是四合院建筑，怎么可能出现这个造型，我觉得不对，必须要找到根据，不能乱讲。有人说是雪山的形象，我看雪山的形象也不是这样。既不是雪山，也不是村寨。后来到了阿坝金川县、甘孜丹巴县那一带藏族村寨中还有很多的碉楼留存，于是就认定东巴文ᔕ的原型就是碉楼，碉楼所在的地方就是村庄所在的地方，指称村寨，合乎情理（图34）。后来纳西族南迁，在原来北部住的东西就不要了，但是文献中还记着，因此到了丽江一带之后就开始盖大屋顶的瓦房，不盖碉楼了，但文献中还记着，原型在北边，是从北往南迁徙的。所以我们在四川西部藏族聚居的阿坝一带考察时，看见数量庞大且分布广泛的石砌碉楼后，将东巴文字符与碉楼外形作对比后才明白这个字符的造字构形依据。为此，我专门写过一篇文章。^① 历史的原型不能在丽江当地找，时代的变迁很快，所以任何一个民族很可能把自己历史的记忆保存在文献中，但是日常生活中已经消失了。有可能是时代进步了，有可能是迁徙了，原来的东西没有带过来，所以只有文字记下了历史。这碉楼在四川的丹巴、金川等地还有大量的保存，有几十米高的，四角的、六角的、八角的、十三角的碉楼都很多。

图34　东巴文碉楼字符原型

① 参见木仕华《纳西东巴文ᔕ为邛笼考》,《民族语文》2005年第4期，第 30–34页。

纳西族的文化中还有这种西方胡人形象，理当与丝绸之路的中西文化交流密不可分，左边是丽江的雕像，右边的是甘肃出土的中亚传过来的一个跳舞俑，鼻子很高，是一个胡人（图35）。这两尊一个在丽江，一个在甘肃山丹发现的，整个动作姿势都是一样，所以可以看出在这些文化要素之间是有同源关系并在大范围传播的历史过程和基本脉络。

图 35　舞俑雕像

　　丽江不仅出现了刚才说的汉字、藏文文本还有一些碑刻。吐蕃帝国时期留在世界只有28块碑，有1块碑在丽江出土，这块碑记载的内容和当地的历史有关系，和吐蕃的历史也有关系（图36）。最近我们对其做了全新的研究，原碑存放在丽江东巴文化博物馆。所以我觉得丽江这个地方对研究藏学，研究喜马拉雅这个区域来说很重要，它几乎收纳了这一区域的多民族多元文化，充当了该区域文化资源仓库的角色。这块吐蕃时期的古藏文碑上有藏文和图像。藏文和汉字、梵文同时在丽江出现，证明丽江这一区域是印度文化、汉文化、藏文化交汇的地域，所以出土的文物中同时出现这三种文字也就十分正常。藏文、汉字、梵文在其他地方出现是比较罕见的，同时发现这三种文字更难。这是丽江的明代佛教主题的木雕作品，当地明代的佛教菩萨雕像，非常精美（图37）。那时候人的思想、修养和境界达到了相当的高度。

图 36　丽江九河出土的汉字和梵文砖铭文

　　东巴经里面不仅仅有西方文化，还有一些中国各民族语言的词汇。因为文化是交流的，汉语也有很多借词。北京话鹦鹉儿化音后变成鹦哥儿，但是鹦哥这种叫法在我们那早就有了。北京话很典型地把火柴叫作取灯儿，这话在我们那里的语言里留下来了。古代汉语、西南官话、北京话都在东巴经中有借词体现。东巴经典里居然还保留了满语借词，比如我们说有一个东西很恐怖，满族话叫 usu，汉族人一般都听不懂，我们纳西族的语言里面保留了这个词，是从满语借的。纳西语中藏语借词也很多，还有从白语等其他周边的民族语言中借入的许多文化词。也有蒙古语的借词，13 世纪蒙古人征服过云南的及东南亚各地。元朝的时候忽必烈率蒙古铁骑南征，蒙古语的借词在纳西语出现，东巴经里也吸收了这些蒙古语词也就顺理成章，比如我们现在叫皇帝，蒙古语叫可汗不叫皇帝。我们的语言东巴经中的皇帝叫 kha^{31}ga^{33}，kha^{31}，恰恰保留了 13 到 14 世纪蒙古语可汗的读音[1]。东巴经中也有历史的反映。维吾尔族语言、哈萨

---

[1]　参见木仕华《纳西语中的蒙古语借词》,《民族语文》2015 年第 4 期，第 36–48 页。

克族语言、突厥语借词在我们那里也都有留存。

我们纳西族是从北边下去的游牧民族，后来变成了定居的农耕民族，在文化类型上发生了转换。这个时候原来的游牧人要适应农耕文化、定居的文化，要学新的文化，要接受当地比我们先到的那批人的文化。那批人是种水稻的，我的语言里面有关水稻系列的词汇是跟当地人学的。我是后住民要跟先住民学习。所以我们的语言文献经典里涉及稻种文化的一系列词汇是跟傣族、壮族等原来的农耕民族或者稻种民族是有关系的，他们的语言里面借的词，我们说吃饭的"饭"，不是我们纳西语的词，而是从傣语里借的词。大象一词的来源是苗语、傣语、壮语，或者是泰语中的借词。还有"茶"这个词就从佤族或者壮族借的，具体是哪一个民族还有争议。我们全世界运送茶的路线就两个系统：走陆路，从福建、湖北、湖南、陕西、四川分途合流，一直运到山西、内蒙古，经过蒙古到俄国，传到现在欧洲去的那条线，这些国家所有茶叶茶的读音是 cha，chai；走海路，如福建的铁观音就沿着海上丝绸之路，运到东南亚、欧洲去的，都叫 tea，所以学英语知道，茶叶叫 tea。为什么叫 tea，tea 是中国话吗？汉语的普通话和大部分的北方话都叫茶，陆上丝绸之路走俄罗斯的那条线都叫 cha，俄语、蒙古语都是 cha，chai，但是走海路到欧洲去的丝绸之路都叫 tea。英语、法语都读 tea，与英语说法 tea 类似，比如西班牙语中的 té 和非洲诸语言语中的 tee。因为福州话、厦门话茶叶叫 de、te、tey，很明显借的就是闽南地方的汉语读音，走海路是从福建那里出发，所以借的是闽南话，发音类似"tee"。走北方陆路是湖南、湖北、四川、陕西话是"茶"[①]，茶的读音就这么传过去的。

最后总结一下，我们现在的国情是统一多民族国家，今天我讲的也是其中的一元，中华民族多元一体格局。中华民族这个词是 1902 年才出现的，到今天也不过 100 多年的事情。现在我们叫多元一体，文化多元，政治一体。多元解释有很多种，

---

① 与汉语普通话的 cha 的读音类似，例如在韩语中，茶写作"차"，读作"cha"，蒙古语的 chai，印地语中的 chay 和俄语中的 чай。一般认为最先把茶读作"Tea"的是擅长航海的，人称"海上马车夫"的荷兰人，因为在 17 世纪，荷兰人是欧亚间最主要的茶叶贸易者，随后的有法语中的"thé"，德语中的"tee"和英语中的"tea"。

有的是文化多元，政治一体，也就是文化有多个源头，政治一
体，还有尊重多元，强调一体，尊重差异，包容多元。中华民
族多元一体格局是费孝通先生提出的一个概念，这里面涉及到
很多民族文化，今天讲的这一节，虽然只是举了一些比较典型
的例子，但是可以看出来彼此之间的交往交融是非常深刻的。
现在习近平总书记为代表的党中央号召全国人民铸牢中华民族
共同体意识，这是最近几年国家特别提倡的一个概念。中华民
族的概念自梁启超1902年创造使用流行以来[①]，到现在已经是大
家广为接受的概念了，全国人民都接受了。从自在到自觉，这
是一个概念接受的过程，也是现代化国家建设过程的历史必然。

　　现在跟中华民族共同体意识联系在一起的就是推广国家通
用语言文字——普通话和规范汉字，强调国家认同和国族认同
意识是一个基础。然后是伟大复兴，命运共同体，这些都是当
下国家强调的内容，所以我们今天做的讲座和这些都是有关系
的。我们的每一颗钉子，每一个螺丝，每一个活动都是跟大的
工程国家层面大的布局是有关系的。所以要树立正确的天下观、
国家观、民族观、历史观、人生观，为中华民族的伟大复兴添
砖加瓦。

　　2021年是中国共产党成立100周年，党和国家的高度重视
四史教育，即革命史、社会主义建设史、改革开放史、党史的
宣传教育。所以我们为什么做这期讲座，讲文明、讲文献、讲
传统、讲历史、讲文化、讲民族的文化，目的就是把各民族优
秀的东西、精神层面的东西传播出来。一个国家国民素质的提
高不是一天两天，而是几十年、几百年才能形成的。不出国、
不交流，不看别人优秀的文化是不行的，很多方面我们还需要
学习。科学、民主和文明不是一下子可以达到的。今天我们的

---

① 在"中国民族"的基础上，1902年梁启超正式提出了"中华民族"。他在《论
中国学术思想变迁之大势》一文中，先对"中华"一词的内涵说明云：立于五
洲中之最大洲，而为其洲中之最大国者，谁乎？我中华也；人口居全地球三分
之一者，谁乎？我中华也；四千余年之历史未尝一中断者，谁乎？我中华也。
随后梁启超在论述战国时期齐国的学术思想地位时，正式使用了"中华民族"，
其云：齐，海国也。上古时代，我中华民族之有海权思想者，厥惟齐。故于其
间产出两种观念焉，一曰国家观；二曰世界观。由"保种"、"民族"到"中国
民族"，再到"中华"和"中华民族"，梁启超率先创造发明"中华民族"一词的。
无疑是关于"中华民族"的最早使用者。

讲座跟这些都有关系。我们传统文化曾被砸烂，文化传统又没有续下来，文化精神、民族精神需要重新梳理，而不是跟着别人瞎跑。我们有很多的文化精髓和经典，已经无法阐释。讲座的开始我讲了地球在宇宙当中的位置，我们要从世界看中国。司马迁说过，究天人之际，通古今之变，成一家之言。其实这里面还要加一句话，要明内外之事，光通古今和天人不行，还要明内外。所以孔子的人生哲学——儒学，包括王阳明、曾国藩等正人君子的这些说法都是非常有普遍和现实意义的东西。但是我们很多人都不懂孔子的儒家学说。我们现在学的马克思主义不是为了追求某个国家，某个民族的真理，不是追求地球的真理，而是追求宇宙的真理。

我今天所讲的内容是希望从更大的范围里看每个民族的文化。纳西族东巴经典不仅仅是纳西族的文化，现在变成了全人类的文化遗产。就这个意义上说，今天我不可能把所有东巴经的内容都讲出来，我只讲这里面富有全球意义，具有跨民族、跨国家、跨大区域意义的几个典型符号和典型的一些内容。我把它梳理了一下，只讲其中几个重要符号、重要形象、重要图像和重要文本特征。梳理的目的是从世界看中国，这是世界遗产，不仅仅是中国遗产，也不仅仅是纳西族遗产，不仅仅是云南或者哪个民族的遗产。它是世界遗产，要站在世界的视角来看这个遗产。今天我用了比较生动典型的例子，通过大量图片来跟大家讲述纳西族东巴经典所蕴含的跨民族、跨大区域的，具有全人类意义的内容。它既保留了全人类共有的东西，也在保留全人类共有东西的同时，增加了一些地方化、民族化、区域化的新的要素，还有创新的内容。在共享的基础上，又增加了一些自己独到的理解。个性和共性统一在一起，我们要谈的世界遗产必须有个性，自然也要有共性。